de facto

collection dirigée par
Jean-Pierre Sicre

L'Histoire,
censée rendre compte des faits,
s'ingénie depuis toujours à les travestir.
de facto,
collection rassemblant
témoignages, enquêtes, analyses historiques,
n'a pas l'ambition d'imposer quelque vérité que ce soit
mais entend proposer un libre retour aux faits
qui permette au moins d'en finir
avec certaines idées trop bien reçues.
Seule façon peut-être d'approcher
l'insaisissable vérité
de toute Histoire.

LES SAIGNEURS DE LA GUERRE

JEAN BACON

LES SAIGNEURS DE LA GUERRE

BRÈVE HISTOIRE DE LA GUERRE ET DE CEUX QUI LA FONT

AVANT-PROPOS DU GÉNÉRAL DE BOLLARDIÈRE

PHÉBUS

Illustration de couverture
par
CABU

www.phebus-edition.com

NOTE DE L'ÉDITEUR

Journaliste au service français de la BBC pendant dix ans, puis responsable de communication dans un grand groupe industriel, puis directeur d'un institut d'enseignement des langues vivantes, auteur de théâtre à l'occasion, Jean Bacon n'est devenu historien que sur le tard… mais après avoir longuement mûri son coup. La publication en 1981 de son essai ravageur Les Saigneurs de la guerre *(par les Presses d'Aujourd'hui, filiale de Gallimard), ouvrage mal classable qui se voulait une brève histoire – terriblement «contemporaine» – du commerce des armes, fut un sacré coup de tonnerre dans le ciel de notre insouciance largement désinformée. Considéré aujourd'hui comme un classique, ce livre d'un ton unique, brièvement réimprimé il y a une dizaine d'années, était devenu introuvable. Jean Bacon en propose cette fois une édition totalement refondue et qu'il estime définitive : puisqu'il lui a bien fallu constater, les années passant, que le sujet élu par lui – la violence guerrière – était d'une actualité qui refusait jalousement de se démoder.*

Le général Paris de Bollardière – seul officier supérieur de l'armée française à avoir dénoncé «à chaud» la torture en Algérie (ce qui valut à ce héros de la dernière Guerre mondiale quelques mois d'arrêts de forteresse) – estimait que tout citoyen responsable se devait d'avoir lu ce petit livre terrible pour savoir ce qu'il en est vraiment *de la guerre et de ceux qui la font. Il avait tenu avant de mourir à rédiger un bref avant-propos pour le jour où l'ouvrage de Jean Bacon serait republié. L'auteur et son éditeur ne sont pas peu fiers de le voir figurer au fronton de la présente édition.*

J.P.S.

AVANT-PROPOS

Le livre de Jean Bacon éclaire sans complaisance une réalité qu'il nous faudra bien regarder en face. Il est certain qu'aucun déterminisme instinctuel n'assure automatiquement la cohérence de nos comportements individuels avec la survie de l'espèce. L'homme a reçu de la nature un cadeau terrifiant : la liberté potentielle de ses choix. A la suite d'une longue évolution il est contraint, pour survivre, de mettre pleinement en œuvre les milliards de neurones de son cerveau. Il lui faut adapter librement ses comportements aux lois immuables d'un cosmos auquel il est intégré et que son intelligence et sa sensibilité lui permettent de comprendre. C'est cette liberté de choix que les tenants du pouvoir ont toujours volée aux peuples pour les soumettre à leur domination.

Jean Bacon nous rend un immense service. Avec une ironie implacable, il nous met sous les yeux une information brutale qu'aucun homme conscient ne peut récuser. Aurons-nous tous ensemble, dans des perspectives renouvelées, le courage de laisser circuler librement cette information, d'aider l'opinion publique à la comprendre et à consentir, au lieu de l'esquiver, l'effort indispensable pour remettre le monde à l'endroit ?

GÉNÉRAL DE BOLLARDIÈRE

Ce livre est dédié
aux centaines de millions de morts
des guerres passées, présentes
et à venir.

AVERTISSEMENT DE L'AUTEUR

Depuis 1981, date à laquelle a paru la première édition de cet ouvrage, des événements considérables ont bouleversé l'équilibre mondial. Il y a eu successivement la chute du mur de Berlin, l'effondrement du communisme dans l'Europe de l'Est et, par voie de conséquence, la dislocation de l'empire soviétique, la libération des pays satellites, la fin de la guerre froide, puis la disparition de l'apartheid en Afrique du Sud, puis la remise en route du « processus de paix » israélo-palestinien à partir de 1992.

On aurait pu craindre que ces nouvelles donnes ne produisent un effet désastreux sur les relations internationales en favorisant l'émergence d'une sorte de consensus mou, en gommant artificiellement les différences, en freinant les saines confrontations et en mettant en péril le fructueux commerce des armes, une des bases des économies occidentales et la source d'innombrables et précieux emplois.

Ces craintes s'avérèrent sans fondement. Depuis vingt ans, sur tous les continents, sous toutes les latitudes, on ne s'est jamais autant battu. Et si l'on peut regretter les grandes tueries du passé, les somptueux conflits mondiaux de 14-18 et de 39-45, il ne faut pas pour autant sous-estimer les petites guerres tribales, religieuses ou de voisinage, qui, tout compte fait, par leur multiplicité et leur cadence, entraînent des pertes tout à fait appréciables (sans parler des attaques terroristes qui peuvent s'avérer très payantes).

Voici quelques exemples. Prenons l'Afrique... L'Angola a été le théâtre d'une guerre qui a duré plus de vingt ans entre le gouvernement de Luanda et l'Unita. On lui doit au moins 100 000 morts et autant de handicapés, victimes des quelque douze millions de mines dont fut truffé le pays. On estime que 90 % de ces victimes sont des civils ; souvent des enfants, mutilés pour la vie. Notons en passant, non sans fierté, que ce sont les mines françaises qui se sont révélées les plus difficiles à détecter et donc les plus efficaces. Le Liberia, pendant cinq ans, a été déchiré par la rivalité féroce de trois chefs de guerre et les exactions d'une bonne dizaine de bandes armées qui ont tué, violé et pillé à discrétion. Le Soudan depuis un quart de siècle est rongé par les affrontements entre le Nord, musulman et arabe, et le Sud, chrétien et noir. N'oublions pas les combats au Mozambique, en Somalie, en Érythrée, au Sahara entre le Maroc et le Front Polisario, ni les massacres inter-ethniques au Burundi. Mais le prix d'horreur revient au Rwanda, avec l'extermination de près d'un million de Tutsi par les Hutu. A quoi l'on peut ajouter, pour être équitable, quelques dizaines de milliers de Hutu exterminés plus récemment par les Tutsi.

L'Inde a payé son tribut à la faveur des troubles du Kashmir, des attentats de Bombay, de l'insurrection des militants Sikhs au Punjab ou des luttes meurtrières entre Cinghalais et Tamouls, tandis qu'au Pakistan les extrémistes sunnites et chi'ites s'arrosent de temps à autre à la kalachnikov.

Les Khmers rouges qui avaient fait passer de vie à trépas un bon million de Cambodgiens ont continué à se manifester ici ou là pour ne pas perdre la main ; et les Indonésiens ont réussi à « pacifier » la petite île de Timor en laissant plus de 200 000 morts sur le carreau.

Au Proche-Orient, la guerre entre l'Iran et l'Irak s'est poursuivie jusqu'en 1988. On évalue à environ un million d'individus les pertes subies par les deux camps. A peu près à la même époque, l'Irak entreprend quelques expéditions au Kurdistan :

une centaine de villages sont rasés au bulldozer, les populations sont bombardées aux armes chimiques. La Turquie, qui ne veut pas être en reste, effectue en Anatolie plusieurs interventions musclées contre ses propres ressortissants kurdes. En 1990, éclate la guerre du Golfe et cette fois, c'est sur les habitants de Bagdad que pleuvent les bombes et les missiles. Le Liban, de son côté, reste écartelé pendant dix-sept ans entre Maronites, Druzes, sunnites, chi'ites, Palestiniens, et se retrouve aujourd'hui sous la botte de son puissant voisin syrien. Quant à notre voisine, l'Algérie, elle vit depuis six ans au rythme des attentats et des assassinats.

L'Amérique du Sud demeure la région privilégiée des conspirations, des coups d'État, des *pronunciamentos*. Au Pérou, depuis 1980, plus de quatorze mille cadavres sont à mettre au crédit du Sentier Lumineux. En Colombie, la plus vieille guérilla du continent poursuit ses actions subversives contre le pouvoir en place, souvent avec l'aide des mafias locales. Au Nicaragua, les Sandinistes ont été aux prises avec la Contra. Au Mexique, les Zappatistes se rebellent contre le gouvernement. Au Salvador, la guerre civile a entraîné la mort de 79 000 personnes en neuf ans. En 1982, éclate le conflit des Malouines entre la Grande-Bretagne et l'Argentine. L'année suivante, les États-Unis envahissent la Grenade. En 1989, l'opération militaire américaine au Panama se solde par de sérieuses pertes civiles et militaires.

L'Europe elle-même, qu'on pouvait croire vaccinée contre les violences depuis la fin de la Deuxième Guerre mondiale, se met au diapason. Il fallait s'y attendre. Dès que sont brisées les chaînes de la dictature communiste chaque ancien vassal revendique aussitôt son indépendance. Les bonnes raisons ne manquent pas : spécificité ethnique, appartenance linguistique, revendications territoriales, disparités idéologiques, sauvegarde de l'identité. Quant à la religion, elle est à la fête. On l'invoque avec succès pour tuer les juifs, les catholiques, les orthodoxes, les musulmans, les athées, les intellectuels, les journalistes, les étrangers.

Dans l'ex-Yougoslavie, les combats entre Serbes, Croates et

Bosniaques ont fait, depuis 1992, 200000 morts et autant de blessés; et la guerre du Kosovo a vigoureusement pris le relais – ce qui ne pourra que donner, demain, d'excellentes idées aux voisins Macédoniens, Albanais, Monténégrins.

Le retrait des forces soviétiques hors d'Afghanistan, en février 1989, a théoriquement mis fin à une guerre de dix ans qui aurait causé la mort de 500000 à 1200000 personnes (selon les sources). En réalité, depuis 1992, les combats n'ont jamais cessé : luttes entre factions rivales, répressions dues au zèle des *taliban*, et l'on estime à vingt mille le nombre des tués et à cent mille celui des blessés pendant cette période de «paix»... en attendant qu'une vraie guerre, il y a moins d'un an de cela, vienne remettre les choses en ordre. Le glacis sud de feu l'URSS est décidément une zone sensible. Arméniens chrétiens et Azerbaïdjanais musulmans qui se disputent le Haut-Karabakh ont laissé sur le terrain vingt mille morts en six ans. Les autres conflits ouverts ou latents entre les Russes et leurs voisins Géorgiens ou Tchétchènes n'ont peut-être pas donné de résultats comparables, mais ils n'ont pas dit leur dernier mot. Il n'est même pas totalement exclu que le chaos qui règne en Russie, révélé par quelques attentats spectaculaires, n'ouvre la voie à une nouvelle dictature, ce qui nous ramènerait à la case départ et à l'heureux temps de l'équilibre de la terreur.

Que les militaires et les industriels de l'armement se rassurent : la guerre a encore de beaux jours devant elle.[1]

JEAN BACON

1. Et le présent ouvrage, malgré ses références à l'époque présente, y gagne sans l'avoir cherché comme un parfum d'"inactualité. Nous avons tenu à le mettre soigneusement à jour pour la présente édition, ce sera la dernière fois : les chiffres vieillissent, ce n'est pas grave; la guerre, elle, ne cesse de nous rappeler qu'elle n'a pas d'âge.

(Compte tenu de leur abondance, les notes – regroupées par chapitres – ont été repoussées en fin de volume. Celles qui ne sont signalées que par un chiffre renvoient à une simple référence. Les autres, signalées par un chiffre assorti d'un astérisque, introduisent à un développement complémentaire.)

SAIGNEUR : celui qui saigne un animal ou une personne.
SAIGNER : tirer du sang, tuer, égorger, affaiblir, épuiser, rançonner.

LES DICTIONNAIRES

PROLOGUE

On entend dire à tout instant : « Comment voulez-vous que la guerre n'existe pas chez l'homme ? Elle est partout dans la nature. » Et c'est vrai. Cela crève les yeux. Prenez un silex. Les particules qui le composent ne sont-elles pas en état de perpétuelle et invisible agitation ? N'est-ce pas la preuve qu'elles se livrent une guerre sans merci ? Les corps, nous dit Newton, ne se tiennent en équilibre que grâce au jeu de deux forces opposées, l'attraction et la répulsion : encore la guerre. Un philosophe écrit sans rire que cette « lutte sourde et constante… est une des formes les plus significatives, les plus importantes de la guerre, et… même, au sens métaphysique, la guerre par excellence [1] ». On dit communément que la rouille attaque le métal, que le plus s'oppose au moins, le recto au verso, le concave au convexe, et le poète déclare que « le jour sort de la nuit comme d'une victoire [2] ». Toujours la guerre.

Voyez les végétaux. Sans doute un carré de salades, un semis de haricots verts, un plan de cerfeuil n'ont pas, au premier abord, un caractère éminemment belliqueux. Mais les inépuisables possibilités de la langue viennent à notre aide. La pâquerette et le plantain, qui étalent près du sol une collerette protectrice, veulent se préserver de leurs voisins au moyen de fortifications adéquates. Les conifères sont des impérialistes qui ne tolèrent dans leur voisinage que d'inoffensifs champignons satellites. Le lierre est un agent de la cinquième colonne qui étouffe celui qui l'a, sans méfiance, accueilli. Les plantes carnivores se lancent dans tous les aspects de la guerre offensive : captures d'insectes effectuées par les tentacules de la drosère des marais, effets de surprise obtenus par les mâchoires foudroyantes de la dionée, utilisation d'agents neurotoxiques par le népenthès ou la sarracénie. Et l'on peut, en toute bonne foi, parler des dagues de l'acacia, des flèches empoisonnées de l'ortie, des piques du cactus, des poignards du rosier, des baïonnettes de l'aloès et des glaives des feuilles d'agave. [3]

Si nous abordons à présent le règne animal, nous sommes comblés. La guerre y fait rage. Dans les forêts, sous les herbes, au profond des eaux, dans les airs, ce ne sont que poursuites, assauts, mises à mort.

Il y a pourtant deux petits faits que nous nous devons de noter.

Tout d'abord, les animaux ne se tuent qu'entre espèces différentes, et principalement dans le but de se nourrir. C'est ce qu'on appelle la chaîne alimentaire. Nous ne sommes d'ailleurs pas absents de ces agapes universelles, témoin le monceau de cochons, veaux, moutons, lapins, poulets, pintades et autres bestioles à vocation culinaire dont nous passons le plus clair de notre temps à nous repaître, quitte à être mangés à notre tour par ces plus-petits-que-soi dont on a souvent besoin pour les basses besognes.

La guerre à l'intérieur de l'espèce n'existe que chez quelques insectes sociaux – fourmis, abeilles, termites –, c'est-à-dire chez des êtres qui, comme l'homme, connaissent le travail, l'épargne et la propriété.

En dehors de ces catégories bien limitées, la guerre animale prend essentiellement la forme de combats individuels pour la recherche des femelles ou la défense du territoire. Encore ces duels sont-ils plus spectaculaires que sanglants. A part quelques oreilles mordues ou quelques bouts de peau déchirés, il y a surtout beaucoup de cris, de rugissements, de torses bombés, de regards de défi, avant tout destinés aux spectatrices attentives qui savent très bien que cette pièce est jouée pour elles.

Si néanmoins la prolifération de ces combats risquait de mettre en danger l'existence de l'espèce, il existe – c'est le second point que nous voulions mettre en relief – des mécanismes inhibiteurs, sortes de « dispositifs d'enrayage empêchant que le congénère ne subisse des dommages [4] ». Le combattant qui se rend compte qu'il n'a plus aucune chance de l'emporter prend une posture de soumission ou d'apaisement : il présente à son vainqueur les endroits les plus vulnérables de son corps, et fait disparaître tout ce qui pourrait être pris pour de la provocation. Le loup qui admet sa défaite offre à son rival l'endroit gonflé, extrêmement fragile, de son cou, ou encore il se couche sur le dos en urinant un peu. Ce dernier geste, qui passerait chez nous pour une rare insolence, calme aussitôt l'ennemi qui arrête les hostilités. Le poisson qui demande grâce, au lieu de faire étalage de sa robe de gala qui suscite les jalousies, la cache, se fait discret. Le coq dérobe aux regards le drapeau rouge de sa crête, et la mouette rieuse, détournant la tête, escamote le grenat de son bec et le noir-brun de son masque pour ne laisser voir que la neige de son plumage.

☆

L'homme, lui, n'est pas si timide. Dans ses affrontements sexuels ou ses démêlés de territoire, il ignore superbement les mécanismes inhibiteurs, et va carrément jusqu'au meurtre. Il semble même se vautrer avec délices dans le sang de ses semblables, à tel point que la guerre est devenue chez lui une seconde nature et qu'il en a fait une de ses plus solides institutions. Il n'est pour s'en convaincre que de jeter un rapide coup d'œil sur les 4680 ans de son histoire.

Tout a commencé très vite. Alors que la terre, si l'on en croit les Écritures, ne contenait en tout et pour tout que quatre personnes et qu'on ne pouvait donc invoquer ni pression démographique ni rivalités territoriales, la guerre éclate entre deux d'entre elles : Caïn tranche le fil des jours de son excellent et unique frère Abel. L'élan était donné. Le mouvement ne s'arrêtera plus.

Dès les temps préhistoriques, les hommes, ou ce qui en tenait lieu, se massacrent. Ils auraient dû pourtant, assaillis qu'ils étaient par les bêtes sauvages et à la merci des éléments, se tenir les coudes ; il n'en fut rien. Les ossements découverts sont éloquents : mutilés, cassés, rôtis, ils révèlent que les inventeurs des premiers outils de pierre s'en servirent, sans perdre une minute, pour éventrer leurs pareils, et que le feu nouvellement asservi ne fut pas uniquement utilisé pour faire griller les tranches de bison.

Lorsque nous abordons la période historique, les documents ont remplacé les ossements. Ils nous chantent la même musique, et c'est une musique militaire. Drames, épopées, chroniques, mémoires, ne racontent en fait qu'une seule et même histoire : celle des guerres de l'homme contre l'homme. Elles sont véritablement nos uniques points de repère, « les bornes qui marquent les grands tournants des événements[5] », les charnières autour desquelles s'articulent les phases de la vie des peuples. En dehors d'elles, il n'y a rien, ou presque. Un historien a calculé que, de 1496 avant Jésus-Christ à 1861 de l'ère chrétienne, soit en 3358 ans, il y a eu 3130 années de guerre et 277 années de paix, ce qui donne une proportion de treize années de guerre pour une année de paix.[6]* L'étude des cent quarante dernières années ne change pas fondamentalement ces chiffres. Voilà qui est encourageant et nous laisse bien augurer de l'avenir. La guerre, née avec l'homme, a toutes les chances de ne mourir qu'avec lui. Laissons le mot de la fin à Joseph Prudhomme : « Monsieur, je vous confondrai d'un mot. On s'est toujours battu, donc on se battra toujours. » Ce raisonnement est un chef-d'œuvre. Il a été invoqué par tous ceux qui s'accommodaient fort bien des injustices et des malheurs, surtout lorsqu'ils touchaient les autres, par tous les résignés, les fatalistes, les défaitistes, qui trouvaient naturel que la peste ravage périodiquement les populations, que les deux tiers des enfants meurent en bas âge, ou que des milliers d'êtres humains soient vendus comme du bétail. Monsieur Prudhomme est leur porte-parole. Il représente la France profonde, celle des bien-pensants et des majorités silencieuses. Il a certainement raison. Le bon sens est de son côté. La guerre est éternelle.[7] *

Voilà pourquoi il convient de mieux connaître les causes d'un phénomène aussi fondamental, d'en étudier soigneusement les lois, d'en découvrir et d'en apprécier les multiples conséquences : ce que nous allons tenter de faire dans les pages qui suivent.

CHAPITRE I

DU MUSCLE A LA LOI

L'homme primitif, ayant découvert que ses biceps sont plus volumineux que ceux de sa compagne, en profite pour la terroriser, ainsi que ses enfants. Dès qu'il perçoit une résistance à sa volonté, il frappe : les bases du droit familial sont jetées. A partir de là vont se fonder les autres droits qui régiront d'abord la tribu, puis la nation. Ils ne seront que les ramifications de ce droit fondamental, celui du muscle.[8] *

Il en est de même du droit international. Lorsqu'un conflit éclate entre deux États, il faut la force pour le trancher. Les discussions, les négociations, les compromis ne mènent à rien. Seule la guerre permet de tester, à la flamme de la bataille, la valeur des nations. Elle est le seul jugement loyal qui ne tient compte d'aucune antériorité, d'aucune légitimité, d'aucun privilège. Ce tribunal inexorable est la forme la plus haute de la justice, puisqu'il n'admet aucune possibilité de pots-de-vin, de marchandages ou de pressions. « C'est une juridiction incorruptible, sans magistrats, sans témoins, sans jury, sans auditoire, dont les arrêts sont sans appel.[9] »

La guerre, jugement de la force, a rendu son verdict : en désignant le vainqueur, elle a dit où se trouvait le droit. Il n'y a plus de contestation possible. Une réponse claire a été fournie. Les rebelles d'hier, qui étaient devenus, au cours des hostilités, le gouvernement en exil, puis le gouvernement provisoire, sont aujourd'hui le gouvernement légitime. S'ils avaient perdu, on les aurait fusillés. Mais ils ont gagné : c'est parce qu'ils étaient dans le bon camp, celui des plus forts, qui est en même temps celui des meilleurs. Car le jugement de la guerre a ceci d'admirable qu'il donne la victoire aux pays qui en sont le plus dignes. Celui qui triomphe, c'est celui qui devait triompher. « De même que l'être le plus parfait l'emporte dans les luttes individuelles, la nation la plus parfaite l'emporte dans les luttes internationales [10]*. » On dira qu'il est utile que ce modèle de vertu soit également pourvu d'armes efficaces ; c'est vrai. Mais admirons le raisonnement des philosophes : ces armes ont été conçues par les ingénieurs de la nation, réalisées par ses techniciens et ses ouvriers, elles sont donc le fruit de son génie. [11]* Et même s'il a fallu les acheter à l'étranger, les devises avec lesquelles elles furent payées résultent des richesses nationales, donc encore du génie de ceux qui possèdent du pétrole, de l'uranium ou de l'étain.

A l'inverse, le vaincu est toujours celui qui a mérité de l'être, même dans le cas d'une attaque par traîtrise, ou s'il succombe sous la coalition de plusieurs États ambitieux et sans scrupules. La défaite est le stigmate de la corruption, de la paresse et de l'immoralité. L'Allemagne fait la guerre au petit Danemark et naturellement l'écrase : ce qui signifie que les Danois sont inférieurs aux Allemands en intelligence, en courage, en loyauté, en savoir.

Faut-il alors admettre que le hasard ne joue aucun rôle à la guerre ? Ce serait contraire aux enseignements du grand Clausewitz, qui lui attribue une place importante dans le déroulement des combats. Mais qu'est-ce que le Hasard, sinon la Providence, la Fortune ? Et l'on sait que la Fortune sourit aux audacieux, c'est-à-dire aux forts.

☆

Si l'humanité a été contrainte de recourir à ce moyen radical qu'est la guerre pour régler ses conflits, ce n'est pas avant d'avoir essayé de nombreuses solutions de rechange.

Quelques-uns ont imaginé de substituer à la guerre une compétition sportive, où les belligérants se feraient représenter par des champions. Le procédé n'est pas nouveau; il a été utilisé à plusieurs reprises dans le passé [12] * – l'exemple le plus fameux est celui des Horaces et des Curiaces.

Il comporte toutefois des difficultés sérieuses. A la guerre, en effet, les quelques réglementations en vigueur peuvent être violées sans façon, puisqu'il n'y a ni juge ni sanction. Imagine-t-on, par contre, un match où les joueurs resteraient sourds aux coups de sifflet de l'arbitre et n'en feraient qu'à leur tête, ignorant systématiquement les penalties, les coups francs, les touches et les hors-jeu ? Par ailleurs, il pourrait sembler insolite qu'une équipe comporte trois ou quatre fois plus de joueurs que l'autre, et son capitaine, s'il était vainqueur, risquerait de se faire huer par la foule. Dans un conflit militaire, rien de tel. Le général qui se débrouille pour avoir plus de chars, plus d'avions, plus de bombes que son adversaire, qui se bat à trois contre un et, comme il se doit, remporte la victoire, est porté en triomphe. Personne ne crie à l'infamie. A la guerre, le déshonneur n'existe pas, sauf pour le vaincu.

Une autre alternative à la guerre a été cherchée dans l'élaboration de plans de paix. Il n'est pas question de les passer en revue, ils sont innombrables. Leur lecture laisse d'ailleurs une pénible impression : il semble que tous les exaltés, les songe-creux, les bâtisseurs de châteaux en Espagne aient ici donné libre cours à leurs phantasmes dans un ahurissant mélange d'infantilisme et d'absurdité. Le plus beau fleuron de cette couronne est certainement le Pacte Kellogg. Halte à la guerre ! La guerre hors la loi ! Un peu comme si l'on disait : Halte aux cyclones ! Les tremblements de terre hors la loi !

La formule, d'ailleurs, a fait recette. Les propositions de mettre la guerre hors la loi ne se comptent plus, y compris celles qui ont été formulées au milieu même du dernier conflit mondial. La guerre, en effet, fut solennellement abolie le 16 août 1941 dans la Charte Atlantique, le 21 septembre 1943 à la Chambre des Représentants des États-Unis, le mois suivant à la Conférence de Moscou. Il lui arriva même d'être abolie par des militaires, ce qui est un comble. C'est ainsi que le général MacArthur, ancien commandant en chef des armées américaines en Corée, affirma dans une déclaration du 26 janvier 1955 que le moment était venu d'abolir la guerre et de la proclamer « hors la loi ». A quoi James Cameron, célèbre journaliste anglais, repartit que la mise hors la loi de la guerre avait autant de valeur pratique que l'introduction d'une clause de non-rougeole dans l'acte de naissance d'un nouveau-né. [13]

☆

Ne manquons pas de faire référence aux tentatives homéopathiques pour établir la paix universelle, par l'utilisation du mal pour guérir le mal. On va faire la guerre une bonne dernière fois pour ne plus avoir à la faire. Ce fut l'alibi bien-aimé des Romains, de Charlemagne, de Napoléon, des Anglais, de Hitler et des conquérants de toutes tailles. C'est encore celui de quelques chefs d'État d'aujourd'hui, prêts à soutenir que leur politique hégémonique est en fait le prélude à l'instauration d'une paix universelle. [14]

Par malheur, ça n'a jamais marché. La paix romaine ne fut rien de plus qu'une fable. Aussitôt la puissance macédonienne détruite, les généraux victorieux, fidèles au principe selon lequel on n'est jamais si bien servi que par soi-même, lèvent des armées pour leur propre compte et se livrent d'effroyables guerres intestines. A peine Charlemagne a-t-il poussé son dernier impérial soupir que ses successeurs se disputent férocement son héritage. La Pax Britannica est un bon exemple de l'humour anglais : c'est la période où se multiplient les expéditions coloniales en Birmanie, en Égypte, en Afghanistan, en Chine, au Mexique, contre les Cafres, les Zoulous, les Boers. Enfin, pour ce qui est de Hitler et de Napoléon, ils ont sûrement essayé de nous donner leur version d'une paix mondiale, et s'ils ont si piteusement échoué, c'est qu'il est probablement plus difficile qu'il n'y paraît d'imposer un ordre moral, un idéal d'entente, de confiance et de fraternité par la violence et par la destruction.

Il est un autre point que les réalistes ne manquent pas de mettre en évidence. Les solutions envisagées, disent-ils, outre les difficultés pratiques de leur application, recèlent une faiblesse rédhibitoire. Elles supposent qu'à partir d'un jour J, date de la signature de quelque charte planétaire, le monde ne bougera plus, les relations réciproques des États seront gelées, les frontières seront immuables.

C'est un argument formidable. Si les apôtres d'un gouvernement mondial sont en effet assez stupides pour espérer que les rapports de force entre les nations ne changeront jamais et que le statu quo pourra durer jusqu'à la fin des temps, il vaut mieux tout de suite y renoncer.

En réalité, les apôtres en question ne sont pas tous aussi crétins qu'on pourrait le craindre. Ils ont proposé l'existence d'un mécanisme d'arbitrage chargé de procéder aux rectifications et aux remaniements nécessités par l'évolution constante des sociétés humaines.

Malheureusement, si les États sont joyeusement d'accord pour se soumettre à l'arbitrage lorsqu'il s'agit des phoques de la mer de Behring ou des fumées toxiques d'une fonderie située sur une côte voisine, il n'en va plus de même dès que la discussion porte sur des problèmes politiques. Comme chacun le sait, le moindre conflit devient alors une question de vie ou de mort, et met en jeu l'existence de la nation.[15] * Il est très surprenant, lorsqu'on y songe, qu'il subsiste encore quelque nation sur notre globe, si l'on admet que tous les vaincus des guerres passées ont disparu l'un après l'autre.

D'autre part, en supposant – ce qu'à Dieu ne plaise – que l'arbitrage soit rendu obligatoire, jusqu'où faudrait-il remonter pour établir la légitimité d'une revendication, à combien d'années, avant ou après quelles guerres ? Quels sont les premiers occupants de la Palestine : les tribus nomades établies deux cents ans avant Jésus-Christ, les « peuples de la mer » arrivés vers – 1300, les Hébreux qui peu après font leur entrée sous la conduite de Josué ? Quels sont les habitants légitimes de l'Aquitaine ? Faut-il s'arrêter aux populations d'aujourd'hui, ou rebrousser chemin jusqu'aux Anglais qui l'occupèrent au Moyen Age pendant près de deux cents ans ? Faut-il remonter jusqu'aux Wisigoths qui l'envahirent au ve siècle ? Faut-il aller plus loin, évoquer les légions romaines de Crassus, ou même, avant elles, les peuples ibères qui y avaient élu domicile ? Faut-il pousser plus loin encore, jusqu'à l'homme de Cro-Magnon ? [16] *

Les grands hommes d'État et les diplomates ont toujours su que la politique et la diplomatie étaient essentiellement mouvantes, et que les engagements n'étaient que des « chiffons de papier ». Lorsqu'elles ont été arrachées par la force, les promesses n'ont évidemment aucune valeur. Quant aux autres, celles qui ont été librement et loyalement consenties, elles n'ont pas à être tenues si elles vont contre l'intérêt de l'État. « Tel est le principe à donner », écrit Machiavel. Et il ajoute : « Il ne serait pas bon, sans doute, si les hommes étaient tous gens de bien, mais comme ils sont méchants et qu'assurément ils ne tiendraient pas leur parole, pourquoi devriez-vous tenir la vôtre ? Et d'ailleurs un prince peut-il manquer de raisons légitimes pour colorer l'inexécution de ce qu'il a promis ? [17] »

La politique est comme l'amour. Les serments y sont éphémères. Aucun exemple n'est plus frappant que celui des traités de paix. La plupart ont été solennellement conclus après de mûres réflexions, de longues délibérations qui parfois se prolongèrent plusieurs années. Ils comportent d'innombrables articles et tout semble avoir été envisagé dans le moindre détail, avec la dernière rigueur. Ils contiennent généralement de touchantes protestations d'indéfectible amitié, et l'assurance que chacun des partenaires va désormais connaître une période illimitée de paix et de prospérité dans un monde enfin délivré des menaces et de l'injustice.

Or, quelle est la réalité ? Un chiffre nous répond : la durée moyenne des 8400 traités que l'on peut dénombrer entre 1500 avant Jésus-Christ et l'an 1860 de notre ère, et qui devaient subsister éternellement, a été de deux ans, [18] ce qui est parfaitement normal. Le rôle d'un traité est en effet de consacrer la victoire d'un pays et la défaite d'un autre, c'est-à-dire de traduire un rapport de force éminemment précaire. Dès que ce rapport change, le traité ne signifie plus rien. Il ne peut engager une nation, à peine un gouvernement, et jamais au-delà de quelques années, sinon de quelques mois. Cela est tellement vrai qu'il porte souvent en lui le germe de conflits futurs. Ainsi en fut-il du traité de Versailles avec la clause du couloir de Dantzig ou les modalités concernant la région de Trieste. Les diplomates sont trop avisés pour détruire une fois pour toutes les racines des vieux antagonismes. Ils savent que la guerre est nécessaire et ils laissent couver le feu sous la cendre. [19] *

Comment peut-on d'ailleurs espérer rassembler, en un tout homogène, les États qui se répartissent la surface de la terre ? Il existe entre eux trop de différences de race, de religion, de langue, de culture. A part le fait – négligeable – qu'ils sont composés d'êtres humains, ils n'ont vraiment rien en commun.

Mais les chimères ont la vie dure. Ainsi, celle du grand rassemblement des États en une vaste « cité planétaire », sous un gouvernement mondial unique. Elle renaît de temps à autre sous la plume de marginaux ou de fantaisistes comme le docteur Hutchins, chancelier de l'université de Chicago, le philosophe anglais Bertrand Russell ou le Pandit Nehru. [20] * Heureusement pour nous, ces quelques voix isolées n'ont aucune audience. L'écrasante majorité des hommes pense tout autrement. Et nous sommes avec eux, car il n'est pas possible que le monde se trompe, que soient dans l'erreur nos guides, les hauts personnages qui éclairent notre route, nos respectables chefs, chefs de tout poil, chefs de gouvernement, chefs d'état-major, chefs de parti, chefs syndicalistes, chefs de rubrique, chefs de bureau, qui sur les ondes, dans la presse, dans les conversations, dans les réunions diplomatiques défendent avec un ensemble impressionnant le principe qui sape à la base tout projet de coopération efficace entre les peuples [21] * : celui de la souveraineté nationale.

Dans tous les discours, les communiqués, les articles, qu'ils traitent du parlement européen, des affaires du Moyen ou de l'Extrême-Orient, des droits de l'homme, il est fait une prodigieuse consommation de ces maîtres mots de la diplomatie moderne : indépendance, autonomie, non-ingérence, non-intervention. [22] *

Ce concept d'indépendance nationale a eu les plus heureux effets sur toutes les pernicieuses tentatives que nous avons vues se dessiner au lendemain des conflits. Si la Société des Nations a été vouée à l'impuissance, c'est grâce à ce principe judicieux qui autorisait, par exemple, n'importe lequel de ses membres à se retirer quand il le désirait, c'est-à-dire dès qu'une décision était susceptible d'aller à l'encontre de ses intérêts. Il faut admirer d'autre part l'esprit logique du législateur : la S.D.N., fondée pour empêcher la guerre, mais respectueuse de la souveraineté des États dont un des attributs essentiels est justement le droit de guerre, maintient donc pour les États ce droit sacré. Elle y met seulement quelques conditions, comme la nécessité d'une juste cause. Nous verrons au chapitre suivant ce qu'il faut en penser.

Le pacte permet ainsi à chacun d'avoir une armée, équipée d'un matériel adéquat, de faire des exercices militaires, et d'aller même jusqu'à décréter la mobilisation qui, comme l'a dit si justement Raymond Poincaré en 1914, n'est pas la guerre, mais qui la précède généralement de fort peu. Il lui est seulement recommandé de n'en faire usage qu'après avoir épuisé tous les recours pacifiques. Le plaignant s'adresse au tribunal, mais au cas où le juge ne parviendrait pas à concilier les adversaires, il a pris la précaution de se munir d'une douzaine de grenades.

Enfin les décisions importantes doivent être votées à l'unanimité. C'est la grande trouvaille de la S.D.N., qui, sous le nom de « droit de veto », a été fidèlement conservée dans la Charte des Nations unies.

Examinons de plus près son mécanisme.

Dès qu'une des grandes puissances qui siègent au Conseil de Sécurité s'aperçoit qu'une motion pourrait lui porter préjudice, elle y met son veto. Autrement dit, elle est confortablement assurée que rien ne pourra jamais lui être imposé qui puisse contrecarrer ses desseins, diminuer son prestige, gêner son expansion, ce qui est bien le critère de la souveraineté. [23] * Seules les petites nations, qui ne disposent pas du droit de veto, pourraient, en théorie, se trouver sous le coup d'une décision qui leur serait préjudiciable. Cette injustice est réparée par la pratique : les petites puissances ne tiennent aucun compte des décisions de l'ONU qui vont à l'encontre de leurs prérogatives. On l'a vu avec Israël, avec le Nigeria, avec le Pakistan, avec la longue série des cessez-le-feu bafoués et des trêves rompues,

Une autre caractéristique intéressante de l'Organisation des Nations unies est qu'elle permet, et même recommande, entre ses membres, la formation d'alliances et la signature de pactes d'amitié, de non-agression, d'assistance mutuelle, etc. Ce qui semble indiquer que les garanties qu'elle offre ne sont pas à toute épreuve, et qu'il n'est pas mauvais de les consolider par des liens supplémentaires, quitte à ce que ces ententes se trouvent en contradiction avec les principes généraux de la Charte. Car enfin, de deux choses l'une : ou la Charte est une affaire sérieuse, qui prévoit tous les cas de conflits et leur règlement par l'arbitrage, et il est absolument inutile, sinon nuisible, [24] * d'alourdir ce dispositif par des pactes secondaires qui risquent de se contredire mutuellement, ou la Charte est une simple (mais coûteuse) plaisanterie, et il faut le dire à la face du monde.

Nous penchons pour la deuxième hypothèse.

L'ONU liquidé, les choses seraient plus claires. Il n'y aurait plus de malentendus. Chacun saurait que les États qui composent l'univers sont autonomes, indépendants les uns des autres et libres de régler à leur guise, sans intervention extérieure, leurs problèmes. Ils retrouveraient leur fierté. Personne ne serait plus obligé de faire des concessions « pour sauvegarder la paix ». On se battrait tout de suite, et franchement. Sans doute, les hostilités terminées, les nations accepteraient-elles comme raisonnables des solutions que des esprits conciliateurs avaient timidement proposées et qui avaient été rejetées avec mépris, comme incompatibles avec la dignité des adversaires. [25] C'est normal. Les dévastations, le bain de sang, les milliers de vies sacrifiées redonnent aux belligérants leur propre estime. Alors ils peuvent faire des concessions.

Cette notion de souveraineté est aujourd'hui universellement admise, même par les pays qui, pour un observateur inattentif, paraissent ne pas s'en soucier outre mesure dans certaines circonstances. Lorsque les armées du pacte de Varsovie sont intervenues en Tchécoslovaquie en 1968, il n'était pas question d'une ingérence insupportable dans les affaires intérieures de cette nation, encore moins d'un mépris de sa souveraineté, mais bien plutôt d'une action « des vrais amis du peuple tchécoslovaque » venus pour défendre l'intégrité et l'indépendance de ce pays frère. [26] Le gouvernement soviétique était resté fidèle à la déclaration qu'il faisait en 1962, lorsqu'il accusait les puissances occidentales de s'immiscer dans les affaires intérieures du Congo : « Aucun pays ou groupe de pays ne doit prendre le risque de disposer du sort d'un autre État souverain. [27] » Règle d'or qui a toujours été scrupuleusement appliquée, en dépit des apparences : nous n'en voulons pour preuve que l'intervention américaine au Vietnam et en Corée, celle des Grecs et des Turcs à Chypre, des Français puis des Libyens au Tchad, des Anglais à Aden, des Cubains en Angola, des Vietnamiens au Cambodge ou des Russes – puis des Américains – en Afghanistan.

CHAPITRE II

LE GLAIVE ET LA BALANCE

La question de savoir dans quelles conditions une guerre peut être considérée comme juste a toujours préoccupé les esprits. [28]

Les Romains n'allaient pas chercher midi à quatorze heures. Pour eux, la guerre était juste lorsqu'elle était déclarée dans les règles. Une ambassade de prêtres magistrats appelés féciaux devait se rendre auprès du peuple offenseur, ou présumé tel, et lui exposer en long et en large les griefs de Rome, devant un témoin qui n'était autre que Jupiter. Puis on attendait trente jours qu'une réponse satisfaisante soit donnée. Une fois passé ce délai, si l'adversaire faisait la sourde oreille, les féciaux lançaient un javelot par-dessus la frontière ennemie : c'était la guerre. Plus tard, lorsque les légions furent amenées à se battre dans des contrées de plus en plus lointaines, les Romains s'aperçurent que les frais de déplacement des féciaux, qu'il fallait trimbaler d'un bout à l'autre de l'Empire, devenaient prohibitifs. Ils s'amusèrent donc à ériger, en dehors de l'enceinte de la Ville éternelle, une colonne, et déclarèrent que c'était la frontière contestée. Le jeu fit fureur.

Ce souci juridique attaché à la guerre n'a pas été l'apanage des Romains. Dans l'ancien Mexique, trois ambassades devaient être dépêchées au fauteur de troubles avant que ne commencent les hostilités. Si elles échouaient, alors on faisait une déclaration de guerre solennelle accompagnée de présents. Ces gens-là savaient vivre.

De leur côté les Incas, avant toute déclaration de guerre, envoyaient à leurs rivaux des propagandistes de type technico-commercial pour leur démontrer qu'il serait extrêmement avantageux de se ranger sous leurs lois. A en croire les chroniqueurs, cette méthode persuasive donnait très souvent des résultats positifs.

Les Hébreux avaient, sur la légitimité de la guerre, des idées particulièrement claires. Étaient justes les guerres entreprises contre les idolâtres, les ennemis de la religion hébraïque, et tous ceux qui n'avaient pas le bonheur d'appartenir à l'une de ces tribus « unies par une foi et une origine communes [29] ». Ce qui faisait, en fin de compte, pas mal de monde.

Saint Augustin, qui a le mieux exprimé le point de vue de l'Église, [30] déclare qu'on peut fort équitablement faire la guerre pour venger les injures, assujettir les nations ou étendre l'Empire. Les écrivains du Moyen Age vont perfectionner cette notion en faisant dépendre la légitimité de la guerre de la personnalité de celui qui la déclare. S'il s'agit de l'empereur, du roi de France ou du pape, la guerre est juste. [31] Si au contraire la guerre est déclarée par un petit souverain sans envergure, quand bien même il aurait été victime de toutes sortes de vexations, il se met dans un mauvais cas.

Saint Thomas d'Aquin nuance les idées fondamentales de saint Augustin. La guerre est légitime lorsqu'elle est faite pour récupérer ce qui a été pris injustement, ou encore si ceux qu'on attaque ont mérité, par leur faute, d'être attaqués. On voit tout de suite l'intérêt de cette dernière clause.

Bodin, Machiavel et les politiques du XVIe siècle font un pas de plus, en déclarant que la guerre est juste lorsqu'elle est nécessaire. [32]

Un peu plus tard, François de Victoria [33] soutiendra que chaque État a le droit de faire la guerre lorsque son intérêt légitime ou son honneur sont en jeu ; beaucoup de nations devaient avoir l'honneur chatouilleux. Victoria ajoute que la guerre n'est pas un mal, car, explique-t-il, les maux qu'elle entraîne, elle les porte par accident, et il en arriverait de plus grands encore si elle n'était pas permise. Il ne précise pas lesquels.

Pour l'Église, la guerre juste est celle qui est faite aux hérétiques et aux infidèles. Sont désignés sous ces vocables tous les sots, malchanceux, ignorants ou imprudents qui n'ont pas embrassé la religion catholique, apostolique et romaine.

Parmi les juristes italiens et espagnols de la fin du XVIe siècle, les plus illustres furent Pierre Belli, Alberic Gentili, Ayala et Guerreiro. Ce dernier, au nom prédestiné, énumère onze cas où la guerre est conforme à la justice, par exemple lorsqu'elle est faite contre les États idolâtres, contre les États rebelles, contre ceux qui offensent le souverain ou ses ambassadeurs, dans le but de se libérer d'un traité injuste, contre quiconque aide un rival à devenir plus fort, etc. Un véritable petit vade-mecum pour princes en peine d'ennemi.

Avec Grotius enfin, le fameux « père du droit des gens », la guerre est justifiée s'il s'agit de défendre ce qui nous appartient, de punir les offenses et de prévenir un péril. Disons d'une façon plus générale que le critère justificatif, selon Grotius, sera l'intérêt suprême de l'État. Nous rejoignons ici Machiavel et même le point de vue des anciens Grecs, qui déclaraient beau et juste ce qui était utile à la patrie. [34] * L'intérêt suprême de l'État sera la justification par excellence des grands ferrailleurs de l'Histoire, de Louis XIV à Hitler en passant par Frédéric le Grand et Napoléon Ier.

Il faut avouer que cet ensemble de prises de position et de réflexions, bien qu'émanant de distingués légistes, casuistes et exégètes, manque un peu de rigueur, et donne la fâcheuse impression d'un bric-à-brac de bonnes et surtout de mauvaises raisons dont il est difficile de tirer une doctrine cohérente de la guerre juste.

Essayons de clarifier ce concept en nous aidant de quelques idées simples.

☆

Celui qui entre dans une guerre le fait pour demander justice. Nous pouvons donc penser que, dans son for intérieur, il est persuadé que sa cause est juste. Il voudra naturellement en faire la preuve aux yeux de ceux qui l'entourent et, pour cela, il va s'efforcer d'apparaître comme la victime innocente d'une odieuse agression.

Les belligérants qui appellent un chat un chat et qui avouent faire la guerre pour s'approprier des richesses, s'ouvrir des débouchés commerciaux, mettre la main sur des matières premières ou le pied sur un territoire à conquérir se comptent sur le bout des doigts. On cite Clovis disant à ses hommes : « Suivez-moi et je vous conduirai où vous trouverez de l'or et de l'argent. [35] » Napoléon s'écriait : « Soldats, vous êtes mal nourris, et presque nus… Je vais vous conduire dans les plus fertiles plaines du monde ; vous y trouverez de grandes villes, de riches provinces ; vous y trouverez honneur, gloire et richesse. [36] » A la veille de 1914, Maximilien Harden reconnaissait : « Nous avons besoin de terre pour nos agriculteurs, de routes libres et de débouchés vers l'Océan. [37] » Trente ans plus tard Goebbels déclarait à son tour : « Nous luttons dans une guerre pour le blé et pour le pain… Une guerre pour les matières premières, le caoutchouc, le pétrole, le fer, le minerai… [38] »

Ces moments de franchise sont exceptionnels. Hitler lui-même était moins naïf que son lieutenant et a cherché à donner une image rassurante de ses projets militaires. Il suivait ainsi la politique de la plupart des dirigeants qui se trouvent impliqués dans un conflit : elle consiste à trouver une explication qui a toutes les apparences de la sincérité, de l'indignation vertueuse et du bon droit outragé.

La tâche n'est pas aussi difficile qu'on pourrait le craindre. La recherche peut se faire dans trois directions principales.

I – Faire apparaître le territoire convoité comme inexploité, laissé en friche, et ses habitants comme indignes de l'occuper.

On pourrait baptiser cette technique celle des perles à un cochon. Et le verdict est péremptoire : « Lorsqu'un peuple se montre incapable d'utiliser le sol que la nature lui a donné, il doit céder la place à un autre. [39] * »

II – Répondre à l'appel déchirant des minorités opprimées par un gouvernement sans scrupule. C'est ainsi que le chancelier Hitler, n'écoutant que son dévouement fraternel, vola au secours des minorités allemandes d'Autriche, de Tchécoslovaquie et de Pologne. Il ne savait pas qu'il mettait ainsi en pratique une formule déjà utilisée par Rome, qui plaçait insensiblement sous le joug les peuples qu'elle prétendait « défendre ». [40] Comme quoi il n'y a jamais rien de nouveau sous le soleil, même celui de Satan.

III – Mais de toutes les techniques, la plus fructueuse est, sans contredit, celle de la légitime défense. Elle peut revêtir plusieurs formes :

1° Le cas limite, c'est lorsqu'on est *amené à se défendre légitimement contre l'ignorance, l'entêtement et la mauvaise volonté.* Novicow [41] rapporte un dialogue entre un Blanc et un Indien.

« *Le Blanc.* – Je désire mettre en valeur des champs dont vous ne tirez pas un parti suffisant.

« *L'Indien.* – Mais alors je ne pourrai plus chasser dessus et je devrai mourir de faim.

« *Le Blanc.* – Non. Je vous enseignerai le moyen de vivre beaucoup plus à votre aise sur un terrain d'une superficie 7 600 fois moindre que celle dont vous avez besoin aujourd'hui.

« *L'Indien.* – Merci ; je ne veux pas changer mes habitudes. Je veux vivre comme ont vécu mes pères. Je ne vous vends pas mes terres. Retirez-vous.

« *Le Blanc.* – Eh bien, si l'un de nous deux doit mourir de faim, je préfère que ce soit vous. Vous ne voulez pas une invasion pacifique… Alors, aux armes ! »

Novicow, très sérieusement, poursuit : « Ici, le Blanc paraît l'agresseur. Mais *le véritable agresseur est l'Indien.* En échange des terres, le Blanc offre d'abord de l'argent, puis la possibilité d'arriver à une condition matérielle beaucoup plus prospère. L'Indien aurait dû accueillir le Blanc comme un bienfaiteur. Mais l'Indien ne veut pas s'adapter à un milieu social nouveau. Il veut garder ses vieilles routines, il veut que le Blanc meure de faim pour lui complaire. Il veut donc diminuer le bien-être du Blanc. Celui-ci est dans un cas de légitime défense en attaquant l'Indien. »

2° *On a été effectivement attaqué,* mais après avoir fait subir à la partie adverse d'innombrables *provocations* sous forme d'outrages à la dignité nationale, de revendications absurdes, d'insultes grossières, de calomnies, de menaces, d'actes hostiles. Jusqu'au moment où l'adversaire, sa patience épuisée, son amour-propre bafoué, et craignant pour sa sécurité, finit par tirer l'épée.

3° *On prétend avoir été attaqué.* Un des exemples les plus fameux est celui de Napoléon Ier qui, dans ses souvenirs, fait imprudemment confiance aux historiens pour laver sa mémoire de l'accusation qui lui fut faite d'avoir trop aimé la guerre… et pour montrer qu'en réalité il avait « toujours été attaqué[42] * ».

De même, il ne fait plus de doute aujourd'hui que si l'Union soviétique a dû se résoudre à envahir la Finlande en 1939, c'est parce que sa puissante voisine l'avait attaquée et que la petite Russie se trouvait en état de légitime défense.

4° *On était sur le point d'être attaqué.* Ce sont les guerres préventives ou de « précaution » comme les appelle le grand Frédéric, guerres « que les princes font sagement d'entreprendre. Il vaut mieux prévenir qu'être prévenu[43] ». Montesquieu vante « la nécessité d'attaquer, lorsqu'un peuple voit qu'une longue paix en mettrait un autre en état de le détruire, et que l'attaque est, dans ce moment, le seul moyen d'empêcher cette destruction[44] ».

De nombreux dirigeants ont suivi ces préceptes et s'en sont fort bien trouvés. D'autres, moins heureux, n'ont pu faire triompher leurs idées, soit qu'ils n'aient pas été assez convaincants, soit qu'ils se soient heurtés à la pusillanimité de la population, ou qu'ils aient simplement manqué d'autorité. C'est le cas, par exemple, du général américain Grow, qui tenait un journal intime dont voici quelques extraits relatifs à la guerre « de précaution » qu'il suggérait de faire à l'Union soviétique :

« *5 février 1951.* Nous devons commencer par frapper au-dessous de la ceinture. Cette guerre ne pourra pas être conduite selon les règles de la marquise de Queensberry. – *27 mars 1951.* La guerre ! aussi vite que possible ! Maintenant ! – *29 mars 1951.* Il me paraît que le moment est mûr pour un coup cette année.[45] »

Le même souhait était formulé par le docteur Robert Montgomery, professeur à l'université du Texas : « Je ne suis pas inquiet pour les Russes. Je suis inquiet pour nous. Si nous devons les tuer, faisons-le tout de suite, n'attendons pas trois ans… En vingt-quatre heures nous pourrions effacer de la terre soixante-quinze millions de Soviétiques en ne perdant pas plus de cent hommes. »

Et voici comment on manque des occasions qui risquent de ne plus se retrouver.

Précisons que la guerre de « précaution » qui consiste à devancer un ennemi dont on n'a pas véritablement à se plaindre mais auquel on prête l'intention de nuire est, en fait, une guerre défensive. Poussons le raisonnement plus loin, et disons que toutes les guerres, quels qu'en soient les origines et les motifs, quels que soient les objectifs recherchés, doivent avoir l'apparence de guerres défensives.[46]* C'est d'ailleurs la raison pour laquelle il n'y a plus aujourd'hui, au sein de la plupart des gouvernements, de ministère de la Guerre, comme autrefois, mais un ministère de la Défense.

Tout se passe comme si les responsables politiques et militaires avaient une sorte de honte à se montrer tels qu'ils sont, c'est-à-dire ambitieux, belliqueux, assoiffés de gloire et de conquêtes. Car ils savent très bien – et ils ne se privent pas de se le dire *in petto* – qu'il est absurde de laisser l'ennemi envahir et ravager le territoire national, qu'il faut au contraire porter la lutte chez l'adversaire si l'on veut l'anéantir, et que, comme on l'a cent fois répété, la meilleure forme de défense, c'est l'attaque.

Mais il y a l'opinion internationale. Elle doit être ménagée. Avec le développement des médias, son rôle est devenu primordial. Se substituant aux anciennes morales d'essence religieuse, elle défend un code laïque de l'honneur, de la bienséance diplomatique, de la loyauté politique. Le pays qui réussit à la mettre de son côté peut espérer trouver de l'argent, des armes, des alliés qui le soutiendront à l'ONU ou sur le champ de bataille. Il aura pour lui la presse, l'Église, les honnêtes gens. Ses troupes, persuadées d'être approuvées par la terre entière, auront un moral à toute épreuve. Ses gouvernants finiront même par se prendre au jeu et par avoir bonne conscience.

Il est donc indispensable que l'État qui entre en guerre apparaisse, aux yeux de tous, comme la victime d'une agression. Il doit patiemment accumuler toutes les preuves dont il peut disposer, s'attacher des témoins dignes de foi, de préférence parmi les grandes puissances, et agir vite, afin de ne pas laisser se propager des bruits susceptibles de le mettre dans l'embarras. Car son adversaire, bien entendu, va en faire autant, il va lui aussi s'efforcer de démontrer qu'il est innocent de toute agression, qu'il ne nourrissait aucune intention malveillante, qu'il a été surpris, et que sa bonne foi est indubitable.

C'est là que les choses se compliquent. S'il y a légitime défense, il faut bien qu'il y ait, de l'autre côté, attaque. Or, sur ce point, les deux parties sont formelles. Aucune d'elles n'a attaqué.

Pour essayer d'y voir un peu plus clair, nous allons faire appel à un exemple.

Le 5 juin 1967, à 7 h 24, une dépêche en provenance de Tel-Aviv affirme :

« Les Égyptiens ont attaqué ce matin Israël avec tanks et avions dans le Sud. »

Le même jour, à la même heure, la radio du Caire déclare :

« Les forces israéliennes ont commencé ce matin leur agression contre nous. »

Six ans plus tard, le 9 octobre 1973, la radio israélienne annonce :

« Aujourd'hui, à 13 heures, les forces adverses ont déclenché une attaque dans le Sinaï et sur les hauteurs du Golan. »

De son côté, la radio du Caire proclame :

« L'ennemi israélien a attaqué à 12 h 30 nos forces... qui sont actuellement déployées contre les troupes d'invasion. »

Et la radio de Damas communique :

« A 13 heures les forces israéliennes ont attaqué nos positions tout le long de la ligne du cessez-le-feu. »

Autrement dit, tant au moment de la guerre des Six jours en 1967 que de la guerre du Kippour en 1973, les adversaires se sont mutuellement accusés d'agression.

Aujourd'hui, les uns et les autres ont fini par admettre qu'en 1967, Israël a effectivement commencé les hostilités, tandis qu'en 1973 ce sont les pays arabes. Faut-il en conclure un peu hâtivement que l'État hébreu a menti en 1967 et l'Égypte et la Syrie en 1973 ?

Le problème est plus complexe. Si nous nous référons à ce qui a été dit plus haut sur la « guerre de précaution », nous voyons que le conflit de 1967 répond très exactement à ce cas. Sans parler du blocus du golfe d'Akaba, acte hostile par excellence selon le droit international, Israël était menacé sur toutes ses frontières par une coalition de trois États qui ne cessaient, depuis plusieurs semaines, de répéter des slogans belliqueux et de prôner l'anéantissement de l'État juif.[47]*

En d'autres termes, si l'agresseur est celui qui le premier prend les armes et pénètre sur le territoire adverse, c'est Israël le coupable. Si c'est au contraire celui qui rend les hostilités inévitables par une série de provocations et de menaces,[48]* c'est la coalition des États arabes qui doit être considérée comme le véritable agresseur.

En ce qui concerne la guerre du Kippour, il s'agissait d'une opération destinée à récupérer par la force des territoires injustement occupés par la force, et que l'adversaire refusait obstinément de rendre, malgré de multiples démarches diplomatiques et des résolutions internationales impératives. De ce point de vue, les États arabes étaient parfaitement dans leur droit en déclenchant les hostilités. En revanche, si l'on rejette la responsabilité du conflit sur ceux qui tirent le premier coup de feu, il ne fait pas de doute que les Arabes sont les agresseurs.

La difficulté de départager les responsabilités entre les belligérants se reflète dans la manière dont l'opinion internationale était divisée à l'époque.

Pour la Russie, les événements « sont la conséquence directe de l'agression continue d'Israël ».

Pour la Grande-Bretagne, « l'agression est le fait des États arabes ».

La Yougoslavie « condamne l'agression israélienne ».

M. Defferre (France) pense que « les Égyptiens et les Syriens sont responsables de la guerre. Ils ont pris l'initiative de l'attaque ».

En Inde, Mme Indira Gandhi « rejette sur Israël la responsabilité des combats ».

Le correspondant de la *National Zeitung* à Bâle écrit : « Le provocateur qui a mis le feu aux poudres [...] ne doit être cherché ni à Tel-Aviv ni à Washington : il se trouve au Caire.[49] »

Faut-il s'étonner de ces avis disparates ? En aucune façon. Les mêmes incertitudes règnent quant à l'origine de la plupart des affrontements, qu'il s'agisse de la Corée, du Pakistan ou du Cambodge envahi par les troupes vietnamiennes dans un esprit « d'autodéfense » afin de « punir les agresseurs », selon les termes utilisés par l'ambassadeur de Hanoi. [50] Mieux encore, on en est toujours à discuter sur les responsabilités de la Première Guerre mondiale, et les innombrables thèses, ouvrages, articles parus depuis soixante ans n'ont pas réussi à faire le point sur ce problème.

Il faut reconnaître que la définition de l'agression est une tâche ardue. Les divergences d'opinion sont nombreuses. Les Anglo-Saxons, traditionnellement attachés au droit coutumier, se méfient d'une formule générale et préfèrent examiner séparément chaque cas, comme cela se fait depuis toujours, avec le succès que l'on connaît. D'autres pays, comme la France, sont amateurs de grandes déclarations abstraites, qui ont l'inconvénient de comporter des termes également abstraits sur lesquels personne n'est d'accord et qui sont la porte ouverte à d'interminables polémiques. D'autres encore, telle l'URSS, sont en faveur d'une énumération de toutes les actions condamnables, mais, aussi longue que soit cette liste, il lui manquera toujours le petit cas imprévu auquel personne n'aura pensé. En outre, nous avons vu qu'à la notion d'attaque armée, un peu simpliste, il faut ajouter d'autres éléments souvent déterminants comme le blocus des côtes, les actes de violence en mer, le survol du territoire étranger, les encouragements à la propagande belliciste ou raciste, l'appui aux activités subversives, l'intimidation, les entraves aux échanges commerciaux, etc. Il n'est pas surprenant que les éminents légistes de la Société des Nations, qui de 1923 à 1936 se sont plongés dans ce fatras, et que les non moins éminents légistes de l'Organisation des Nations unies qui de 1950 à 1957 aient essayé de prendre le relais ont finalement, après vingt ans de travaux en commissions spécialisées, sous-commissions, groupes et sous-groupes, abouti à la conclusion qu'il leur était impossible d'aboutir à quoi que ce soit.

Est-ce une raison pour désespérer, comme le font certains, qui vont jusqu'à dire qu'il est humainement impossible de définir une notion de ce genre ?

Nous ne le pensons pas. Bien au contraire, à la lumière de ce qui a été dit plus haut, nous croyons, en toute modestie, avoir trouvé une définition qui évite les obstacles que nous venons d'évoquer et qui répond à toutes les objections. Elle est en effet assez simple pour être universellement comprise, elle a le mérite de la brièveté, elle est générale mais concrète, elle est totalement exhaustive, et elle rend inutiles les discriminations délicates, puisqu'elle les englobe. Cette définition, que nous nous permettons de proposer aux instances internationales afin qu'elle devienne le principe fondamental de la diplomatie contemporaine, est la suivante : «*L'agresseur est toujours l'autre.*» Il en découle que chacun des adversaires se trouve systématiquement en état de légitime défense, et que son bon droit ne peut être contesté. Nous sommes alors en mesure d'en tirer la conséquence logique qui s'impose, en affirmant que «*la guerre est toujours juste des deux côtés*».

C'est la conclusion à laquelle parvenait Joseph Proudhon lorsqu'il écrivait : « La guerre, par son idée, par ses motifs, par son but avoué, par la tendance éminemment juridique de ses formes, non seulement n'est pas plus injuste d'un côté que de l'autre, elle est, des deux parts, et nécessairement, juste.[51] »

Avant lui, le moraliste Alciat, le jésuite Molina et bien d'autres avaient défendu ce point de vue. De nos jours l'Église elle-même, qui n'a pas pour habitude de braver l'opinion mondiale par des prises de position révolutionnaires et qui pécherait plutôt par excès de prudence, défend une position similaire.[52]

Pour illustrer notre propos, nous avons rassemblé les déclarations d'un grand nombre de chefs d'État et de chefs militaires de tous bords, et nous en avons fait un discours cohérent, sorte de prototype universel de l'Appel aux Armes. Le fait que l'on ne peut y déceler aucune contradiction interne prouve que les adversaires, en avançant les mêmes arguments, reconnaissent implicitement que la guerre est juste des deux côtés à la fois.

DISCOURS TYPE POUVANT ÊTRE UTILISÉ DÈS L'OUVERTURE DES HOSTILITÉS

« L'heure de la bataille a sonné. Nous adressons à nos forces maritimes, aériennes et terrestres, qui, à tous leurs postes de combat, sont prêtes à entrer en action, un message fraternel. Que chacun accepte son sacrifice, que chacun serve à son rang, selon ses moyens : le tour viendra pour tous, le plus faible aura sa part de gloire. Les populations de l'intérieur, elles aussi, accomplissent tout leur devoir. Fermeté d'âme, discipline, espoir, voilà qui les anime au plus profond d'elles-mêmes. La nation aborde le péril la tête haute, la conscience pure. Fidèle à la vieille devise, elle est sans reproche. Elle est sans peur.

» Quelle n'est pas notre consolation de pouvoir aujourd'hui nous rappeler tous les efforts que nous avons déployés en faveur de la paix ! Nous sommes dans une guerre que nous n'avons pas voulue. Nous avons tout dit, tout fait pour l'éviter. Elle nous a été imposée. De quel côté est le droit, il n'y a pas de doute à ce sujet. Nous sommes entrés en campagne pour aider la justice à triompher. Ce pour quoi nous avons aujourd'hui à lutter, c'est l'existence même de notre peuple, c'est sa vie et son indépendance. Nos soldats protègent en ce moment tout ce que nous possédons. Ils combattent pour la défense de la nation, pour celle de l'art et de l'esprit, pour la sauvegarde de notre intégrité territoriale et de notre honneur national. Oui, nous combattons pour l'intégrité et l'honneur de notre pays !

» Jamais les raisons de se battre n'ont été plus claires que dans les circonstances présentes. Nous sentons que nous ne nous battons pas seulement pour la liberté et l'indépendance de notre patrie, mais pour tous les hommes, non seulement pour notre génération, mais pour toutes les générations à venir. La cause qui nous tient à cœur, c'est celle de la justice, de la prospérité, du progrès et de la paix de la communauté humaine tout entière.

» Nous avons le bonheur de combattre pour que règne enfin la paix dans le monde, une paix juste et durable. Notre objectif fondamental : travailler pour un monde équitable et pacifique, pour une longue paix future.

» Nous sommes calmes et résolus. Nous ne doutons pas un seul instant de notre victoire. Elle sera le prix de la force morale et de la persévérance. La défaite définitive de l'ennemi, voilà le seul but vers lequel doivent se tendre toutes nos énergies. Le devoir, c'est la guerre ; l'avenir, c'est la victoire.

» Nous avons confiance dans la Toute-Puissance éternelle. Dieu est avec nous, avec notre juste cause. Qu'Il bénisse notre armée ! Qu'Il nous protège et dirige le succès de nos armes ! Qu'Il donne à notre peuple et à nos soldats la force d'accomplir avec endurance et vaillance ce qui sera nécessaire pour conserver notre liberté ! Il faut que nous soyons unis, il faut que nous soyons intrépides, il faut que nous soyons inflexibles, nous pouvons vaincre, nous devons vaincre et nous vaincrons. [53] * »

CHAPITRE III

COURTE ET BONNE

La logique n'est pas le fort de la race humaine. Il s'est toujours trouvé, au fil des générations, des gens pour s'offusquer des cruautés de la guerre, tout en déclarant normal que les hommes s'entre-tuent. Faites des omelettes, disent-ils, mais ne cassez pas les œufs.

Remettons les choses en place. Les belligérants, persuadés, comme nous venons de le voir, que leur cause est juste, ne peuvent avoir qu'un objectif : la victoire, à n'importe quel prix. Citons Clausewitz : « Les âmes philanthropes pourraient aisément s'imaginer qu'il y a une façon artificielle de désarmer et de battre l'adversaire sans trop verser de sang [...] C'est une erreur qu'il faut éliminer [...] L'on ne saurait introduire un principe modérateur dans la philosophie de la guerre sans commettre une absurdité. La guerre est un acte de violence et il n'y a pas de bornes à la manifestation de cette violence. [54] » C'est l'évidence. Demander à un soldat de vaincre avec pondération, d'exterminer avec courtoisie, de ravager avec retenue, est aussi risible que de fixer des limites à l'incendie qu'on vient d'allumer. Il faut être d'une prodigieuse naïveté, ou d'une mauvaise foi sans pareille, pour soutenir le contraire.

L'Histoire, d'ailleurs, rétablit la vérité. Au cours des deux derniers conflits mondiaux, chacun des engagements pris solennellement par les grandes puissances a été violé, sans exception : les navires de commerce ont été torpillés, les gaz de combat ont été employés, les villes ouvertes ont été bombardées, on a fusillé des otages, on a massacré des civils. Dans une prochaine guerre éventuelle, aucun des accords péniblement conclus après des mois de négociations, interdisant l'emploi de tel type d'arme ou le recours à telle méthode d'anéantissement, ne sera respecté si l'un des adversaires découvre qu'il a tout intérêt à l'enfreindre.

Si l'on parvient à prouver que les procédés mis en œuvre, même les plus honteux, répondent à une exigence de la stratégie, le tour est joué. Or, rien n'est plus facile, et point n'est besoin de se creuser la cervelle ; écoutons le grand état-major allemand : « Tout acte, si barbare soit-il, peut être justifié par des nécessités militaires. [55] » Nous voilà fixés.

La morale étant sauve, nous pouvons alors choisir les armes les plus efficaces, c'est-à-dire les plus meurtrières, puisque « tout est permis », que « la guerre doit être sanglante, et chercher à frapper des coups décisifs », et que « le combat autorise et sanctifie tous les moyens [56] * ».

Souvent d'ailleurs, les belligérants n'ont pas à choisir ; un engrenage inéluctable les pousse progressivement aux extrêmes. Et ce qu'il y a de tout à fait curieux, c'est que cette surenchère trouve toujours d'excellents motifs pour se produire. Lorsque le général en chef essuie des revers de plus en plus cuisants, voit fondre ses réserves comme neige au soleil, sent déjà souffler sur son visage le vent de la défaite, qu'a-t-il à perdre ? Il va jouer son va-tout. S'il peut sortir de ses laboratoires quelque nouvel agent de mort capable de semer la terreur, il le fera. Si le chef, au contraire, voit la victoire à portée de la main, si les troupes de l'ennemi commencent à fuir et à se mutiner, si leur effondrement n'est plus qu'une question de jours, il n'aura pas davantage de scrupules à faire appel à quelque engin inédit pour donner un petit coup de pouce au destin. Le succès, pense-t-il avec sagesse, légitimera son action. Le maréchal Keitel le disait à ses hommes : « Il est non seulement justifié, mais du devoir des troupes, d'utiliser tous les moyens, sans aucune restriction, même contre les femmes et les enfants, pourvu qu'ils assurent le succès. [57] »

C'est dans cette optique que nous allons étudier successivement l'utilité du pillage, des destructions, des sévices individuels (viol et torture), de l'exécution des prisonniers, des blessés et des otages, et enfin des massacres de civils.

Le pillage

« Il n'est pas contre nature de dépouiller celui qu'on peut honnêtement tuer [58] », remarque Cicéron. Avant lui, les philosophes grecs étaient du même avis. Aristote classe le pillage parmi les industries, au même titre que l'agriculture [59]. A Rome, la profession de pirate était mieux considérée que celle de commerçant. Les juristes du Moyen Age, ceux des XVIIe et XVIIIe siècles, admettent eux aussi le *jus praedarum*, le droit au butin, et font valoir que Dieu lui-même approuve sans restriction cette pratique.[60] Le pillage peut même être considéré comme la source de la propriété. [61] * La preuve, c'est que dans la majorité des langues, un seul vocable exprime la notion de rapine et celle de possession.[62] En copte, en hébreu, le même mot recouvre le concept de chasse et d'acquisition. En tahitien, *taho* veut dire à la fois lance et propriété, ce qui doit être la source de nombreux quiproquos. Et en sanscrit, celui qui entend le mot *Ga-vishtu* ne sait pas s'il s'agit de partir à la guerre ou à la recherche des vaches.

Le pillage, c'est la récompense du soldat. Quand le siège d'une place forte avait été long et coûteux, on promettait aux soldats vainqueurs un ou plusieurs jours de pillage. Souvent même le combattant n'était payé que par le butin, comme certaines catégories de personnel ne le sont aujourd'hui que par le pourboire. On prétend même que les mercenaires trouvaient moins dégradant de piller que de recevoir de l'argent, et qu'ils préféraient nettement la première solution qui, tout en répondant mieux à leur délicatesse naturelle, leur procurait sans doute aussi de plus gros bénéfices.

De nos jours, le soldat est rétribué, mais pour quelqu'un qui met sa vie à la disposition de la communauté, il faut reconnaître que son salaire est assez modeste ; il paraît donc normal qu'il puisse toucher, s'il n'est pas tué prématurément, une prime de butin.

On peut distinguer deux sortes de pillage.

Il y a d'abord le pillage individuel, désorganisé, qui prend naissance soit dans l'ardeur de la bataille, soit à la fin des combats, avec ou sans la permission des chefs. Il a un côté à la fois viril et bon enfant, paillard, rabelaisien, qui le rend finalement assez sympathique. Il consiste essentiellement à s'emparer sans vergogne des valeurs, objets, denrées et boissons sur lesquels on peut faire main basse. Il s'accompagne volontiers de déprédations qui s'expliquent par l'ambiance particulière dans laquelle il se pratique. Le pillard peut être en effet surpris à tout instant par quelque franc-tireur, ou plus simplement par le propriétaire du logis qui aurait l'idée saugrenue de défendre son bien. Il faut donc faire vite. Les précautions que prendrait un voleur ordinaire ne sont pas de mise. Pas question de chercher la clef de l'armoire ou la combinaison du coffre : on éventre à coups de crosse, de baïonnette ou de grenade. Le mobilier s'en ressent un peu, mais c'est la loi de la guerre, et cela n'a finalement que peu d'importance, puisque avant de quitter le bâtiment le pillard a coutume d'y mettre le feu.

L'histoire foisonne d'exemples de pillage : les Romains pillaient les peuples asservis, les Croisés les Infidèles, pendant la guerre de Cent Ans les écorcheurs dépouillaient leurs victimes de leurs vêtements, et le sac du Palais d'Été de Pékin par les troupes franco-anglaises en 1860 est resté célèbre. « Les canonniers bourraient jusqu'à la gueule leurs pièces avec de l'or ; les fantassins en remplissaient leurs cartouchières… Vous ne sauriez croire à quel point fut poussée la furie du pillage. [63] »

Ne nous attardons pas sur les razzias effectuées en Algérie, en Tunisie, au Maroc, par nos bonnes armées coloniales : elles étaient en « usage », comme le dit candidement le Père Bugeaud, l'homme à la casquette.

C'est à la Révolution française et à Bonaparte que nous devons une forme plus élaborée de pillage, mieux connue sous les noms de réquisitions et frais d'occupation. Avant cette époque, aussi incroyable que cela puisse nous sembler, il n'était pas rare de voir des soldats crever de faim à quelques pas de fermes qui regorgeaient de nourriture. Nos généraux républicains, suivis par ceux des armées impériales, bousculèrent ces vieux tabous. La guerre doit nourrir la guerre, décréta Napoléon, toujours à la pointe du progrès.

Assez vite le pillage déborda le cadre alimentaire pour s'intéresser au domaine industriel et culturel. Ici encore Bonaparte donne l'exemple. « La Commission des Arts a fait une bonne récolte à Ravenne, Rimini, Pesaro, écrit-il, le tout va vous être expédié. En ajoutant ce qui va vous être envoyé de Rome, nous aurons tout ce qu'il y avait de plus beau en Italie.[64] » Un siècle et demi plus tard, certains de ces chefs-d'œuvre feront un autre voyage, cette fois de France en Allemagne, sous les auspices du maréchal Goering.

Le pillage collectif moderne d'État à État ne s'est pas substitué à la maraude individuelle. Les deux coexistent, mais tandis que cette dernière est seulement tolérée, le premier fait appel à des méthodes sophistiquées qui lui donnent un caractère officiel. Citons entre autres l'émission d'une monnaie spéciale, la fixation de taux de change arbitraires, les exportations obligatoires, la mainmise sur les rouages de distribution, etc.

C'est ainsi que le total des « achats » allemands en France, entre 1940 et 1944, pour ce qui est des produits agricoles et des vêtements, s'est élevé à 350 milliards de francs, auxquels doivent s'ajouter un milliard de marks de marchandises payées par l'indemnité de frais d'occupation, tandis qu'au Danemark et en Norvège la facture présentée à chacun de ces pays s'est montée à environ 11 milliards de couronnes.

Qu'il soit à la bonne franquette ou à la dérobée, individuel ou collectif, le pillage est avant tout une nécessité militaire.

Il a en effet plusieurs fonctions.

Il assure tout d'abord, comme nous l'avons entrevu, un indispensable transfert de propriété qui va donner aux combattants victorieux des avantages matériels non négligeables et accroître en même temps leur confiance en soi, alors qu'il sera pour l'ennemi une cause de désarroi, en jetant sur les routes des réfugiés ruinés, sans toit, affamés et apeurés.

Deuxièmement, lorsque l'occupation d'une partie importante du pays permet d'organiser le pillage collectif sur une grande échelle, il est certain que son incidence immédiate sur la santé, par un rationnement rigoureux, et, dans une perspective plus lointaine, sur l'économie générale du pays, ne pourra qu'avoir de très heureuses conséquences sur l'issue du conflit.

Enfin le pillage libre joue un rôle de premier plan dans l'équilibre psychologique du soldat, et donc dans le moral de l'armée. Au sortir de jours et de nuits d'angoisse, de tension nerveuse et d'épuisement, il y trouve une occasion de défoulement qui, mieux que le sport ou le yoga, lui rend la paix de l'âme. Car il serait inexact de voir là l'assouvissement de pulsions destructrices ou d'instincts douteux. C'est au contraire une activité parfaitement normale et saine, qui existe à l'état latent chez tous les individus.

Les destructions

La Première Guerre mondiale avait déjà volatilisé un nombre coquet d'habitations et de monuments. Il suffit d'évoquer les noms d'Arras, de Soissons, de Reims, de Péronne. Ici des villages carbonisés, là des routes défoncées et des ponts détruits, des forêts fauchées, des réservoirs dynamités, des châteaux encore présentables devenus, du jour au lendemain, des ruines historiques. Mais les lieux sont encore circonscrits, les espaces ravagés demeurent limités, on en reste au stade artisanal.

Avec la Deuxième Guerre mondiale, puis la guerre du Vietnam, l'ordre de grandeur change. Les points névralgiques s'appellent Rotterdam, Londres, Coventry, Hambourg, Dresde, Berlin, Tokyo, Hanoi.[65]* Cette fois, des cités entières sont fracassées, quartiers résidentiels et zones industrielles mêlés, car plus nous approchons de la guerre parfaite, ce que Ludendorff appelait la guerre totale, plus la distinction entre civils et militaires s'efface. Le peuple entier participe à la lutte, le peuple entier est donc responsable.

Responsable, ce petit professeur de piano de Cologne qui saute au milieu d'une leçon, avec son élève, sa femme et ses deux enfants. Responsable, cet employé de banque de la *City*, qui part en fumée avec sa vieille mère. Responsables, les sept corps recroquevillés de la famille Nguyen Van Si, de Hanoi, le mari, l'épouse, les deux fillettes, l'adolescent, et le garçonnet qui serre encore un nourrisson contre son ventre. A votre bonne santé, Messieurs-Dames. tout le monde trinque. Les planques, les combines, les alibis sont périmés. Plus personne n'est à l'abri. On a parfaitement le droit de bombarder les hôpitaux : ils remettent sur pied ceux que les armes ont mis hors de combat. On peut bombarder les maternités : elles donnent de futurs ennemis à la patrie. On peut bombarder les écoles : c'est là que sont éduqués les jeunes qui feront l'armée de demain. On peut bombarder les églises : les fidèles y trouvent un réconfort qui leur permet de poursuivre la lutte. Et saper les fondations d'un musée ou d'une bibliothèque,[66]* c'est saper le moral de l'adversaire en le coupant de son passé culturel. Car voici bien le but des destructions : briser la résistance des populations, épuiser leur énergie, réduire le rendement de leur travail, désorganiser les services publics. En un mot, semer la terreur.

Le viol

Le viol n'est que la prolongation naturelle du pillage. La femme étant en effet, depuis toujours, un objet soit de plaisir, soit de première nécessité pour les travaux du ménage, fait partie des biens du vaincu au même titre que ses meubles, et le vainqueur peut en disposer à sa guise. La seule chose qu'on peut lui reprocher, comme le note Grotius, c'est qu'en violant les femmes, l'on contrevient à la morale chrétienne et l'on commet un péché. Mais la confession n'est pas faite pour les chiens.

Constamment admis dans le passé comme un des droits imprescriptibles du combattant, le viol n'a jamais cessé d'être en honneur, même de nos jours. « Vous pouvez violer, dit un jeune aspirant à sa section qui combat en Algérie, mais faites ça discrètement.[67] » Le conseil n'est pas toujours suivi. Que voulez-vous, le Français a les défauts de son grand cœur. S'il ne craint pas de partager ses joies – on cite le cas d'une jeune musulmane qui dut subir les assauts de vingt-cinq gaillards –, s'il se donne sans compter, quel que soit l'âge de sa partenaire, qu'il s'agisse d'une centenaire ou d'une gosse de huit ans ; en revanche il est cabotin en diable. Il veut qu'on admire ses prouesses. Pour bien tenir son rôle, il lui faut une salle pleine. Il a besoin de la ferveur d'un public enthousiaste. C'est un homme de théâtre.

Aussi va-t-il inviter le mari, le père, les frères, les enfants petits et grands, les cousins, les amis, à assister à son numéro, à l'encourager de la voix et du regard, à le soutenir dans les passages difficiles, à l'applaudir au moment du dénouement.

Quant à sa comparse, si elle n'est pas trop fatiguée par le spectacle, on l'envoie souvent, lorsque le rideau est tombé, faire quelques représentations supplémentaires avec les légionnaires et les tirailleurs sénégalais, avant de s'en défaire pour de bon.[68]

Comparé au soldat français, le G.I. américain a peut-être moins de lyrisme et de panache. Il est pratique. Sa philosophie se réduit à cette forte réflexion : « Les gars sont des hommes, mon vieux.[69] » Une bonne illustration de cette vérité se trouve dans le témoignage qui va suivre. L'histoire se passe le 17 novembre 1966.

« Un sergent de vingt ans, depuis trois ans déjà au Vietnam, patrouille avec sa section et arrive, à l'aube, dans le hameau de Cat Huong, district de Phu My. Il donne l'ordre à ses hommes de fouiller toutes les cases, dans l'intention expresse de trouver une femme qu'ils pourront emmener dans leur randonnée, pour se procurer du bon temps. Dans l'une des paillotes, ils découvrent une mère apeurée et ses deux filles. Phim Thi Mao, l'aînée, leur plaît. Ils lui attachent les mains derrière le dos et l'entraînent. La mère éplorée court derrière eux, les supplie, puis voyant qu'il n'y a rien à faire, leur tend un châle pour que la petite n'attrape pas froid. Le sergent, sardonique, le lui arrache et s'en sert pour bâillonner la captive.

» L'un des hommes charge son barda sur le dos de Phim Thi Mao qui suit péniblement la petite troupe. Vers 10 h 30, le groupe arrive à proximité de la cote 192 et avise une paillote abandonnée. Les cinq hommes s'y arrêtent, se restaurent sans se préoccuper de la petite qui sanglote dans un coin. Son repas terminé, le jeune sergent se rue sur elle, lui arrache ses vêtements, l'attache sur une table laissée là par les anciens occupants, et la viole. Puis il cède la place aux autres dont l'un s'amuse à lui promener un couteau sur le corps.[70] »

Dans le cas ci-dessus, la victime, qui en avait trop vu, est abattue le lendemain matin, sur l'ordre du sergent. Mais il n'existe dans ce domaine aucune règle.

La torture

La torture, dont le but essentiel est l'obtention d'un renseignement important pour les opérations militaires, est d'une faible efficacité. Les torturés ont en effet la fâcheuse habitude, pour abréger leurs souffrances, de dire n'importe quoi, de sorte que leurs révélations n'ont généralement aucune valeur. Ce grave défaut aurait dû normalement faire abandonner la torture depuis longtemps. Or, curieusement, c'est le contraire qui s'est produit.

Il ne faut pas chercher loin pour en trouver la raison. L'invention des canons à longue portée, puis celle des bombardiers et des chars, et enfin la guerre électronique, ont de plus en plus éloigné les combattants. Ils ne se voient plus que sur les écrans de radar. Or, il faut à l'homme un contact direct avec son adversaire. C'est la torture qui va le faciliter. Elle apporte un élément affectif et humain qui fait défaut dans les batailles modernes, elle supprime l'angoissant anonymat, elle établit entre le tortionnaire et le torturé une véritable relation personnelle.

On reproche un peu légèrement à la torture de ne pas être complètement exempte de sadisme, de favoriser l'épanouissement de passions inavouables. On prétend que le gradé qui torture (cette fonction n'est pas confiée à n'importe qui[71]) y donnerait libre cours à sa haine de certaines catégories raciales, professionnelles ou politiques, y trouverait une sorte de revanche contre les individus dont il sentirait confusément qu'ils lui sont supérieurs par le caractère ou par l'esprit. En s'acharnant sur la « forte tête » ou sur « l'intellectuel », il ressentirait cette pulsion meurtrière qui s'emparait des foules à la vue des martyrs. En même temps il penserait, par le châtiment infligé à sa victime, justifier sa fonction et ses galons.

Il ne nous appartient par d'émettre un jugement sur ces accusations. Sans doute y a-t-il eu des cas où des « interrogatoires poussés » ont pris la tournure de vengeances personnelles ou de sévices. Mais il s'agit là souvent d'un enchaînement de cause à effet, et non pas d'une volonté délibérée de nuire.[72]* Ce qui domine, à nos yeux, dans la torture, c'est plutôt son côté ludique, qui en fait une activité de jeu par excellence, une distraction sans tricherie, puisque le gagnant est désigné d'avance. Elle finit ainsi par perdre toute signification stratégique au profit d'un contenu psychologique de première importance. A ce stade, elle se suffit à elle-même, elle devient de « l'art pour l'art ».

Dans le développement de cet art, l'esprit inventif de l'homme a joué un rôle primordial. On reste confondu d'admiration devant sa prodigieuse créativité, devant les trésors d'humour qu'il a déployés. Il suffit de parcourir quelques-uns des répertoires, catalogues, abrégés et recueils qui traitent de la torture.[73] C'est un vrai régal.

On y trouve naturellement, en premier lieu, les grands classiques du genre : la roue, sur laquelle on attachait le supplicié après lui avoir brisé les quatre membres, les brodequins, qui permettaient de broyer les os des jambes et des pieds ; la poire d'angoisse, qui empêchait les douillets de crier ; le supplice de la langue, qu'on pouvait arracher, couper, brûler ou percer. Notons que l'ablation du pénis ou des testicules, en honneur dans tout l'Orient, n'était pas trop estimée des peuples très chrétiens du monde occidental. On lui préférait le fer rouge, l'estrapade, le chevalet, le gril, et d'autres procédés qui sont parvenus jusqu'à nous, comme l'arrachage des ongles, le pal, la cage, le vinaigre dans les narines, ou le bon vieux supplice de l'eau, dont il est encore fait grand usage.

A côté de ces classiques, l'imagination des hommes a inventé toute une série de tortures sophistiquées, dont certaines sont franchement désopilantes. Qu'on nous permette deux ou trois exemples.

Les Turcs avaient trouvé un procédé ingénieux pour faciliter les aveux : le récalcitrant était tout d'abord invité à se gorger de ces fruits délicieux qu'on appelle pastèques. Il ne se faisait pas prier. Peu à peu cependant, il découvrait les vertus diurétiques de la cucurbitacée, et il se serait volontiers plié aux exigences de la nature si ses geôliers ne lui avaient pas fortement garrotté les parties, l'empêchant ainsi d'uriner.

Les Anglais, qui ont toujours été gens pratiques et prudents, enfonçaient le fer rouge dans les intestins du questionné en le faisant passer à travers un tuyau de corne, afin de ne pas laisser de brûlures externes.

Quant à Soliman le Magnifique, il avait mis au point un petit divertissement burlesque. Le prévenu était couché sur une planche à laquelle il était solidement attaché. A l'aide d'un poignard effilé, on pratiquait sur tout son corps des cavités dans lesquelles, après avoir versé de l'huile, on plaçait une mèche. Il suffisait alors d'allumer le tout pour obtenir une sorte de très original gâteau d'anniversaire. Devant cet illuminé, au sens propre du terme, le souverain, dit-on, battait des mains, au comble du ravissement.

Après avoir connu, en Europe, une éclipse au cours du XIXe siècle, la torture fait sa réapparition au XXe. Tout en s'appuyant sur la tradition, elle ne craint pas de faire appel à la science et plus particulièrement à l'électricité, à la mécanique des corps, à la pharmacologie. Son domaine s'est en même temps étendu à la recherche du renseignement politique en temps de paix, mais cette nouvelle application sort du cadre de notre étude.

C'est dans les activités de la Gestapo allemande, lors de la Deuxième Guerre mondiale, que la torture moderne va trouver ses lettres de noblesse. Elle sera d'ailleurs officialisée par une ordonnance de Himmler du 12 juin 1942 autorisant les « interrogatoires du troisième degré » pour arracher aux prisonniers des aveux et des renseignements importants. La formation du personnel spécialisé sera assurée par des stages de quatre semaines comprenant un cours de physiologie, des travaux pratiques et un examen de sortie.

Aux anciennes méthodes qui avaient fait leurs preuves : plonger dans une baignoire d'eau glacée jusqu'à suffocation, enflammer des cotons imbibés d'essence placés entre les orteils, larder la plante des pieds de coups de rasoir et faire ensuite marcher sur du sel, les techniciens nazis ont ajouté des recettes de leur cru, à caractère plus technologique. C'est ainsi qu'ils ont remplacé la cigarette par la lampe à souder pour brûler le corps des interrogés, et il semble qu'on leur doive l'invention de la décharge électrique, la fameuse « gégène », dont le succès a été foudroyant.

Ils paraissent également avoir été les premiers à systématiser la collaboration d'un médecin lors des exercices précités, afin de diminuer la déconvenue d'un arrêt prématuré de l'interrogatoire par suite de décès. Cette précaution a considérablement réduit la moyenne des accidents. De 1940 à 1945, le nombre des morts, dans les seules prisons françaises, ne paraît pas avoir dépassé quarante mille.

La torture, ainsi codifiée par les dirigeants du national-socialisme, va désormais proliférer, tout en s'enrichissant, dans chaque pays, des trouvailles du folklore national. Au cours du deuxième conflit mondial les Japonais utilisent les Tonkinois comme des mannequins vivants pour l'escrime à la baïonnette. Un peu plus tard, les Viet-minhs attellent, deux par deux, les prisonniers français avec des rênes passant par des anneaux accrochés aux cartilages du nez, et les conduisent ainsi de village en village. A chaque halte on leur enfonce une écharde dans la joue. Lorsque les têtes ne sont plus que des pelotes, on les coupe.[74]

Les Français ne peuvent pas être en reste. Quand ils ne bombardent pas au napalm,[75] ils torturent eux aussi, et pour s'assurer la fidélité des partisans vietnamiens, ils les obligent à tuer publiquement les prisonniers viet-minhs. « Le Vietnam, c'est la grande chance de l'armée, dit de Lattre à Salan. C'est le grand rendez-vous de la France…[76] »

Les espiègleries se font également entre frères de race. Vietnamiens du Nord et du Sud inventent des rites cocasses. Il y a le jeu du papillon : d'un grand coup de couteau dans l'estomac, on vous épingle à terre comme un vulgaire machaon. Il y a le passe-temps du tonneau : mettre l'intéressé dans un fût métallique rempli d'eau, et frapper l'extérieur du fût à l'aide de lourds pilons de bois : l'eau écrase les viscères sans qu'il y ait la moindre ecchymose.[77]* Mais voici plus raffiné : des épingles sont lentement enfoncées dans le bout de chaque doigt, la main étant maintenue immobile, à l'extrémité des épingles est fixée une feuille de papier pelure, et on met en marche un ventilateur. Les feuilles, agitées en tous sens, produisent une sensation tellement délicieuse que l'individu, au bout d'un quart d'heure, tombe dans une sorte d'extase et perd connaissance.

Méfions-nous toutefois d'un certain romantisme de la torture et de la tendance à l'exagération des âmes sensibles. La guerre d'Algérie, pour ne prendre que cet exemple, n'a été ni pire ni meilleure que n'importe quel conflit récent. Sans doute fut-elle le théâtre de quelques exactions de part et d'autre. Les musulmans ont généreusement égorgé, éventré, dépecé, et ont fréquemment procédé à des mutilations nasales et génitales ; c'est leur côté levantin. Les Français ont répondu par la baignoire, le pain de dynamite dans l'anus, les séances d'électricité. Qu'il y ait eu quelques bavures, personne ne le conteste. Il ne faut pas pour autant dramatiser. Le général Massu remet les choses en place : « Je pense que, dans le plus grand nombre des cas, les militaires français ont été, et heureusement ! des enfants de chœur… Si, pour faire "cracher le morceau", il fallait que "ça cogne un peu"… ce n'était tout de même qu'une pression physique, même violente, utilisée pour le renseignement immédiat et ne dégradant pas l'individu.[78] »

Rien de dégradant en effet dans la technique du sac, qui consiste à hisser à l'aide d'une poulie le prévenu et à le laisser retomber brusquement ; ou dans celle de la partie de football, où l'interpellé, un bandeau sur les yeux, sert de ballon aux paras chaussés de gros souliers ferrés. Il n'est pas davantage avilissant d'être obligé de manger ses excréments, de subir des rapports sexuels avec des chiens, d'être sodomisé avec une bouteille et photographié dans cet état. Et n'est-ce pas un divertissement d'enfant de chœur que d'allonger une fille nue sur une table, de l'écarteler, de la bâillonner, et après quelques attouchements obscènes de lui mettre les électrodes aux oreilles, sur la langue, sur les seins, dans le vagin, et de contempler ses contorsions diaboliques ?

La torture est un fait de notre époque. Depuis la fin de la Deuxième Guerre mondiale, elle est employée communément, aussi bien par les nations les plus industrialisées que par les pays en voie de développement. Les Anglais dans leurs démêlés avec l'Irlande ont appliqué les « cinq techniques [79] * », les Israéliens auraient mis au point une substance produisant des désordres mentaux,[80] et toutes les armées de l'OTAN, sans parler des autres, comportent des unités spéciales de renseignement entraînées à pratiquer les « interrogatoires approfondis ».

Exécutions et massacres

Tuer les gens qu'on fait prisonniers à la guerre n'est pas forcément la meilleure solution. Les utiliser comme esclaves est parfois beaucoup plus rentable. Grotius explique que certaines dispositions, comme celle qui rendait le maître propriétaire non seulement de l'esclave et de ses biens, mais également de tous ses descendants à perpétuité, avaient été instituées « afin que, séduits par tant d'avantages, ceux qui s'emparaient des prisonniers s'abstinssent volontiers de cette extrême rigueur qu'ils pouvaient exercer sur eux en les tuant [81] ».

Il est évident que si l'on retire plus de profit de l'emploi des captifs comme manœuvres, domestiques agricoles, terrassiers ou mineurs, il serait imbécile de les supprimer. C'est ce qu'a fort bien compris le commandement allemand qui, lors de la Deuxième Guerre mondiale, a mis en place un système moderne d'esclavage dont les trois formes principales ont été le Service du Travail Obligatoire (S.T.O.), l'embauche des prisonniers de guerre et les prestations des déportés. Cette main-d'œuvre presque inépuisable, facile à contenter, peu onéreuse, a représenté pour l'économie du Reich un sérieux atout. Elle fut spécialement appréciée dans les mines de sel, les hauts fourneaux, les ateliers de briqueterie, les fonderies et autres occupations de choix.

Toutefois, si la surveillance des prisonniers et des déportés s'avère difficile, s'ils effectuent leur travail sans enthousiasme, si leur rentabilité est faible, ou s'ils présentent un danger pour la sécurité des personnes et des biens, ils peuvent, sans problème, être mis à mort. Sur ce point, le consensus est général. Parmi les tribus sauvages comme chez les peuples de l'Antiquité, il a toujours été tenu pour normal d'exterminer les captifs gênants. [82] Le même point de vue a été exprimé dans un texte fort officiel, *Les Lois de la guerre continentale*, publié par le grand état-major allemand en 1902, dans lequel on peut lire que « les prisonniers peuvent être mis à mort… en cas de nécessité inéluctable, lorsqu'il n'y a pas d'autre moyen de les garder et que leur présence constitue un danger pour la propre existence du capteur [83] ». Inutile par contre de s'acharner sur un cadavre, qui n'est d'ordinaire pas dangereux.

Les exécutions d'otages sont monnaie courante au fil de l'Histoire. Qu'on nous permette de citer la lettre que notre incomparable génie national, l'empereur Napoléon Ier, écrivait à son frère Joseph, lorsque, après l'accession de ce dernier au trône de Naples, il y eut quelques tentatives d'insurrection parmi les habitants de l'Italie méridionale : « La sécurité de votre domination dépend de la manière dont vous vous conduirez dans les provinces conquises. Faites brûler une douzaine de localités qui ne veulent point se soumettre, naturellement après les avoir fait piller au préalable. Mes soldats ne doivent pas revenir les mains vides ! Faites pendre trois et même six personnes dans chaque village qui se sera joint à l'insurrection, et n'épargnez pas en cela le costume ecclésiastique. Souvenez-vous seulement de ce que j'ai fait à Plaisance et en Corse. [84] »

L'exemple venait de haut ; les émules, depuis, n'ont pas manqué. C'est toutefois la Deuxième Guerre mondiale qui a définitivement consacré la prise d'otages, encore timide en 14-18, comme un élément permanent de la stratégie contemporaine.

L'impact de la suppression de certaines catégories d'individus est, bien entendu, inversement proportionnel à l'importance du rôle qu'ils jouent dans la conduite des opérations. Faire passer de vie à trépas un prisonnier de guerre, c'est-à-dire un combattant, dont la fonction principale est de mourir tôt ou tard, est forcément moins spectaculaire que de fusiller un otage, qui est un civil désarmé. Mais faire périr des gens qui ne sont même pas des notables, qui n'ont été ni choisis ni tirés au sort, qui ne sont qu'un conglomérat de personnes anonymes, des deux sexes et de tous âges, voilà qui est le summum de l'art militaire et l'honneur des armées.

L'histoire de notre race foisonne de massacres. Les Hébreux mettent à mort les femmes et les enfants des Hébonites et des Cananéens. Après avoir pris Numance, le général romain Scipion en fait égorger toute la population. Au cours des guerres puniques, l'armée romaine, une fois le camp d'Asdrubal tombé entre ses mains, fait un carnage méthodique de tous les Carthaginois et de leurs auxiliaires, nos ancêtres les Gaulois, qui dormaient, ivres, et couchés sur la paille. A cette époque, déjà, l'alcool tue.

En pleine période courtoise, dans la deuxième moitié du XIIe siècle, Frédéric Barberousse, parcourant l'Italie à la tête de son armée, fait couper deux cents nez par-ci, deux cents lèvres par-là, deux douzaines de mains droites ailleurs, il fait arracher un œil à ceux-ci, pendre ceux-là, rend aveugle le reste. De leur côté, les Italiens avaient, dit-on, la curieuse habitude de dévorer le cœur de leurs prisonniers, de leur ouvrir ensuite le ventre et d'y faire manger l'avoine par leurs chevaux. On dit même que les placides Suisses, qui l'eût cru ? prenaient le carnage comme un plaisir, et que les futurs fondateurs de la Croix-Rouge internationale allaient tuer les malades dans les hôpitaux.[85]* On rapporte également qu'à Cuba, les officiers se faisaient servir des plats d'oreilles de prisonniers et fusillaient les spectateurs au théâtre.[86] Le spectacle était dans la salle.

Les guerres coloniales de la fin du XIXe siècle ont favorisé quelques massacres mineurs. Un médecin de la marine française nous dépeint la prise de Sikasso, dans le Soudan, par nos troupes, « les tirailleurs ivres de sang, déchiquetant les blessés, leur crevant les yeux, leur écrasant le visage, sciant avec de vieux sabres les seins des femmes, enroulant autour de leurs fusils les intestins des moribonds éventrés…[87] »

Les opérations militaires qui, à la même époque, accompagnent la pénétration des puissances occidentales en Chine (France, Angleterre, Allemagne, Russie) offrent à l'empereur Guillaume II l'occasion de donner des instructions précises à ses troupes : « On ne pardonne pas. On ne fait pas de prisonniers. Comme il y a mille ans les Huns, sous leur roi Attila, se sont fait un nom, ainsi le nom allemand doit maintenant, pendant mille ans, apparaître en Chine tel que jamais un Chinois n'ose même regarder de travers un Allemand.[88] »

Les instructions seront suivies. Les soldats allemands écrivent à leurs parents. « Nous entrions dans les maisons et là, à coups de baïonnette et de crosse, nous les achevions ; ils ne se défendaient même pas, ils se mettaient à genoux, embrassaient le sol et nous demandaient pardon, mais c'était peine perdue ; le capitaine nous avait donné l'ordre de ne pas faire de quartier… Femmes, hommes, enfants, on traversait tout à coups de sabre… Quand on peut rencontrer un Chinois tout seul, on le fait déshabiller à poil et on tape à coups de bambou jusqu'à ce qu'il en crève […] Moi j'ai fait mieux que ça ; j'ai pris un Chinois, je lui ai coupé les c…, et je les ai foutues à la gueule de sa femme.[89] » Les Russes s'adonnent pour leur part à quelques jongleries, ils jettent en l'air les enfants à la mamelle et les reçoivent sur leurs baïonnettes en les embrochant adroitement.

Les guerres de notre temps – Algérie, Vietnam – ont vu quelques arlequinades du même genre. On cite telle famille pied-noir dont la demeure fut encerclée par le F.L.N., dont le père eut les yeux arrachés avant d'être étouffé, dont la mère eut la tête écrasée au pilon. On mentionne les commerçants, les fermiers, les fonctionnaires français égorgés en série. Et l'autre son de la cloche évoque le bombardement de Sakiet par les avions français, ou tel autre petit bourg martyr, les hommes saignés au couteau, les gosses écrasés par les tanks, les femmes arrosées d'essence et brûlées vives.[90] Il y a le jeune aspirant qui, ayant abattu un prisonnier musulman d'une balle dans le dos, jette à ses camarades : « Il a de la chance, celui-là, je lui ai tourné la tête vers La Mecque. » Ou le sergent qui explique, après avoir égorgé un captif : « Ça faisait longtemps que ça me démangeait, il fallait que je lui fasse un grand sourire d'une oreille à l'autre.[91]* »

Facéties d'un goût peut-être contestable, mais qui ne méritent pas la publicité qui leur est faite, pas plus que le massacre de Song My, au Vietnam, ne méritait sa notoriété.[92]* Dans tout conflit, il y a des dizaines de vétilles semblables dont il n'est soufflé mot. L'homme de la rue le sait bien ; 65 % des Américains interrogés deux ans plus tard répondirent que ce genre d'incident est inéluctable en temps de guerre.[93]* Quelques jeunes gens qui se dégourdissent un peu la mitraillette, quatre à cinq cents personnes assassinées, dont beaucoup de vieillards inutiles, de femmes et d'enfants, il n'y a pas là de quoi fouetter un chat. Il n'y a pas davantage de raisons de pleurnicher sur les petites saignées purificatrices de l'ex-Yougoslavie.

En revanche, nous sommes obligés d'avouer que les nazis, pendant la Deuxième Guerre mondiale, ont travaillé sur une autre échelle. Tout en continuant à exploiter le cheptel des prisonniers tombés entre leurs mains, ils ont monté une étonnante organisation pour une catégorie bien définie d'individus. Et, à l'opposé des tueries quelque peu frénétiques d'autrefois, effectuées au petit bonheur dans la chaleur de la poursuite, des ravages désordonnés de Gengis Khan ou de Tamerlan, de l'extermination furieuse de quarante mille bougres lors de la prise de Jérusalem par les Croisés, ou du massacre tapageur des

Arméniens par les Turcs, ici tout a été conçu dans le calme, sans violence, méthodiquement, mais avec une singulière largeur de vues. On pourrait même dire que, tant par l'ambition de l'objectif – l'extermination de tout un peuple – que par l'ampleur des moyens mis en œuvre et la rigueur scientifique de l'opération, il y eut dans ce formidable projet quelque chose de grandiose, de wagnérien, qu'on aurait pu baptiser : le crépuscule des Juifs – et qui faillit d'ailleurs être leur nuit.

Précisons que les Israélites ne furent pas seuls en cause, puisque d'innombrables Soviétiques, des Tchèques, des Polonais, des Yougoslaves, des Tsiganes subirent le même sort.[94]* Mais il était nécessaire que ce soit la population juive qui payât le plus lourd tribut, pour deux raisons. Tout d'abord, selon les termes mêmes du chancelier Hitler, la race juive est « une race inférieure qui prolifère comme de la vermine[95] », qui ne « possède pas les facultés que possèdent les races créatrices », et qui est composée de « monstres qui tiennent le milieu entre l'homme et le singe[96] », monstres parmi lesquels on peut citer Spinoza, Jésus, Henri Heine, Chagall, Mendelssohn, Charlie Chaplin, Einstein.

En deuxième lieu, et en contradiction apparente avec la première affirmation, cette race décadente, avilie, servile, qu'on aurait donc pu croire parfaitement inoffensive, représente au contraire un terrible danger. « L'extermination complète des Juifs de l'Europe n'est pas une question morale, déclarait Goebbels, mais une question intéressant la sécurité de l'État.[97] » Car le Juif « veut conquérir le pouvoir politique et la puissance économique, réduire en esclavage et, par là, anéantir tous les peuples non juifs [...] Il ne recule devant rien et sa vilenie est tellement gigantesque qu'il ne faut pas s'étonner si, dans l'imagination de notre peuple, la personnification du diable, comme symbole de tout ce qui est mauvais, prend la forme du Juif[98] ». En d'autres termes, le Juif, c'est Satan.

Alors, en Allemagne et dans tous les pays occupés, la chasse à Satan est ouverte. Rafles, poursuites, arrestations, centres de transit, et enfin l'entassement à cent vingt dans des wagons plombés, sans air, sans nourriture, sans eau, en route vers les camps de la mort. Le déchet, à l'arrivée, n'est pas excessif : 25 % environ.

Bientôt les noms prestigieux de Dachau, Ravensbrück, Auschwitz, Buchenwald circulent de bouche en bouche. Ce sont les grands rendez-vous des races inférieures. Les usines à ôter la vie, régulièrement alimentées, marchent à fond, les gaz surgissent des canalisations, les fours ronflent, les cheminées fument.

Chaque jour, les responsables de la « solution finale » du problème juif, Himmler, Eichmann, Kaltenbrunner, déjeunent avec leurs proches collaborateurs. On papote : Comment vont les enfants ? Et les études ? Et le caractère de la petite dernière, s'arrange-t-il ? Et le grand-père, toujours bon pied bon œil ?

Puis, entre la poire et le fromage, on parle affaires. Une nouvelle chambre à gaz vient d'être installée à Auschwitz, elle peut contenir deux mille personnes à la fois. On espère ainsi accroître considérablement le débit du centre. Reste à savoir si l'I. G. Farben va pouvoir suivre, et si l'on ne risque pas de manquer de Zyklon B. On parle aussi des camions S. Quelqu'un fait une suggestion : pour éviter la panique qui s'empare des condamnés dès qu'ils aperçoivent les véhicules, on pourrait les camoufler en roulottes, avec de fausses lucarnes. Un autre convive donne lecture d'une ordonnance de Becker remplie de conseils judicieux au sujet de ces véhicules. « L'empoisonnement par les gaz n'est pas toujours fait comme il devrait l'être. Afin d'en finir plus vite, les chauffeurs ouvrent à fond la soupape d'admission. A la suite de ces mesures, les condamnés meurent asphyxiés, et non en s'endormant comme il était prévu. Les directives que j'ai données montrent que, avec une position correcte de la vanne, la mort survient plus vite, et les condamnés s'endorment alors tranquillement. Les visages convulsés et les excréments, deux symptômes que l'on constatait jusqu'alors, ne se reproduisent plus. » Il y a un petit silence. « C'est évident, dit le patron. Vous veillerez à ce que ces directives soient scrupuleusement suivies. Tout doit se passer selon les règles. [99]* »

Le déjeuner tire à sa fin. On a servi le café et passé les cigares à la ronde. On se sépare avec un cordial « Heil Hitler ! » Il ne faut pas traîner. Il y a du pain sur la planche.

Et le « grand dessein » prend forme, l'extermination réglementée de onze millions d'êtres vivants est en bonne voie.[100] Comme les chefs nazis ont décrété : « pas de gâchis », on va tirer parti des morts au maximum. Non seulement on récupère leurs lunettes, leurs dents en or, leurs prothèses – il n'y a pas de petites économies – mais la poussière de leurs os sert à faire de l'engrais, leur graisse un excellent savon, et avec leurs cheveux on fabrique des chaussons destinés aux équipages des sous-marins ou des semelles de feutre pour les cheminots. Et admirons la précision de cette extraordinaire machine, la minutie des agents qui en surveillent le fonctionnement : une circulaire du 6 août 1942, après avoir spécifié que les cheveux masculins ne peuvent servir que s'ils atteignent au moins vingt millimètres de longueur, conclut : « Des rapports sur la quantité des cheveux collectés, séparément pour les cheveux d'hommes et ceux de femmes, seront établis pour le 5 de chaque mois, à compter du 5 septembre 1942.[101] »

Une autre façon dont les pensionnaires des camps se sont rendus utiles, c'est en se prêtant à de passionnantes expériences médicales.[102] C'est ainsi que des petits commerçants tranquilles eurent l'occasion de connaître l'ivresse des pilotes volant à haute altitude, en étant soumis à un vide progressif, jusqu'à éclatement des poumons. D'autres demandaient à respirer le phosgène ou l'ypérite, à être brûlés au phosphore, à être inoculés de la fièvre jaune, du choléra, de la gangrène.

Pour mieux cerner le problème de l'euthanasie, et permettre aux moribonds allemands de mourir le sourire aux lèvres, les bien-portants s'injectaient la petite dose de phénol qui foudroie un individu en moins d'une seconde. Quelques déportés privilégiés avaient l'insigne honneur d'essayer pour leur propre compte les comprimés réservés au suicide des chefs.

Les autorités médicales nazies expérimentèrent également divers systèmes pour empêcher les créatures de second choix – juifs, nègres, slaves, gitans – de proliférer d'une manière anarchique : décoction de calladium sanguinum pour provoquer l'impuissance génitale, castration par ablation, par piqûres ou par rayons. Ce dernier procédé semblait prometteur, et Himmler lui-même laisse éclater son enthousiasme : « La seule pensée que trois millions de bolcheviques se trouvant actuellement en captivité pourraient être stérilisés tout en restant disponibles pour le travail, leur propagation étant arrêtée, ouvre les plus vastes perspectives.[103] »

Les femmes n'étaient pas tenues à l'écart de ces recherches. Beaucoup de blessés allemands, condamnés à traîner la patte, retrouvèrent l'usage de leurs jambes grâce aux muscles qu'on prélevait, sans les endormir, sur de courageuses donatrices. Car si le péché suprême demeure le mélange des sangs, la foi raciste ne défend pas de greffer un organe non aryen sur un individu qui appartient à la race des seigneurs.

Quant aux commissaires soviétiques juifs, ils devaient être capturés vivants, photographiés, mesurés, interrogés sur leur ascendance, puis mis à mort. Leur crâne était alors expédié au docteur Hirt, qui s'était installé à la faculté de médecine de Strasbourg. Peu à peu notre Esculape devint gourmand et réclama des squelettes entiers. Comme une personne en vie passe plus facilement inaperçue qu'un défunt, et ne pose pas tant de problèmes pour son transport, les prisonniers n'étaient gazés au cyanure qu'à la toute dernière étape, une fois arrivés à Natzweiller. Grâce à ce circuit court, les cadavres étaient encore chauds lorsqu'ils étaient déposés sur la table de dissection du bon docteur.

La victoire alliée a brusquement arrêté ces expériences. C'est regrettable. On pouvait en attendre des découvertes qui auraient peut-être changé le sort de l'humanité, et grandement contribué à son bonheur. En même temps, elle a provisoirement mis un terme à la « solution finale » dont on commençait à apercevoir les heureux effets. C'est une faute grave. On ne s'arrête pas en si bon chemin, ainsi que l'a fait remarquer le maréchal Amin Dada[104]. Les alliés sont en train de payer cette politique de leurs larmes et de leur sang. Trente ans d'efforts infructueux pour résoudre le problème du Moyen-Orient alors que la suppression pure et simple de l'État d'Israël réglait tout ! La détente entre l'Est et l'Ouest compromise, les relations internationales plus difficiles que jamais : voilà ce que les Grandes Puissances ont gagné à interrompre, pour de vagues raisons humanitaires, cette œuvre gigantesque, alors qu'à peine six millions de Juifs avaient été liquidés !

Autant dire qu'il faudra, demain, tout reprendre à zéro.

☆

Ainsi, qu'il s'agisse de viol ou de torture, de bombardement ou de pillage, de vastes génocides ou de petits massacres ponctuels, tous les moyens que peut mettre en œuvre le commandement finissent par avoir une justification, même si cette dernière n'est pas toujours d'une évidence aveuglante.

Mieux que cela : les actions les plus radicales, les méthodes de combat les plus sanglantes, les procédés les plus effroyables sont en fin de compte les plus charitables pour l'excellente raison qu'ils précipitent la fin des hostilités, et, par conséquent, réduisent les pertes en hommes et en matériel. C'était le point de vue que défendait le célèbre maréchal Hindenburg lorsqu'il disait : « Plus la guerre est impitoyable, plus, en réalité, elle est humaine, car elle prendra fin d'autant plus vite.[105]* » C'est l'analyse que font encore aujourd'hui nos grands stratèges.

La décision de lâcher la bombe atomique sur le Japon fut arrêtée par le président Truman après une étude des pertes qu'auraient subies les troupes américaines si elles avaient dû se résoudre à débarquer sur l'archipel. Ces pertes avaient été évaluées à 300 000 morts au moins. La bombe atomique n'était créditée que d'environ 150 000 victimes. Toutes Japonaises. Il n'y avait pas à hésiter.

S'il fallait de nos jours envisager un conflit nucléaire, on pourrait en toute logique soutenir que l'utilisation par surprise d'une super-bombe à hydrogène, avec laquelle un pays pourrait effacer trois millions de personnes en quelques secondes, éviterait que le conflit ne traîne en longueur, et épargnerait ainsi de précieuses vies humaines.

CHAPITRE IV

LES DIEUX CASQUÉS

Sous leurs peaux de bêtes, nos ancêtres crevaient de terreur dès qu'ils entendaient un coup de tonnerre. Ne comprenant goutte à ce remue-ménage céleste, ils en firent un dieu.

Tirant les leçons de cette démarche, certains de leurs descendants ont suivi un chemin parallèle. Comme la guerre était, à leurs yeux, inintelligible et mystérieuse, ils ont décrété que la seule explication valable était d'ordre métaphysique. « La guerre est sainte, elle a été instituée par Dieu... Elle est voulue par Dieu.[106] »

La sainteté dont la guerre bénéficie s'étend évidemment à tous les moyens qu'elle met en œuvre,[107]* et que nous avons évoqués dans le chapitre précédent. Ainsi, non seulement les exécutions sommaires, les tueries, les cruautés gratuites sont utiles au commandement, mais elles se trouvent sanctifiées par le fait qu'elles découlent tout naturellement du combat. Nous voici tout à fait rassurés. Nous pouvons exterminer avec la conscience tranquille : Dieu l'a voulu.

Sans doute est-ce charger le Père Éternel d'une bien lourde responsabilité. On aurait pu, par exemple, la lui faire partager avec le diable, ce dernier recevant naturellement la part la plus ingrate. Eh bien non. On demande au Tout-Puissant de tout prendre sur lui, de répondre du mauvais comme du bon, de la défaite comme de la victoire, des actes de bravoure aussi bien que des abominables carnages. L'homme s'en lave les mains.

Cette attitude est extrêmement pratique, car si l'homme n'admet aucune responsabilité dans les conflits qui déchirent le monde depuis ses origines, en revanche il accepte avec joie d'être l'instrument de Dieu[108] et de recevoir les honneurs qui s'attachent à cette fonction. Notons d'ailleurs que le chef de guerre était souvent, dans le passé, un dignitaire religieux. C'était le cas par exemple des généraux romains, des empereurs aztèques, de ceux du Japon, ou des tsars de toutes les Russies, à la fois chefs de l'armée et de l'Église orthodoxe. On trouve encore de nos jours quelques cumulards, comme le souverain de Grande-Bretagne.

Cette interpénétration de l'activité guerrière et de l'activité religieuse provient de la personnalité même des dieux qui, dans les religions anciennes, sont toujours de redoutables guerriers. Chez les Scythes, Tivus est le plus grand des dieux parce qu'il est le plus athlétique et qu'il se fait un devoir de présider à chaque combat. Les dieux assyriens sont des bagarreurs impitoyables, adonnés à toutes les luxures, entourés d'eunuques et de favorites ; en y regardant de plus près, on pourrait leur trouver une troublante ressemblance avec les rois de l'époque. Dans la mythologie gréco-romaine, Mars s'honore du titre de « tueur d'hommes », Pallas, si pleine de « sagesse », ne sort jamais sans sa cuirasse, sa lance et son bouclier, Apollon porte constamment sur lui son arc et ses flèches, et Jupiter, avec son tonnerre, est le père de l'artillerie.

Les dieux appartenant tous aux forces armées, il est normal qu'ils favorisent leurs camarades quand le moment est venu pour eux de passer l'arme à gauche. Le paradis qu'ils leur proposent est donc un club militaire très fermé, où seuls sont admis les titulaires d'une carte d'ancien combattant en bonne et due forme, les meilleures places étant réservées à ceux qui ont accompli les faits d'armes les plus spectaculaires. Ainsi le double d'un insulaire des Fidji, à son arrivée dans l'autre monde, doit apporter la preuve qu'il a massacré un minimum de gens et détruit un certain nombre de villages. Chez les Elemas, tribu riveraine du golfe de Papouasie, les esprits des morts sont classés par ordre de mérite belliqueux : les guerriers tués au combat occupent le haut du pavé, puis viennent les guerriers que personne n'a voulu se résoudre à occire, et, tout en bas, se trouve le sous-prolétariat des malheureux que la mort a surpris dans leur lit. Chez les Aztèques (et les Péruviens), seuls les héros de guerre ont droit au paradis solaire ; la foule des civils est parquée dans le Mietlan, un sous-sol insalubre et obscur.

Dans le Walhalla scandinave, sous l'œil attendri d'Odin, dieu des batailles, les bienheureux, entourés de trophées, d'esclaves et de captifs, servis par d'éblouissantes Walkyries, boivent l'hydromel dans le crâne de leurs ennemis, mangent son bétail, se partagent ses dépouilles, et, joie suprême, se taillent en pièces, au dessert, dans la cour du palais céleste.[109]

L'Inde brahmanique, où le pacifique Gandhi verra plus tard le jour, est prodigieusement belliqueuse. Les Véda fourmillent de descriptions de batailles sans fin, les temples hindous sont couverts de bas-reliefs où les dieux se fracassent avec ravissement sur leurs chars de guerre, et Walmiki déclare : « La terre aspire à être jonchée de cadavres et inondée de sang, elle rit par la bouche entrouverte des guerriers expirants.[110] »

Cette citation va nous permettre d'aller plus loin dans la compréhension du lien étroit qui existe entre la guerre et la religion. On pourrait en effet se demander pourquoi, dans les différents cultes, les dieux sont en même temps des guerriers, et pourquoi le chef de guerre a une fonction sacerdotale.

La réponse doit être trouvée dans la notion de sacrifice. La guerre est un châtiment que Dieu inflige aux peuples pour les laver de leurs péchés.[111]* Et comme ils doivent être nombreux, les péchés des hommes, pour qu'il faille les racheter à ce prix ! De quelles abominables fautes l'humanité ne s'est-elle pas rendue coupable pour qu'il soit nécessaire de la frapper avec cette opiniâtreté !

On pourrait croire que les malheurs, les deuils, les maladies, les infirmités qui s'abattent quotidiennement sur nous, devraient suffire à nous faire absoudre. Il n'en est rien. Nous ne souffrons pas encore assez ; c'est un peu mince. Il faut la guerre pour faire bonne mesure. Il faut du sang. Des torrents de sang. « L'homme est chargé d'égorger l'homme ; la terre entière continuellement imbibée de sang n'est qu'un autel immense où tout ce qui vit doit être immolé sans fin, sans mesure, sans relâche, jusqu'à la consommation des choses.[112] »

Cette soif chronique de sang humain dont les dieux brûlent se traduit par des demandes fréquentes, avant, pendant et après le combat. Avant le combat, c'est le sacrifice propitiatoire : on égorge quelques gaillards pour mettre les dieux de son côté, et attirer sur soi la protection divine.

Au cours de la bataille, le combattant fait successivement office de sacrificateur et de victime. D'abord, il poignarde, il fusille, il décime. Puis vient le moment où il tombe à son tour, il s'immole alors, victime consentante ; le sacrifice est consommé.

Après le combat, et si la victoire a récompensé l'ardeur des guerriers,[113]* le sacrifice devient action de grâces : pour remercier les dieux de leur intervention bénéfique, on leur offre à nouveau des présents. Remarquons ici que l'offrande a d'autant plus de prix aux yeux des divinités qu'elle fait davantage souffrir le donateur. Se priver d'une partie du butin pour le déposer au pied des autels, c'est négligeable. Trancher le fil des jours de quelques moutons, c'est déjà mieux : la destruction de la vie est agréable au Créateur. Mais quelque chose a, pour le palais divin, un goût plus délectable encore que le mouton, c'est la chair humaine. On va donc, dans l'euphorie générale du triomphe, égorger quelques milliers d'individus, ou quelques dizaines de milliers, car il n'est pas question de lésiner, d'autant plus qu'il s'agit, la plupart du temps, de captifs.

Ainsi la guerre nous apparaît non pas comme un symbole, un simulacre, mais comme un sacrifice réel, en vraie grandeur, et même, pourrait-on dire, comme le sacrifice par excellence, où des populations entières se saignent mutuellement sous le regard plein de reconnaissance des divinités protectrices. Et les hurlements des suppliciés, les gémissements des blessés, les râles des mourants frappent leurs oreilles comme une musique céleste, tandis que l'odeur fade du sang, l'haleine fétide des moribonds, la puanteur des cadavres montent jusqu'à leurs augustes narines comme un précieux encens.

Notons enfin que si l'immolation de nombreuses vies humaines remplit de joie le Très-Haut, il tressaille d'une allégresse plus rare encore si le sacrifice frappe des êtres chers. Comment Abraham pourrait-il prouver son dévouement ? En frappant son propre fils. De même le chef enverra de préférence au casse-pipe les meilleurs de ses enfants. Expédier, en première ligne, tous les cacochymes, les rhumatisants, les fins de série, serait une véritable insulte envers le Tout-Puissant. Le chef choisira donc des êtres jeunes, forts, pleins d'espérance. Et s'il les envoie à une mort certaine, alors il atteint au sublime, car plus il exige de ses hommes, plus il grandit, jusqu'à devenir presque divin. Vous m'en tuerez dix mille de plus : c'est un grand général.

Un souverain débonnaire, un capitaine sans hécatombes demeurent des personnages obscurs, et sont risibles. En revanche, lorsque Hitler envoie un télégramme prescrivant à ses fils préférés, les 300 000 jeunes soldats de Stalingrad, fleur de l'armée allemande, de mourir sur place, personne ne songe à rire. [114]

De leur côté, les combattants éprouvent pour le chef exigeant un attachement croissant. Ils sont prêts à courir à la mort. Il suffit qu'ils sachent que Dieu leur tient la main. D'ailleurs les dirigeants connaissent depuis longtemps l'art de persuader le troufion qu'il est l'instrument de la Providence, et que cet idéal pour lequel il combat, c'est Dieu qui le lui a, en quelque sorte, assigné. C'est plus flatteur que de mourir pour du pétrole. Et puis, comme le dit avec bon sens Joseph de Maistre, les hommes sont de toute façon condamnés à mourir. Alors, un peu plus tôt, un peu plus tard…

☆

Nous devons faire litière d'une objection souvent répandue, selon laquelle la religion chrétienne, à l'opposé des autres, serait d'inspiration pacifiste.

Remarquons tout d'abord que si notre civilisation porte le nom de « judéo-chrétienne » ce n'est pas pour rien. Les religions catholique, orthodoxe et protestante sont directement issues de la tradition religieuse juive et le Nouveau Testament est le fils spirituel de l'Ancien. Or, que dit ce dernier à propos de la guerre ?

« C'est par le feu que l'Éternel exerce ses jugements, c'est par son glaive qu'il châtie toute chair [...] Tu dévoreras tous les peuples que l'Éternel, ton Dieu, va te livrer, tu ne jetteras pas un regard de pitié sur eux [...] Fille de Babylone, vouée à la destruction, heureux celui qui te rendra le mal que tu nous as fait ! Heureux celui qui saisira tes enfants et les écrasera contre le rocher ! »

Et le Dieu des armées enjoint à ses troupes de s'entraîner sérieusement :

Préparez la guerre !
Réveillez les héros !
Qu'ils s'approchent, qu'ils montent,
Tous les hommes de guerre !
De vos hoyaux, formez des épées,
Et de vos serpes, des lances... [115]

La plus grande partie de l'histoire des Hébreux est remplie de guerres, d'assassinats, de rapines, de ravages. Le peuple élu se bat avec les Assyriens, les Égyptiens, les Éthiopiens, ce sont ensuite les deux royaumes d'Israël et de Juda qui en viennent aux mains, car des conflits fratricides éclatent même entre les Tribus. L'Éternel tonitrue, vocifère, frappe de famine son peuple aimé, permet que les femmes, n'ayant rien d'autre à se mettre sous la dent, mangent leurs enfants [116]. Il n'est pas plus gentil avec les ennemis d'Israël, qu'il ne se prive pas d'anéantir, de briser comme le vase du potier, d'engloutir dans la mer Rouge ou de foudroyer par ange interposé. Et le doux roi David s'écrie :

Je poursuis mes ennemis, je les atteins
Et je ne reviens pas avant de les avoir anéantis.
Je les brise, et ils ne peuvent se relever;
Ils tombent sous mes pieds... [117]

L'Éternel donne aux responsables militaires des instructions fort précises : il faut brûler tous les chars de l'ennemi, couper les jarrets des chevaux, abattre les arbres, obstruer les sources, ravager les champs à coups de pierres, piller les villes avant d'y mettre le feu, et faire main basse sur tout ce qui respire, bêtes et gens. « Massacre les hommes, les femmes qui ont connu l'homme ; ne fais grâce qu'aux vierges, c'est la part qui t'est réservée. [118] »

L'Éternel n'y va pas de main morte.

☆

Passons maintenant au Nouveau Testament. Il est indéniable qu'on peut y glaner, çà et là, quelques phrases malheureuses, du genre de : « Aimez vos ennemis, et priez pour vos persécuteurs... vivez en paix les uns avec les autres... paix sur la terre aux hommes de bonne volonté. [119] » Les premiers chrétiens, un peu simplistes, prirent au sérieux ces paraboles et crurent de bonne foi que le Christ apportait une doctrine révolutionnaire qui prêchait le pardon des offenses, le respect d'autrui et la main tendue à l'adversaire. Ils parvinrent même à dénicher dans les anciens écrits juifs quelques phrases isolées qui avaient, pensaient-ils, la même coloration, comme : « Tu ne tueras point, le nom de Dieu est Paix, aime la paix et poursuis la paix. [120] »

On vit alors ce scandale : des dignitaires ecclésiastiques condamnant tout bonnement la guerre, saint Ambroise déclarant que « c'est détruire l'œuvre de Dieu que de répandre le sang d'un homme, même en état de guerre » ; Origène trouvant que « la profession militaire ne convient pas au chrétien. Le chrétien ne combat que par les prières et les guerres sont toujours suscitées par les démons » ; Tertullien stipulant que « le vrai chrétien ne peut être soldat, car être soldat veut dire tuer et le chrétien ne peut commettre cet acte » ; ou saint Basile tranchant : « La guerre est un acte contre la justice. [121] »

Ces enfantillages étaient dangereux. L'Église, d'abord persécutée, reprendra ensuite du poil de la bête, se fortifiera. Or, comme l'avouent en toute candeur les chrétiens eux-mêmes, « la faiblesse ne se sert pas des mêmes armes que la puissance [...] L'Église naissante était faible, elle a dû plier sous la violence, mais quand Dieu lui a donné la force, pourquoi n'en profiterait-elle pas ? [122] » L'Église devenait un pouvoir. Il était temps qu'elle fût réaliste.

C'est alors qu'apparut saint Augustin. Le bouillant théologien comprit tout de suite que l'Église devait composer avec un autre pouvoir, celui des États, qu'elle ne pouvait pas éternellement se gargariser de grands sentiments, qu'il lui fallait entrer dans le jeu de la politique, des intérêts temporels, des conflits.

Déjà saint Paul avait ouvert la voie en expliquant « qu'il n'y a point d'autorité qui ne vienne de Dieu et que les autorités qui existent ont été instituées par Dieu. C'est pourquoi celui qui s'oppose à l'autorité résiste à l'ordre que Dieu a établi [123] ». Saint Augustin agrandit la brèche. Pour ne point pécher, dit-il, il suffit de ne pas aimer la guerre pour la guerre, mais seulement pour la paix qu'elle procure. La guerre faite avec intention droite est légitime, et Dieu nous en sait gré, puisque le soldat obéit en somme à ses instructions et prend les armes pour la défense de l'ordre divin. « Si Dieu, par une prescription spéciale, ordonne de tuer, l'homicide devient une vertu... la profession militaire est belle, honnête et agréable à Dieu. [124] » C'est désormais la doctrine officielle de l'Église. Le tour est joué. La réforme protestante ne changera pas grand-chose à ce point de vue. Luther rappellera que « Ce n'est pas l'homme, mais Dieu, qui pend, décapite, brise les os, égorge et fait la guerre.[125] » Et Cromwell dira à ses soldats : « Confiez-vous en Dieu et tenez votre poudre sèche.[126] »

Et c'est avec une conscience aussi pure que celle de l'enfant qui vient de naître que les chrétiens vont pourfendre tous ceux qui les gênent soit par leur puissance, leur prospérité ou leur refus de penser comme eux. Car le monothéisme est, par nature, intolérant. Alors que les multiples dieux païens des anciennes religions accueillaient à bras ouverts les dieux du peuple vaincu, Allah ou Jéhovah sont de gros jaloux. Ils ne supportent pas de partager avec d'autres les prières et les offrandes. Il n'y a de place que pour un Dieu. Le vrai, bien entendu. Que pour une religion. Les autres doivent s'éclipser. D'autant plus que la cohabitation de plusieurs croyances dans un même État paraissait à nos ancêtres aussi incongrue que nous paraîtrait aujourd'hui l'existence de deux gouvernements, tellement la vie religieuse était jadis intégrée à la vie politique du pays.

Pour que subsiste une unique religion, le moyen qui vient d'abord à l'esprit est la conversion forcenée de tous les mal-pensants. A cette fin peuvent être employées séparément, successivement ou simultanément la persuasion et la violence. Le soldat du Christ commencera par montrer aux déviationnistes les avantages de ses convictions, les points forts de sa doctrine, la sécurité spirituelle qu'elle lui apporte. Mais, très vite, il va se trouver à court d'arguments, car il n'est pas facile d'exprimer l'inexprimable. On ne vend pas un insondable mystère comme un aspirateur. On y croit ou l'on n'y croit pas. Si le client n'est pas convaincu, pose des questions gênantes, discutaille, chicane, il ne reste au soldat du Christ qu'à être plus soldat que chrétien, et à joindre le geste à la parole. C'est ce qu'on appelle la persuasion à main armée, ou la conversion par le glaive.

Il arrive toutefois que l'agnostique ou l'hérétique, plus coriace que prévu, refuse obstinément de se convertir. Il faut alors avoir recours, ainsi que l'admet saint Thomas d'Aquin, à la mise à mort.[127]* C'est encore la façon la plus généreuse de traiter les infidèles. Au lieu de les laisser cruellement tâtonner pendant toute leur vie dans les ténèbres de l'incroyance, on les dépêche dans les ténèbres absolues. Sans remords, surtout s'il s'agit de peuples encore primitifs ou réputés tels, puisque Dieu n'ayant point racheté de son sang leurs âmes, comme l'explique un missionnaire, « on ne doit pas faire de différence entre eux et les plus vils animaux[128] ».

On va donc tuer au nom du Créateur[129] *. On va partir en croisade contre les Turcs, les Albigeois, les Vaudois, les luthériens, les anabaptistes. On va crier avec saint Bernard : « Malheur à qui n'ensanglante pas son épée ! » et avec Arnould, abbé de Citeaux et légat pontifical : « Glaive, glaive, sors du fourreau, aiguise-toi et flamboie pour tuer et égorger ! [130] » On va massacrer les musulmans,[131] * brûler les juifs, pendre les hussites, dans le plus pur esprit de la chevalerie chrétienne.

Depuis ces fameuses époques où la foi était vive, la religion virile, où les papes ne craignaient pas de troquer la soutane pour la cuirasse, où les rois, au cours de la cérémonie du sacre, devaient jurer d'exterminer les hérétiques, où le grand Bossuet félicitait Louis XIV d'avoir suivi ce sage précepte et ajoutait : « C'est le digne ouvrage de votre règne[132] », le grand souci des autorités ecclésiastiques a constamment été de préserver l'entente entre la crosse pontificale et celle du fusil.

Pour donner une base plus solide encore à cette pieuse alliance, des exégètes adroits ont analysé dans le bon sens les passages les plus délicats des Évangiles, et en particulier le Sermon sur la montagne, véritable charte du christianisme où Jésus expose les huit béatitudes, dont la septième affirme : « Bienheureux les pacifiques, car ils seront appelés fils de Dieu. [133] »

La première idée de nos experts en herméneutique, c'est qu'il s'agit peut-être d'une antiphrase (comme dans « océan Pacifique », ainsi nommé parce qu'il est particulièrement violent). Une autre interprétation moins hardie fait appel à une traduction défectueuse du mot hébreu *shalom* qui, en passant par le grec *eiréné (ειρηνη)* et le latin *pax*, aurait perdu son sens initial de paix de l'âme, de calme, de sérénité. La signification de la phrase serait donc en réalité : « Bienheureux ceux qui ont l'âme en paix, car ils seront appelés fils de Dieu. »

Les éditions modernes de la Bible ont remplacé le terme « pacifique » par « artisan de paix », ce qui rend l'explication précédente un peu laborieuse. C'est alors qu'apparaît un nouveau point de vue : le Sermon sur la montagne doit être interprété « spirituellement » et non pas à la lettre. C'est une règle de vie intérieure, un idéal. Il ne faut pas considérer les commandements du Christ comme des préceptes concrets, mais seulement comme des « indications ». En outre, ces principes, tels qu'ils sont parvenus jusqu'à nous, sont associés à un horizon historique limité, ce qui les rend aujourd'hui dénués de toute valeur pratique. On peut également soutenir qu'ils sont destinés non pas au monde présent, mais au Royaume de Dieu à venir, de sorte que nous avons encore pas mal de temps devant nous pour y souscrire.

En ce qui concerne plus précisément la désastreuse parole qu'on trouve dans le même Sermon sur la montagne : « Vous avez appris qu'il a été dit : tu aimeras ton prochain et tu haïras ton ennemi. Eh bien ! moi, je vous dis : Aimez vos ennemis, priez pour vos persécuteurs [134] », l'interprétation de Th. Birt[135] est astucieuse. Le conseil, dit le théologien, ne s'applique qu'à l'homme en tant qu'individu. C'est celui-là qu'il faut aimer, même si tout nous porte à le haïr. En revanche, il est permis, et même recommandé, de détester et de combattre l'ennemi collectif.

De son côté, l'abbé Giran, un des plus inspirés de nos commentateurs bibliques, déclare que « ces quelques versets [...] n'ont aucun rapport avec l'emploi de la force brutale [...] ou avec la question des armements et de la guerre », et que ce serait « en dénaturer le caractère que d'en faire, ainsi que le voulait Tolstoï, la règle absolue des rapports humains[136] ».

Notre abbé fait ensuite référence au centurion[137] qui demande à Jésus de guérir son serviteur. Et il note que le Maître ne fait aucune réflexion désagréable sur la profession de celui qui s'adresse à lui ; il donne au contraire cet officier en exemple à la foule qui l'entoure. Qu'en déduire, sinon, comme le fait l'abbé Giran, que Jésus est à fond pour l'armée ? D'ailleurs, n'y a-t-il pas un parallélisme stupéfiant entre le personnage du Fils et celui du soldat ? Le premier a souffert et a donné sa vie pour sauver le monde. Le soldat souffre et donne sa vie pour sauver la patrie. Les chrétiens qui, à l'appel du Nazaréen, quittent famille, terre et logis, ce sont les appelés qui partent pour le front, en quittant leurs proches et leurs biens. Enfin le Maître qui veille afin que le voleur ne pénètre pas dans sa maison, c'est le militaire qui fait vigilance et qui se prépare constamment à la guerre.[138]

Il y a bien l'incident qui survient au moment de l'arrestation de Jésus, lorsqu'un de ses compagnons portant la main à son glaive le dégaine, frappe le serviteur du Grand Prêtre et lui tranche l'oreille. Alors Jésus lui dit : « Rengaine ton glaive ; car tous ceux qui prennent le glaive périront par le glaive.[139] » Mais l'abbé fait remarquer que cette dernière réflexion ne se trouve que chez Matthieu. Et de se demander pourquoi les autres évangélistes ne l'ont pas reproduite. La tentation est grande de conclure qu'elle n'est pas authentique. Ce serait une addition ultérieure destinée à émousser la pointe trop aiguë du texte primitif. Les communautés chrétiennes des troisième et quatrième générations, en effet, vivaient dangereusement. Le coup de l'oreille coupée était compromettant. Il vous avait un petit air de rébellion. Voilà pourquoi le rédacteur final inséra dans le récit la phrase lénifiante, qui en réalité ne fut jamais prononcée.

On peut donc affirmer, avec l'abbé Giran, que le message du Christ est bien celui de la résistance armée, que, loin de désapprouver l'usage des armes, il le recommande et même l'exige, et que « celui qui, conformément à l'ordre de Jésus, prend en main l'épée de la délivrance, celui-là devient, par là même, le bras armé de Dieu[140] ».

Les âmes chrétiennes inquiètes – à supposer qu'il y en ait en cette joyeuse fin de siècle, aux alentours de 1900 – peuvent s'asseoir tranquillement sur leurs scrupules et les étouffer sans bruit. C'est fort heureux car, justement, l'approche de la grande revanche contre l'Allemagne va mobiliser la machine ecclésiastique française. Déjà quelques prêtres chevronnés profitent des expéditions coloniales pour faire passer leur éloquence bellico-religieuse au banc d'essai. Le 17 avril 1896, dans l'église de la Madeleine, le très révérend père François Marie Joseph Ollivier fait une brillante prestation au service religieux célébré à la mémoire des soldats français morts au cours de la campagne de Madagascar. (Inutile de préciser qu'il n'y est pas question des milliers de Malgaches qui ont péri par la même occasion en défendant leur terre.)

« La France, dit notre Révérend, ne croit pas [...] que la civilisation puisse pénétrer et se maintenir au sein de la barbarie, par la seule action des contacts que motivent le commerce et l'industrie. Elle ne croit guère davantage à l'action d'une philosophie [...] Elle peut même ne pas croire à la suffisante efficacité de l'apostolat proprement dit. Elle est donc amenée, par la force des choses, à porter la guerre où elle veut implanter sa propre vie, non pas tant pour son profit que pour celui des vaincus. »

Qui oserait reprocher à la France son comportement ? N'a-t-elle pas, au contraire, « bien mérité de l'humanité », et ne doit-elle pas témoigner sa reconnaissance aux artisans de sa victoire, à la foule « de ces humbles » dont les pas « soulèvent en tourbillons la poussière de la route » et à la vue desquels « le cœur vous bat d'une émotion joyeuse. Saluez ! C'est le régiment qui passe, et voici le drapeau ! »

Le lyrisme emporte le Révérend. Il vibre, il trépide, il n'est plus dans sa douillette chaire capitonnée, il parcourt le champ de bataille, les balles sifflent à ses oreilles, il ressent « la griserie de la poudre qui affole vraiment, et fait au besoin d'un moine, destiné à relever les blessés, l'indiscret conseiller qui prétend diriger la trajectoire des obus. Vienne alors le sang qui coule ! Y saurait-on prendre garde ? Ou plutôt ne faut-il pas pour l'honneur qu'il y en ait des traces à l'uniforme ? »

La péroraison est magnifique. Après avoir témoigné, lui aussi, que la guerre est sainte, et avoir béni le Seigneur parce qu'il a « fait de la France une nation militaire par excellence », François Marie Joseph Ollivier s'écrie : « Ô Dieu de mon pays [...] le jour où l'épée cesserait d'être en honneur parmi nous, ce serait fini de notre génie et de notre rôle en ce monde : mais ce serait aussi fini, pour longtemps du moins, de votre règne et de vos conquêtes dans le monde des âmes ! [141] »

1905. Guillaume II débarque à Tanger. 1911. La canonnière allemande *Panther* mouille devant Agadir. L'horizon s'obscurcit. Alors dans toutes les églises de France les prêtres se déchaînent, ils font feu des quatre fers, ils électrisent littéralement leurs fidèles, dont la plupart ne partent pas, mais qui, gagnés par la contagion guerrière, se sentent prêts désormais à faire le geste suprême, celui qui consiste à pousser la foule des petits gars anonymes vers les grands abattoirs d'honneur.

Pour faciliter aux militaires la préparation des esprits, la hiérarchie catholique donne en même temps un coup discret au catéchisme. Le commandement initial était :

Homicide point ne seras
De fait ni volontairement.

Il est remplacé par un distique plus nuancé, mieux approprié aux circonstances :

Homicide point ne seras
Sans droit ni volontairement[142].

Tout est prêt pour les trois coups qui annoncent le commencement du spectacle. Août 1914 : les peuples, enfin, s'empoignent.

L'excellent Benoît XV s'effarouche bien un peu, mais que peuvent ses timides implorations devant les appels claironnants des évêques de choc ? « Qu'il soit béni, risque le Souverain Pontife, celui qui le premier élèvera une branche d'olivier et tendra la main à l'ennemi.[143] » A quoi le cardinal Sevin, archevêque de Lyon, répond qu'il s'agit d'« une guerre que tous les Français doivent et veulent poursuivre ». Le chef de la chrétienté insiste. Il invoque la tolérance : « Chacun devrait consentir à des concessions réciproques. » Mgr de Cabrières, évêque de Montpellier, lui rive son clou : « On luttera aussi longtemps qu'il faudra pour obtenir le juste prix du sang répandu.[144] » Mais c'est justement « un sang de frères qu'on répand sur la terre, objecte craintivement le pape ; nous conjurons les nations belligérantes de mettre fin à l'horrible carnage qui déshonore l'Europe ». Le cardinal Baudrillart lui rit au nez. « Ces événements sont fort heureux [...] Il y a quarante ans que je les attendais. La France se refait et, selon moi, elle ne pouvait pas se refaire autrement que par la guerre qui la purifie.[145] » L'archevêque de Bordeaux prête main-forte à son collègue : « La guerre est un apôtre suscité de Dieu dans un but de régénération religieuse, morale et sociale.[146] * »

Décidément les angoisses pleurnichardes du Saint-Père restent sans écho. C'est le triomphe de la force joyeuse, de l'optimisme, de l'action. « Le capitaine tire son revolver de l'étui, s'extasie le père Sertillanges ; en avant ! Ah ! c'est la minute divine...[147] » Et le pasteur Ménégoz balaie d'un revers de main les scrupules pontificaux : les soldats qui sèment la mort « peuvent avoir l'âme en paix, absolument en paix [148] » car, ainsi que l'explique l'aumônier allemand Schetter, si l'on « donne au soldat le fer froid », c'est pour qu'il s'en serve « sans timidité. Il doit l'enfoncer dans les côtes de l'ennemi ; il doit briser son arme sur leur crâne, tel est son devoir sacré, son service divin[149] ».

1918. Le soldat a compris son devoir sacré. Il a consciencieusement enfoncé les côtes et brisé les crânes adverses. Le divin service est achevé, on éteint les bougies de la fête. Quant aux huit millions de morts qui jonchent les champs de divers pays d'Europe, comme le fait remarquer finement le père Thellier de Poncheville, s'ils étaient demeurés en vie, ils auraient probablement mené « une existence moralement insignifiante, religieusement presque nulle, destinée à s'achever dans une fin médiocre, peut-être mauvaise[150] ». Ils l'ont échappé belle.

Et l'évêque de Châlons peut s'écrier, le sourire aux lèvres, s'adressant aux infortunés survivants : « Il m'est particulièrement agréable de chanter devant vous nos hécatombes rédemptrices.[151] »

☆

Entre la Première et la Deuxième Guerre mondiale, on pouvait craindre que l'Église ne prenne un mauvais chemin et se montre moins ouverte aux nécessités militaires. Il n'en fut rien. Dix ans avant que n'éclate le conflit de 1939, Mgr Sagot de Vauroux, évêque d'Agen, préparait déjà le terrain. « D'abord, préservez-vous, préservez autant que vous le pouvez vos amis des doctrines perverses et insensées du pacifisme, de l'antimilitarisme, de l'internationalisme. Ne soyez point de ceux qui veulent « à tout prix » la suppression de la guerre [...] Un second devoir, c'est le respect de nos gloires militaires [...] Les vertus guerrières sont une tradition française, soyons-en fiers et gardons-en jalousement l'honneur [...] Votre troisième et dernier devoir a pour objet la franche acceptation du service militaire avec sa préparation et les périodes de manœuvres qui le complètent [...] Soyons forts par l'union de tous les bons Français et leur patriotisme [...] ; soyons forts par la solide organisation de nos armées et la puissance de nos ressources financières...[152] »

L'abbé Boulenger, dans son *Manuel d'instruction religieuse à l'usage des maisons d'éducation*, vole plus bas. Son raisonnement est limpide : « Le soldat a le droit de tuer l'ennemi pour un double motif : parce qu'il a pour premier devoir l'obéissance à ses chefs, et parce que, ne pas tuer, c'est s'exposer à être tué lui-même.[153] » L'argument ne manque pas de force.

En face, l'Église prêche également la soumission. En 1938, au moment de l'*Anschluss*, dont von Papen dira qu'il a été « voulu par Dieu », Mgr Innitzer recommande aux fidèles autrichiens de

« suivre sans réserve l'État grand-allemand et son Führer [154] ». Et Mgr Orsenigo assure von Ribbentrop que « l'Église catholique donnera à l'Allemagne tout l'appui moral dont elle est capable [155] ».

Les choses étant en place, il ne reste plus qu'à patienter. L'attente sera d'ailleurs brève, et dès que la guerre éclate, c'est un concert touchant d'appels épiscopaux à la discipline, à la docilité, à l'obéissance. « Mes très chers frères [...] soumettez-vous à tous les règlements », ordonne l'évêque d'Alger. « Que chacun serve à la place et dans le rang que lui assignent les circonstances », commande celui de Nevers. « Vous apporterez votre entière collaboration à tous les pouvoirs publics », prescrit l'évêque de Perpignan. [156] Et le cardinal Verdier, archevêque de Paris, lance une pathétique exhortation sur les ondes : « Quand le pays vous demande, chers auditeurs, de l'aider à accroître sa force par l'armement, quand il vous montre les causes magnifiques que sa force veut servir [...] son appel est légitime, certes ! et si grand ! Et votre devoir à tous est de répondre à cet appel avec un généreux empressement. [157] »

Les évêques garantissent en même temps que Dieu, comme toujours, est de notre côté. « Nous sommes forts, nous avons le bon Dieu avec nous. Il nous donnera la victoire... [158] »

Hélas ! Nos archevêques et cardinaux enthousiastes s'étaient un peu avancés. Dieu n'était pas avec nous. Il avait dû probablement s'absenter quelques jours en mai 1940. Qu'à cela ne tienne ! Ces messieurs ne lambinent pas pour retourner leurs chasubles. « Nous devons tous nous serrer, sans hésitation, autour de l'illustre Maréchal », décrète, imperturbable, l'archevêque d'Aix. [159] « Nous lui devons notre respect, notre obéissance et nos prières », ajoute l'archevêque de Cambrai. [160] « Il est l'honneur de la Providence », poursuit l'évêque de Nîmes. [161] « Suivons notre chef, ses ordres, ses conseils ; remercions Dieu de nous l'avoir donné », s'écrie à son tour le cardinal Baudrillart, [162] qui dira, l'année suivante, que « la guerre de Hitler est une noble entreprise pour la défense de la culture européenne [163] », et qui félicitera les jeunes Français de la L.V.F. qui, sous l'uniforme de la Wehrmacht, et après avoir prêté serment au Führer, « contribuent à préparer la grande renaissance de la patrie [164] ».

Enfin, pour que la masse des fidèles sache bien qu'il ne s'agit pas là de déclarations intempestives et isolées, l'Assemblée des cardinaux et archevêques de France demande, le 26 août 1941, que « soit pratiqué un loyalisme sincère et complet envers le pouvoir établi [165] ».

Le même loyalisme se retrouve au sein du troisième Reich, ce qui doit d'autant moins nous surprendre que des liens étroits existaient depuis plusieurs années déjà entre l'Église catholique et les autorités nationales-socialistes.

Rappelons que, sur l'initiative de von Papen, à qui le chancelier Hitler devait en grande partie son ascension, et dont le rêve était le rétablissement du Saint Empire romain germanique « des Alpes jusqu'à Memel » sous le symbole de l'Aigle et de la Croix, un concordat avait été signé entre Rome et Berlin en 1933. Il apportait « au pouvoir national-socialiste, considéré un peu partout comme un gouvernement d'usurpateurs, sinon de brigands, la consécration d'un accord avec la puissance internationale la plus ancienne et dont l'autorité dépassait de très loin les frontières du monde catholique. C'était un peu l'équivalent d'un brevet d'honorabilité internationale [166] ».

Von Papen pouvait être fier de sa réussite. Lui qui aimait à répéter : « Le troisième Reich est la première puissance du monde non seulement à reconnaître, mais à traduire dans la pratique les hauts principes de la papauté [167] », il avait assuré entre l'Église et le pouvoir allemand une collaboration qui ne devait jamais se démentir durant toute la guerre, malgré quelques petites difficultés – confiscation un peu brutale de certains biens ecclésiastiques, fermeture maladroite de nombreux couvents, tentative de mise à la raison d'évêques encombrants, décapitation ou déportation de quelques dizaines de prêtres. La raison d'État ne tient pas compte de ces broutilles.

Ajoutons que les grands chefs nazis étaient, pour la plupart, de tradition catholique. Himmler appartenait à une famille exemplaire : son père avait été directeur d'une école catholique à Munich, son oncle était jésuite et chanoine, il avait un frère bénédictin, et il était personnellement très lié au général des jésuites Ledochowski. Goebbels, l'infatigable ministre de la Propagande, avait été l'élève des jésuites et avait failli entrer dans les ordres avant d'exalter l'Ordre nouveau. La famille de Rudolph Hess était d'une piété rigide. Le Führer en personne avait reçu une éducation catholique. Dans ses confidences à Rauschning, il déclare : « J'ai surtout appris de l'Ordre des jésuites [...] Jusqu'à présent il n'y a jamais rien eu de plus grandiose sur la terre que l'organisation hiérarchique de l'Église catholique. J'ai transporté une bonne part de cette organisation dans mon propre parti.[168] »

La guerre a donc trouvé le pouvoir temporel et le pouvoir spirituel « main dans la main pour réformer le monde[169] », ainsi que le disait Mgr Tiso, chef de l'État slovaque qui, joignant le geste à la parole, après s'être fait la main sur les membres influents de l'Église protestante, expédia, avec son apostolique bénédiction, le tout premier contingent de Juifs au camp d'Auschwitz, en l'an de grâce 1941. Ce bon prélat, qui déclarait sans cesse son intention « d'édifier la Slovaquie selon un plan chrétien », était paraît-il très apprécié du Saint-Siège.[170] Tout le monde peut se tromper, même à Rome. On n'avait pas prévu que Mgr Tiso serait pendu à la Libération.

Le gouverneur de la Bosnie occidentale, le pieux Victor Cutić, ne le cédait en rien à son confrère slovaque pour la façon dont il envisageait sa très chrétienne mission. « J'ai pris des mesures draconiennes pour l'anéantissement des Serbes et l'Ordre nouveau suivra. Ne montrons aucune faiblesse à leur égard. Soyons impitoyables [...] Exterminez-les partout où vous les verrez et bénédiction vous sera donnée pour cette action [...] Je veux servir la volonté de Dieu.[171]* »

Emportés par la fougue de ces champions de la charité évangélique, d'innombrables dignitaires du clergé vont se joindre à la grande fanfare, sonnant du cor à tous les échos des cathédrales, clamant que « la guerre d'Allemagne est une bataille pour la chrétienté[172] », que « le peuple allemand sait qu'il mène une guerre juste[173] », qu'il doit « lutter pour que les puissances du mal soient vaincues », qu'il lui faut « remplir une grande tâche et notamment devant le Dieu éternel », que « le Führer et chef suprême a plus d'une fois imploré [...] la bénédiction de Dieu pour notre bonne et juste cause[174]* ». Et le ministre allemand des Affaires ecclésiastiques, qui n'a pas froid aux yeux, et ne craint pas d'ajouter un paragraphe inédit à la doctrine de la Trinité, déclare dans un accès de mysticisme patriotique : « De même que le Christ a rassemblé ses douze disciples en une cohorte fidèle jusqu'au martyre, de même sommes-nous témoins d'un spectacle identique. Adolf Hitler est, en vérité, le Saint-Esprit.[175] »

Dès lors que l'Esprit Saint a revêtu cette forme inattendue, comment le clergé, profitant de cette manifestation miraculeuse, ne rassemblerait-il pas le troupeau dispersé des croyants ? Comment les églises ne seraient-elles pas pleines à craquer ? Comment n'y verrait-on pas, sous les voûtes majestueuses, dans un côte à côte fraternel, les bannières de la Sainte Vierge et les étendards ornés de la croix gammée ?

Car, reconnaissons-le, la guerre favorise singulièrement la reprise en main des fidèles par l'autorité religieuse. Dès qu'elle éclate, dans tous les pays l'Église fait recette. « Rien ne vaut comme la communauté des souffrances et la présence continuelle du danger pour réunir les cœurs et pour les jeter dans les bras de Dieu.[176] » A quelque chose, malheur est bon. On se presse aux offices, les pèlerinages affichent complet,[177] et l'on perçoit, parmi les ministres du culte, une sorte de zèle nouveau, une frénésie de conquête des âmes, comme au temps des croisades. La peur de la mort est bonne conseillère. « Lorsque donne la mitraille, vous retrouvez vite les prières de votre enfance.[178] »

Inversement, la hiérarchie militaire doit une fière chandelle à la religion. « Un guerrier qui ne se repose pas sur Dieu n'a ni force, ni courage, ni puissance. » C'est une vraie lavette, « si Dieu n'est pas là dans sa conscience pour l'encourager [...] Au surplus, oublierait-il le Seigneur pour vivre, que, pour mourir, le soldat serait forcé de s'en souvenir. Quel temple plus éloquent et plus religieux qu'un champ de bataille ?[179] » L'état-major ne l'ignore pas. « Les prêtres du Christ, que leur sainte doctrine convie ainsi à exalter, en l'âme du soldat, les deux vertus premières du patriotisme et de l'héroïsme, sont, pour le commandement, d'incomparables auxiliaires.[180] »

Le précieux coup de main donné à l'autorité militaire par le clergé a-t-il débordé son cadre ? Entièrement absorbée par des préoccupations politiques et stratégiques, l'Église a-t-elle un peu négligé les valeurs spirituelles ? Le Vatican, dépositaire de l'Évangile qui prêche la tolérance, la générosité, l'amour du prochain, a-t-il fermé les yeux sur certaines violences regrettables, et en particulier sur la façon dont étaient traités les descendants directs de Jésus et de ses apôtres ? Ou faut-il croire que le Saint-Siège ignorait tout des persécutions, des camps de la mort et des chambres à gaz ?

C'est cette dernière explication que donne le pape Pie XII, au cours d'une interview accordée au docteur Nerin Gun, collaborateur de la *Gazette de Lausanne*, le 15 novembre 1945. « Nous ne fûmes jamais informés sur le caractère inhumain de la répression nazie. – Et comment, rétorque le journaliste, vos représentants en Allemagne ont-ils pu tenir votre Sainteté dans l'ignorance ? » A quoi le Souverain Pontife répond : « Les informations qu'ils avaient ne devaient pas être complètes et il leur a été difficile de nous les faire parvenir.[181] »

Et pourtant... Certains témoignages semblent en contradiction avec les propos du Saint-Père. Des hommes dignes de foi affirment que le Vatican a toujours été « l'un des plus parfaits centres de renseignements du monde » par le seul fait que « tous les prêtres sont *de facto* ses agents et que ses nonces possèdent des moyens d'information et de pression que n'ont pas les autres diplomates.[182] » Le père Duclos, biographe et admirateur de Pie XII, reconnaît lui aussi que le chef de la chrétienté, « grâce à son merveilleux réseau d'informations, est à même de juger les cas particuliers avec une perspective vraiment universelle[183] ». Camille Cianfarra, correspondant du *New York Times* accrédité auprès du Saint-Siège, et qu'on ne peut soupçonner d'être un détracteur de la papauté, abonde dans le même sens : « Le Vatican n'avait cessé d'être remarquablement informé de la situation intérieure qui prévalait dans les diverses contrées d'Europe [...] Les prêtres, qui desservaient aussi bien les plus petites paroisses des campagnes que celles des grands centres urbains, envoyaient à l'évêque de leur diocèse des rapports périodiques qui, d'une façon ou d'une autre, finissaient toujours par arriver à Rome.[184] » Et le révérend père Mistiaen, speaker de la radio vaticane, parlant de ses collègues allemands, précise : « L'un d'eux, qui possédait des renseignements de première main, le père L..., m'apportait des documents écrasants sur la cruauté inhumaine des nazis en Pologne.[185] »

Faut-il en conclure que Pie XII, dans sa réponse au docteur Gun, n'a pas été tout à fait sincère ? La vérité est plus subtile. En fait, le pape était au courant, mais comment aurait-il pu l'avouer, *urbi et orbi*, et en même temps faire preuve de la légendaire discrétion ecclésiastique ? Qui pourrait comprendre ce « dosage subtil, qui échappe au vulgaire », apprécier les « ménagements » que lui imposait « son rôle de père universel » ? Tâche délicate entre toutes, qui lui interdisait tout faux pas diplomatique, toute dénonciation intempestive, qui le sommait à la fois de ne pas se mouiller et de nager entre deux eaux (ce qui n'est pas facile, même pour le successeur de saint Pierre), qui lui prescrivait de ménager la chèvre et le chou et, à la limite, de sacrifier le chou, moins dangereux que la chèvre. « Des condamnations trop directes, un langage trop clair, présentaient un triple danger : se tromper, accroître les persécutions mêmes qu'on aurait dénoncées, nuire aux intérêts supérieurs de l'Église et de l'humanité.[186] »

En ce qui concerne le langage trop clair, on pouvait faire confiance aux rédacteurs pontificaux. Von Weizsäcker, ambassadeur du troisième Reich auprès du Saint-Siège, apporte sur ce point un témoignage de valeur. « Bien que pressé de toutes parts, écrit-il dans une note confidentielle, le pape ne s'est laissé entraîner à aucune réprobation démonstrative de la déportation des Juifs de Rome [...] Il a également tout fait dans cette question délicate pour ne pas mettre à l'épreuve les relations avec le Gouvernement allemand et avec les milieux allemands de Rome. » Weizsäcker signale ensuite à son correspondant l'existence d'un communiqué publié par l'*Osservatore Romano* du 25-26 octobre 1943, et poursuit : « Ce communiqué, qui emploie le style propre au Vatican, c'est-à-dire un style contourné et nébuleux, déclare que le pape fait bénéficier tous les hommes, sans distinction de nationalité, de race, ni de religion, de sa sollicitude paternelle [...] Il y a d'autant moins d'objections à élever contre les termes de ce message, dont je joins une traduction, que seul un nombre restreint de personnes y reconnaissent une allusion spéciale à la question juive.[187] »

Ou de l'art de dire les choses sans les dire tout en les disant.

Ce n'est que le 2 juin 1945, un mois après l'écrasement de l'Allemagne, que Pie XII trouve les paroles vigoureuses tant attendues et parle du « spectre satanique exhibé par le national-socialisme.[188] »

Mieux vaut tard que jamais.

☆

La fâcheuse évolution que l'Église a récemment suivie sous l'influence pernicieuse de certains prêtres gauchistes, l'abandon du latin, qui permettait aux fidèles de marmonner des prières sans y comprendre goutte et en pensant à autre chose, l'irrespectueux tutoiement envers le Seigneur, familiarité déplacée que les hérétiques avaient mise à la mode, ont encouragé des ecclésiastiques, parfois haut placés, à exprimer des opinions subversives en toute impunité. Des séminaristes timorés appartenant aux troupes qui combattaient en Algérie allaient jusqu'à faire des réserves sur la manière dont les autorités françaises comprenaient la pacification. Sans doute trouvaient-ils des chefs qui les remettaient en selle, à l'aide de quelques phrases énergiques du type : « Surtout pas de problèmes de conscience. Il faut apprendre à tuer. Vous êtes ici pour ça. [189] » Sans doute le Commandement était-il généralement bien secondé par le corps des aumôniers militaires, comme le père Delarue qui s'étonnait, à juste titre, de voir qualifier de monstrueux l'usage de l'interrogatoire poussé, en d'autres termes de la torture. [190]

Il n'empêche que la situation était inquiétante. La contagion du défaitisme et du reniement semblait même se propager jusqu'au sommet de l'édifice. Le concile Vatican II, inspiré par Jean XXIII, ne craignait pas de rompre avec la doctrine de saint Augustin, de condamner la course aux armements, de souhaiter « que nous nous libérions de l'antique servitude de la guerre [191] ». Et Paul VI s'oubliait au point de proclamer : « La paix est possible, si chacun de nous la veut, si chacun de nous aime la paix [...] défend la paix, travaille pour la paix. [192] » Paroles terrifiantes, venant de l'autorité suprême de l'Église.

Par ailleurs, une infâme campagne de dénigrement systématique de l'arme nucléaire était entreprise par d'indignes prélats. [193] Le plus compromis était l'évêque d'Orléans, Mgr Guy Riobé. Le 10 juillet 1973, à quelques jours de l'expérience atomique française à Mururoa, il met carrément les pieds dans la gamelle. Dans un communiqué envoyé à la presse, il prétend « qu'aucun intérêt politique ou économique d'aucun peuple ne saurait justifier l'emploi de la bombe [...] Tout Français soucieux d'un avenir pacifique se doit de manifester de manière efficace sa désapprobation [194] ».

Le monde politique est abasourdi. La grande muette l'est réellement, cette fois, de stupeur. On n'avait jamais vu ça. Un prélat qui conteste le pouvoir en place. Le goupillon qui crache sur le sabre. Il faut réagir. L'ambassadeur de France aux États-Unis profite du 14 Juillet pour lancer une fusée-réponse, où il traite les propos épiscopaux de « divagations, vaticinations [...] d'esprits égarés [195] ». Le Premier ministre d'alors, M. Pierre

Messmer, rappelle que « jamais, dans l'histoire [...] l'Église n'a eu de chance lorsqu'elle s'est mêlée de questions d'armement[196] ». Le général Beaufre, qui tient probablement les femmes en piètre estime, stigmatise ce qu'il appelle un « pacifisme moralisateur et quelque peu femelle[197] ». Le vicariat aux Armées françaises déclare que l'équilibre de la terreur en vaut bien un autre.[198]* Mais c'est l'amiral Marc de Joybert, chef de l'état-major de la Marine nationale, qui mettra les choses définitivement au point. Il ne va pas mâcher ses mots. « Des gens qui n'ont pour seul métier – et quel noble métier – que de s'occuper des âmes, lorsqu'ils se mêlent de choses militaires [...] ne font que dire des âneries [...] Halte-là, messieurs de la prêtrise ! Voulez-vous, s'il vous plaît, vous mêler de vos oignons ![199] »

Le loup de mer a lâché sa bordée. Ne lui ménageons pas nos félicitations, et notre appui. Il ne manquerait plus que ça, en effet, que l'Église s'occupe d'autre chose que de vérifier le niveau des burettes, la grosseur des cierges et la qualité de l'encens ; qu'elle dise son mot sur la façon dont les hommes vivent, souffrent, travaillent ; qu'elle se préoccupe de la condition des immigrés, du chômage, de la délinquance juvénile, de la spéculation immobilière ; qu'elle perturbe les nantis en leur racontant des contes de bonne femme où il est question d'un chameau qui a plus de chances de passer par le trou d'une aiguille qu'un riche d'entrer dans le royaume des Cieux... Il ne manquerait plus que ça, que l'Église fourre son nez dans les massacres, les violences, les injustices, les tortures, les guerres ! Où irait-on, en vérité ?

Mais rassurez-vous, monsieur l'amiral. La petite voix du hippie barbu aux cheveux longs, de l'illuminé contestataire et inquiétant qui, il y a deux mille ans, criait aux quatre vents du désert « Aimez-vous les uns les autres », cette petite voix est depuis longtemps couverte par le bruit des bombes, des sermons et des canons.

CHAPITRE V

LA PANACÉE

Comme tout organisme vivant, la nation va ressentir un jour l'impérieux besoin de s'accroître. La seule manière dont elle puisse le faire, c'est par la conquête. Il serait indécent que deux pays acceptent de s'associer à la demande d'une instance internationale, ou, pis encore, qu'ils en décident eux-mêmes, en toute liberté, après consultation des citoyens. Un tel scandale ne s'est d'ailleurs jamais vu, de mémoire d'homme.

La conquête, au contraire, a l'assentiment des moralistes et des juristes. Elle est normale, elle va de soi, elle est « la plus légitime des possessions », elle « porte avec elle une manière d'acquérir naturelle[200] ». Elle représente une des traditions les plus anciennes et les plus fortes. Chez les Romains, le vainqueur met tout naturellement la main sur le pays, ses villes et ses habitants. Richelieu ne voit aucune contradiction entre la conquête par la violence et la charité chrétienne, à condition d'y mettre les formes.[201] La conquête peut même devenir un devoir, « lorsqu'une grande nation paraît vouée à la ruine si elle n'étend pas son territoire… » On peut aller plus loin et affirmer « que le maître d'une puissance étatique qui, au lieu de se conformer froidement et le plus possible à l'intérêt de son État, se montrerait miséricordieux envers l'ennemi abattu, trahirait sa patrie et *serait blâmable au nom de la morale*[202] * ».

Les monarques ont fait grand usage de la conquête pour

agrandir et renforcer leurs royaumes, mais il ne faudrait pas en conclure hâtivement que la monarchie est le régime belliqueux par excellence. Sans doute la guerre a-t-elle été l'occupation favorite de la plupart de nos bons rois, mais les républiques romaine, de Venise, de Suisse ont été parmi les plus guerrières des nations et les historiens sont d'accord aujourd'hui pour dire que l'agressivité des États est absolument indépendante de leur régime politique.

Légitime, normale, parfois nécessaire, la conquête est souvent involontaire. En ouvrant les hostilités, le futur conquérant n'avait aucune idée derrière la tête. Pas la moindre préméditation. Mais le voici vainqueur. Il tient l'adversaire à sa merci. Va-t-il se tailler un morceau de terre à ses dépens ? C'est bien tentant. Il parle d'abord de quelques concessions mineures, une ou deux villes, une étroite bande de territoire. Mais l'appétit vient en mangeant. Il suggère à présent une cession plus importante, la moitié d'une province, et justement la partie qui recèle – par le plus grand des hasards – quelques mines de cuivre, quelques gisements d'uranium ou quelques puits de pétrole. D'ailleurs les bonnes raisons ne manquent pas. Il faut qu'il garantisse l'avenir, qu'il prévienne toute revanche. Et n'est-il pas juste qu'il perçoive des dommages-intérêts pour les destructions subies ? Certes, le vaincu lui aussi a souffert de terribles ravages, mais il a perdu son procès ; il paie les pots cassés.

Ainsi, de fil en aiguille, un combattant devient un conquérant sans s'en apercevoir. Il est parti pour sauvegarder Dantzig et l'intégrité de la Pologne. Mais la guerre s'est prolongée, s'est élargie aux quatre continents, la cause initiale du conflit s'est estompée, d'autres objectifs ont surgi en cours de route. Nous voici en 1943. Qui se souvient encore de Dantzig ? Il y a d'autres priorités. Les problèmes sortent les uns des autres. Le nazisme terrassé, l'influence soviétique s'accroît. Le Japon hors de combat, la Chine s'éveille. Les rapports de force se modifient. Les nécessités d'hier sont dépassées. La bombe chambarde non seulement Hiroshima mais la stratégie planétaire. Est-il étonnant que l'intégrité de la Pologne, pour laquelle sont morts nos petits gars, soit finalement passée à l'as ?

Certains prétendent que la conquête est précaire. Ils font valoir que, des glorieuses épopées de Cyrus et de Tamerlan, il ne reste miette. Ils disent que les victoires de l'ambitieux Charles Quint l'ont conduit, de revers en revers, derrière les grilles du cloître de Saint-Just, que Charles XII a lamentablement terminé son règne, que les faits d'armes des Turenne et des Condé, dont on nous rebat les oreilles, ont finalement abouti à de pitoyables fiascos. Ils disent encore qu'Adolf Hitler, après avoir conquis les trois quarts de l'Europe, a vu son rêve foudroyé, son armée anéantie, son pays vaincu et l'unité de l'Allemagne, patiemment forgée par Bismarck, brisée pour longtemps. Ils invoquent enfin le cas des colonies, acquises au prix de guerres souvent longues et coûteuses et dont la première réaction fut de secouer le joug de leurs protecteurs.

Certes, on peut admettre que les conquêtes ne donnent pas toujours les résultats qu'on en espérait, et qu'elles comportent certains désavantages. Il faut s'attendre à ce que des gens chez qui vous êtes entrés à l'improviste et au milieu desquels vous vous êtes installés sans façon ne vous portent pas précisément dans leur cœur. Ils vont même tout faire pour vous compliquer la vie. Mettez-vous à leur place. La conquête n'est pas sans contrainte, et la contrainte entraîne la souffrance. Qui se réjouit de souffrir ?

En conséquence, il y aura de la mauvaise volonté. Aucun compte ne sera tenu des instructions et des réglementations édictées par l'occupant. Les visages seront fermés. Les attitudes, les gestes de chaque jour trahiront une sourde hostilité. Des plaintes, des récriminations commenceront à se faire entendre. Puis il y aura quelques actes de sabotage, qui forceront le vainqueur à se montrer plus dur. A son tour la répression durcira la résistance. A présent, c'est un magasin qui saute, un café, un autocar, un cinéma. Le sang coule. On châtie les coupables, quand on les trouve. On les baptise terroristes, et s'ils ne l'étaient pas encore, ils le deviennent. Les attentats se multiplient, les ripostes sont féroces. C'est l'engrenage de la violence.

Il est difficile de l'éviter. Il faudrait pour cela que le pays victorieux parvienne à gagner à sa cause le pays qu'il a conquis en organisant une véritable campagne de charme et de persuasion. Il faudrait qu'il se montre envers lui loyal, ouvert, tolérant, imaginatif, toutes qualités qui sont, convenons-en, relativement rares chez un vainqueur. Il faudrait qu'il évite de l'exploiter, de l'appauvrir, de l'affamer, qu'il respecte ses coutumes, son identité, sa liberté, qu'il fasse appel à sa raison, qu'il lui expose les avantages d'une mise en commun de leurs ressources et de leurs efforts. Il faudrait, en d'autres termes, qu'il en fasse un partenaire, un associé à part entière, un allié.

Mais alors, si l'on doit en arriver là de toute façon pour aboutir à cette « paix durable » que les dirigeants ne cessent d'appeler de leurs vœux, pourquoi ne pas faire l'économie d'une guerre, s'asseoir tout bonnement, sans plus attendre, autour d'une table, entamer la discussion, rechercher le compromis ?

Ceux qui font cette proposition connaissent bien mal la nature humaine et font bon marché de la dignité nationale. Ils ignorent qu'il existe, entre une solution pacifique des conflits et la même solution acquise au prix d'une guerre ruineuse, une différence fondamentale : quelques milliers, quelques centaines de milliers, voire quelques millions de morts.

Tout le problème est là. C'est Napoléon qui en a le mieux compris la portée lorsqu'il écrivait à l'archiduc Charles, avec beaucoup de lucidité et de sang-froid, dans ce style brillant dont il avait le secret : « Nous tuerons... Et il faudra bien qu'on s'entende.[203] »

☆

Montaigne soupçonne les Romains d'avoir « à escient nourry des guerres avec aucuns de leurs ennemis, seulement pour tenir leurs hommes en haleine[204]* ». Aux rois de France qui se demandaient anxieusement ce qu'ils allaient faire de leurs soldats, Jean de Bueil répond « qu'en leur baillant une bonne grosse guerre, bien fondée et à bon titre, ils seront honorablement pourvus, car à gens d'armes, est défendu le repos[205] ». Et un diplomate russe confiait, en 1870, à un homme d'État allemand : « La Russie est troublée, elle a eu vingt ans de paix, son armée réclame de l'occupation.*[206] »

Il n'est pas bon qu'une armée soit inactive trop longtemps ; elle prend de mauvaises habitudes, elle s'encroûte. Rien ne peut remplacer, pour la garder en forme, le combat en vraie grandeur, la présence du danger avec risque de mort. Aussi cohérente, bien entraînée, fortement équipée qu'elle soit, le général qui la commande ne pourra jamais savoir avec certitude ce qu'elle donnera dans la bataille. Il lui faut l'épreuve du feu.

Au cours du chapitre suivant, nous étudierons de plus près ce passionnant cercle où nous nous trouvons enfermés : on a une bonne armée pour faire la guerre, mais il faut faire la guerre pour avoir une bonne armée. Contentons-nous pour l'instant de remarquer qu'on ne peut indéfiniment faire exécuter au troufion des manœuvres bidon, lui faire répéter pendant des mois le demi-tour droite sans qu'il en vienne à se demander si l'on se paie sa tête, ou lui faire démonter et remonter ses armes sans jamais lui donner l'occasion de s'en servir. C'est inconvenant. Il faut qu'un jour ou l'autre on passe de la simulation à la réalité, du jeu à la bataille véritable en chair, en sang et en os.

La guerre ne se contente pas de donner de l'ouvrage à la troupe. Elle permet à l'armée d'embaucher un grand nombre de gens qui, sans elle, rempliraient les prisons ou iraient grossir les files d'attente des chômeurs. Elle récupère en effet toutes sortes d'individus sans métier défini, marginaux, inadaptés, hommes privés de ressources économiques ou culturelles, éléments potentiellement subversifs ou franchement antisociaux, bref tous ceux qui, en temps de paix, ne trouveraient aucun rôle acceptable dans la société – mais qui sont assez bons pour faire des soldats.[207]

La guerre est une source d'ascension sociale ultrarapide. Tel troupier mal dégrossi devient maréchal d'Empire et finit dans la peau d'un souverain. Huang Ti fut un bidasse de fortune avant d'être le plus grand empereur que la Chine ait connu. A notre époque encore la moitié des pays d'Amérique latine et des États de l'Afrique noire ont un président qui continue, dans le droit fil de la tradition, à ne faire qu'un avec le chef militaire.

Sous l'Ancien Régime, le roi récompensait celui qui avait tué un nombre raisonnable de ses semblables en lui donnant une terre, un titre et des privilèges dont son fils héritait, même s'il avait peur de son ombre et n'avait jamais pu tenir une épée de sa vie. C'est ainsi que naquit la noblesse, la véritable. Car celle dite « de robe », composée de juges et autres hommes de loi, ne parvint jamais à rivaliser avec elle en prestige et en splendeur.

Les peuples les plus mercantiles ont toujours crevé d'admiration pour la fonction militaire. Il existait à Carthage une « légion sacrée » faite des fils à papa de la haute banque, du commerce et de l'armement naval. A Venise, la progéniture de « l'aristocratie commerciale » s'enrôlait dans les cadres de l'armée. Dans la France monarchique, les rejetons des familles bourgeoises faisaient des pieds et des mains pour accéder à la noblesse d'épée. De nos jours dans beaucoup de pays socialistes, les fils des révolutionnaires qui avaient passé leur existence mouvementée à cracher sur l'uniforme sont de rutilants officiers chamarrés et galonnés.[208]

La fascination qu'exerce l'armée n'a rien de surprenant, si l'on réfléchit que la guerre est, en fait, la base même de toutes nos structures sociales, sans exception.[209]

Ainsi la répartition de nos sociétés en classes n'est pas l'œuvre, comme le prétendent trop souvent les sociologues, de la répartition des individus en catégories professionnelles selon leurs aptitudes et leurs qualifications, mais elle provient de l'assujettissement des prisonniers dont découla tout naturellement une race de maîtres et une race d'esclaves. « La cause qui donna naissance aux classes fut d'abord la conquête.[210] »

La division du travail est une des conséquences directes de la guerre. « Pour que les hommes s'élèvent au-dessus de l'état animal, il faut que certains d'entre eux soient soustraits par le travail des autres aux soucis les plus absorbants [...] Jamais la séparation des branches professionnelles ne s'est accomplie librement et à l'intérieur, partout elle s'est produite par la force, sur des étrangers, et a été conservée par la contrainte.[211] » Par conséquent les différences de sexe, d'âge, de besoins, de goûts n'ont pas eu la moindre influence sur la division du travail. Si l'on trouve aujourd'hui des fraiseurs, des journalistes, des ingénieurs en électronique, des peintres en bâtiment, c'est à la guerre que nous le devons.

L'homme, livré à lui-même, est un paresseux. Dès qu'il a satisfait ses besoins essentiels, le bougre s'arrête de travailler, s'étend sur l'herbe, contemple les arbres et le ciel. Lorsqu'il a de nouveau des tiraillements d'estomac, il recommence à chercher de la nourriture. Puis il revient à sa rêverie. Il faut donc le pousser, l'aiguillonner, le talonner, sans lui laisser une minute de répit, lui donner, à coups de pied aux fesses, le goût forcené du travail, de la productivité, de la transpiration, du transport en commun, de l'exercice. La guerre s'en charge. Sans elle, il mourrait probablement de faim et d'ennui. Mieux vaut cent fois pour lui mourir de mort violente.

La guerre fait mieux. En lui inculquant la soumission aveugle, inconditionnelle, imbécile à son sergent, à son capitaine, à son général, elle lui apprend à révérer le chef, l'autorité, l'ordre établi, et finalement la loi morale. On ne s'en douterait pas : la guerre qui semble violer toutes les règles de l'éthique quotidienne (interdiction de l'homicide, du vol, des exactions) est pourtant, d'après de nombreux penseurs, la cause initiale et la garante de la vertu.

La guerre explique l'ensemble des coutumes, des pratiques et des usages. C'est le célèbre philosophe anglais Herbert Spencer qui a le mieux mis en relief l'origine militaire de ce qu'il appelle les « formes cérémonielles ». Ainsi, la salutation, la révérence, le baisemain, le fait de se découvrir la tête sont des vestiges de l'attitude soumise du vaincu devant le vainqueur.

Qui songerait, en voyant tel célèbre académicien empêtré dans son habit vert, que l'épée d'apparat qui lui bat les mollets, c'est celle-là même que le combattant malchanceux dépose aux pieds de son ennemi victorieux ? Et qui se doute que la baguette du chef d'orchestre, c'est le dernier avatar de la lance du guerrier, qui s'est successivement métamorphosée en sceptre, emblème du pouvoir, puis en bâton, emblème du commandement ?

Saviez-vous d'autre part que la pratique de la circoncision chez les juifs et les musulmans dérive directement, toujours d'après Spencer, de la mutilation, qui symbolise l'assujettissement, et qui est une façon de « marquer » le vaincu en lui détachant une partie du corps ?

Parfois la mutilation est volontaire ; pour se faire bien voir du chef victorieux, le captif lui offre en présent une mèche de cheveux, un poil de sourcil. Peu à peu cet usage deviendra obligatoire : ce sera le tribut ou l'impôt. En d'autres termes, la visite du contribuable au percepteur a une provenance militaire.

L'usage de porter des vêtements, dit encore Spencer, ne vient pas de la nécessité de se protéger des intempéries, ou d'être décent. Il vient de la guerre. L'habit est un signe distinctif du grade, de la fonction, et plus tard de la classe.

Quant aux décorations, elles sont la survivance des trophées de guerre et peuvent être assimilées aux scalps, aux mâchoires ou aux oreilles que le chef arborait avec fierté pour montrer sa bravoure. Elles ne sont aujourd'hui, naturellement, que des symboles ; personne n'aurait plus l'idée de se promener avec le phallus de son ennemi en bandoulière.[212]*

Ainsi, à en croire Spencer, toutes « les formes cérémonielles sont le produit naturel de la relation qui unit le vainqueur et le vaincu[213] ».

On en arrive à se poser la question : y a-t-il en ce bas monde une coutume, un geste, un insigne qui ne soient pas militaires ?

☆

Si nous nous mettons un moment à la place de nos responsables, nous sommes obligés de constater que la guerre reste le plus mirobolant de tous les moyens de diversion.[214] Dès que les tensions intérieures de l'État sont trop fortes, il faut recourir sans tarder à la guerre extérieure : alors tout devient simple comme par enchantement. Ce qui, hier encore, paraissait catastrophique, insurmontable, tout à coup s'aplanit. Les valeurs changent. Les priorités se déplacent. Les adultes ne craignent plus que les jeunes leur arrachent leur emploi, puisque ces derniers en ont trouvé un autre à leur mesure, sur le champ de bataille. La délinquance diminue subitement : point n'est besoin, en effet, de tuer dans les villes, dès lors qu'il existe des espaces réservés où les prédisposés au meurtre peuvent se défouler. Le chômage redouté n'est plus qu'un mauvais souvenir ; du jour au lendemain voici revenu le plein emploi, auquel personne ne croyait plus.[215]* Même des problèmes mineurs comme ceux de la circulation automobile et de l'obésité trouvent leur solution, le premier par la pénurie civile d'essence au profit de l'armée, le second par le rationnement alimentaire.

Mais c'est probablement dans le domaine politique que le changement est le plus spectaculaire. Il n'est plus besoin de rechercher de laborieux compromis entre des tendances opposées, de s'employer à équilibrer des intérêts divergents. Les questions délicates ou franchement embarrassantes peuvent être laissées en suspens. Quel repos pour les dirigeants ![216]* Plus d'élections, plus de revendications syndicales, plus de contestations, la presse bâillonnée, les rassemblements interdits, l'opposition réduite au silence. Et dans l'éventualité, improbable, où se manifesterait quelque velléité de désaccord avec le pouvoir, un remède infaillible, magique, deux ou trois petits mots : salut public, secret militaire, patrie en danger – et dans les cas extrêmes : complicité avec l'ennemi. Rien ne résiste à ces arguments.

C'est la raison pour laquelle le chef, ayant à sa disposition tous ces moyens, poteau d'exécution compris, n'a pas besoin d'être spécialement intelligent pour gouverner. Il est assuré que tout baignera dans l'huile, vu qu'il s'appuie sur l'armée, et que cette dernière a progressivement accaparé tous les leviers de commande du pays. On a d'ailleurs vu des souverains ou des chefs d'État parfaitement incompétents, avec des têtes de linottes, émettant des jugements hâtifs, ne supportant pas la contradiction, sourds aux conseils de leur entourage, et croyant, de bonne ou de mauvaise foi, avoir été choisis pour accomplir une mission providentielle ; on a vu de tels guignols se maintenir au pouvoir pendant toute la durée d'une guerre, même lorsqu'il était évident qu'ils menaient la nation au désastre.

Comme ce sont généralement les plus assoiffés d'honneurs, de lauriers et de médailles qui s'agrippent des mains et des ongles pour se hisser au premier rang, beaucoup de soi-disant grands chefs font preuve d'un infantilisme navrant. Alexandre met le feu à Persépolis pour se payer un spectacle qui sort de l'ordinaire. Le jour où Napoléon apprend la capitulation du général Dupont à Baylen, il se jette à plat ventre sur le tapis, se roule par terre et sanglote pendant une heure. Hitler, lorsqu'on le contrarie, hurle et trépigne. Mussolini ne semble jamais avoir été rassasié de parades militaires, de défilés de chars, de saluts au drapeau.

Cet amour de la gloriole n'est pas l'apanage des maréchaux et des présidents, blancs ou de couleur. Le virus atteint aussi le clerc de notaire, le serrurier, la dactylo, le séminariste. Personne n'est à l'abri. Et peut-être le fin mot de l'histoire est-il le sentiment que nous avons de notre médiocrité, et le besoin de compenser cette infériorité sans prendre de risques personnels. Huxley l'explique : « Soumis à sa femme, doux avec ses enfants, courtois envers ses voisins, l'honnêteté même dans son travail, le bon citoyen est parcouru d'un frisson de plaisir lorsque son pays *adopte une attitude ferme, rehausse son prestige, remporte une victoire diplomatique, accroît son territoire.*[217] »

Le bon citoyen va bientôt se trouver partie prenante dans ce mouvement de zèle, de prodigieuse ferveur qu'on appelle nationalisme. Il sera persuadé que son pays est le meilleur, le plus courageux, le plus désintéressé, le seul qui défende les valeurs éternelles de la culture, les bienfaits de la civilisation, les intérêts supérieurs de l'humanité. Aucun doute jamais ne l'effleure.

Qu'il soit français, allemand, anglais, italien, russe, japonais ou zoulou, il sait pertinemment, au plus profond de lui-même, sans discussion possible, que « seule la France a le droit d'être une nation[218]* », que « l'Angleterre est prédestinée à transformer la terre[219] », que « l'Amérique doit demeurer la nation la plus puissante du monde[220] », que « l'Allemagne est la protectrice et le pilier de la civilisation européenne[221] », que « la seule nation qui soit en droit d'exercer la primauté et de régner est la nation catholique par excellence, c'est-à-dire l'Italie[222] », que « le peuple soviétique est porteur de l'idéologie et de la civilisation les plus avancées[223] », que « le grand Japon est supérieur à tous les pays du monde[224]* »... En toute modestie.

Un moyen de faciliter cette excellente opinion que le bon citoyen a de lui-même, c'est de lui prouver, par a + b, que le reste de la planète est exclusivement peuplé de minus, de fainéants, de simples d'esprit et de parias. Tâche facile : il ne demande que ça. Il veut être rassuré. En fait, tout ce qu'il ne connaît pas l'effraie, lui semble étrange, ou étranger, c'est le même mot. Il veut exorciser sa crainte et, pour cela, il se représente « l'autre » comme un déchet de l'humanité, ou comme un monstre. Sa peur se change alors en haine : c'est la xénophobie,

Pour désigner l'adversaire, il va parler d'« anthropoïdes sauvages à couenne rosée », évoquer « l'incurable bestialité inscrite sur ces figures sinistres et ridicules », souligner leur « laideur agressive », leurs « énormes mains d'assassins[225] ». Envers de tels « cannibales » il ne peut exister autre chose que « la haine infinie, sans pardon possible, sans autre assouvissement espérable que l'extermination à jamais de la race vouée à Satan... Une haine sans limite, une haine vierge et immaculée[226] »...

La xénophobie prend sa racine dans une réaction instinctive que nous trouvons communément chez les animaux. On a constaté par exemple que les buffles d'Extrême-Orient ne peuvent pas supporter l'odeur des hommes blancs et se jettent sur eux dès qu'ils sont à portée de leurs narines, alors qu'ils tolèrent parfaitement la présence des Jaunes. S'ils pouvaient parler, ils diraient probablement « qu'ils ne peuvent pas sentir les Européens». C'est exactement ce qui se passe entre certaines catégories d'humains. Il n'est plus question ici de causes logiques ou sociologiques, ni de raisonnement. C'est un réflexe olfacto-psychologique. Tel groupe d'individus «ne peut pas sentir les Arabes» : alors ce sont les ratonnades, les passages à tabac, la course au «faciès». D'autres «ne peuvent pas blairer les Juifs» : d'où les arrestations, les persécutions, les pogromes. Beaucoup de gens «ne peuvent pas piffer les nègres», sauf lorsqu'ils combattent dans nos rangs et deviennent alors «ces grands enfants au cœur d'or et à l'âme intrépide, qui, en échange de la liberté que nous leur apportons, nous donnent tout d'eux-mêmes[227]».

Pour ennoblir cette révulsion provoquée chez certaines personnes par la présence d'autres créatures, et qui pourrait sembler par trop empreinte d'animalité, on la coula dans le moule d'une doctrine : ce fut le racisme.

Bien que le nom soit récent, la chose est ancienne. La croyance à une hiérarchie des races a servi à justifier aussi bien l'esclavage du monde antique que la discrimination entre vrais chrétiens et convertis dans l'Espagne du XVe siècle ou l'utilisation servile des Noirs en Amérique. Mais ce qu'il y a d'intéressant dans le racisme national-socialiste, c'est le souci de ses deux fondateurs, Adolf Hitler et son «théoricien» Alfred Rosenberg, d'échafauder leur doctrine sur des bases scientifiques. Aucune assertion chez eux qui n'ait été soumise au crible de la froide raison, aucune fantaisie dans l'interprétation de l'Histoire. Tous deux s'en tiennent aux faits certains, prouvés, universellement admis.

Ainsi Rosenberg explique que c'est d'un centre nordique de la Création, l'Atlantide selon toute vraisemblance, que s'est répandue «sur la terre entière une race blonde aux yeux bleus [...] prédestinée et privilégiée[228]*». Le représentant de cette race supérieure, l'homme aryen, poursuit Hitler, grâce à la main-d'œuvre commode fournie par les races impures qu'il avait soumises, a créé tout ce qui compte dans la civilisation; il est le «Prométhée de l'humanité; l'étincelle divine du génie a de tout temps jailli de son front lumineux.[229]»

Malheureusement, il a violé une « loi fondamentale » : celle qui prescrit à tout être vivant de ne s'accoupler « qu'avec un congénère de la même espèce : la mésange avec la mésange [...] la souris avec la souris, le loup avec la louve [230] ». On pourrait objecter à l'auteur de *Mein Kampf* que la définition moderne de l'espèce étant « une population composée d'individus capables de se croiser entre eux [231] », l'homme ne viole aucune « loi fondamentale » en s'accouplant à d'autres représentants de la même espèce, l'espèce humaine. Mais, pour les nazis, un être de race inférieure n'est pas un homme; c'est un animal, un « sous-homme », c'est-à-dire « une ébauche de l'homme avec des traits semblables à ceux de l'homme mais spirituellement, moralement inférieur à tout animal [232] * ».

Ainsi tout s'arrange entre la science et le racisme. Il ne subsistera qu'un petit problème : les lois de la génétique sont en contradiction formelle avec l'existence aussi bien d'une race pure que de races inférieures, et la dégénérescence due « au mélange des sangs » est une farce. Qu'à cela ne tienne ! Quelques phrases fumeuses feront l'affaire. « La vie d'une race n'est pas un déroulement logique, écrit Rosenberg, mais la formation d'une synthèse mystique. » Ce « vitalisme mystique » est d'ailleurs « en même temps cosmique » et « c'est parce que l'homme germanique avait des sensations cosmico-solaires qu'il a découvert l'ordre des lois dans l'éternel devenir de la terre [233] ». On ne peut être plus explicite. Hitler traduira : la race germanique, pour se régénérer, doit se débarrasser le plus rapidement possible des races inférieures qui en souillent la pureté.

La guerre donnera au racisme l'occasion de procéder à de nombreux travaux pratiques.

☆

On peut aujourd'hui, dans la plupart des pays à régime libéral, se dire athée, homosexuel, fasciste, nudiste, alchimiste ou anarchiste sans risquer la prison ou le passage à tabac. Par contre, il est encore une idole que nul ne saurait mettre en question sans être accusé de sacrilège, c'est celle de la patrie.

L'amour qu'elle fait naître est exclusif,[234] * aveugle, fanatique. Il prime tout. Il n'a besoin ni de raisonnement ni de volonté : c'est une foi, une passion dévorante. Comparé à cette flamme, « tout le reste, religion, engagement politique, milieu social, profession, fortune, apparaît comme secondaire [235] ». En fait, dans nos sociétés modernes, la patrie est devenue la véritable divinité ; le vœu de Jules Lemaître s'est réalisé, qui disait : « Nous voulons faire de l'amour de la patrie une sorte de religion.[236] » Cela est tellement vrai qu'on a souvent donné une forme liturgique aux élans du patriotisme, comme dans le magnifique remake du credo catholique à l'usage des bambins de l'Italie fasciste, dont on trouvera le texte en annexe IV.

Le patriotisme, qui brûle déjà très convenablement en temps de paix, s'embrase tout à coup dès qu'une guerre menace. Alors rien ne lui résiste. Même les tièdes, les timides, les modestes, ceux qui étaient trop occupés à gagner leur maigre pitance pour être touchés par la grâce, se voient brusquement en proie à la fièvre collective. Tandis que les patriotes d'ancienne souche se contentent souvent de belles paroles, les néophytes, par contre, se prennent au jeu ; ils sont décidés à défendre la patrie jusqu'à la dernière goutte de leur sang. Le plaisant de l'affaire, c'est qu'ils n'ont en réalité rien à défendre, pour la bonne raison qu'ils ne possèdent rien.

Le torrent patriotique emporte jusqu'à ceux qui, hier encore, hurlaient leur pacifisme. A cet égard, la leçon du premier conflit mondial est significative. Beaucoup de socialistes belges, allemands, anglais, russes, français, qui ont vitupéré l'armée et l'esprit militaire font, lorsque la guerre éclate, un demi-tour à droite magistral. Édouard Vaillant, après s'être écrié : « Plutôt l'insurrection que la guerre », dénonce « l'impudence teutonne ». Marcel Sembat qui avait dit : « Pas un sou, pas un homme pour les folies guerrières ! » et son ami Jules Guesde, dont l'antimilitarisme était aussi fougueux, font partie du gouvernement dès l'automne 1914. Et Albert Thomas, qui, moins de deux mois avant le début des hostilités, souhaitait que l'idée de la grève générale devienne familière aux travailleurs et « les prépare aux résolutions viriles » ne tarda pas à devenir un viril sous-secrétaire d'État aux munitions, avant d'être ministre de l'Armement ![237]

Cette exaltation prodigieuse, capable de provoquer d'aussi brusques conversions, ne semble pas être allée de soi pour nos ancêtres. Personne ne sait au juste à quelle époque et dans quelles circonstances est né le concept qui, de nos jours, est la pierre d'achoppement de la vie nationale. Mais peu importe, en fin de compte, l'origine du sentiment patriotique : il existe, et c'est pour nous l'essentiel. Mieux encore : il ne cesse de se développer dans la plupart des États officiellement reconnus par l'ONU. Nous pensons, en particulier, à ces éruptions de fanatisme politico-religieux au Moyen-Orient, ou d'enthousiasme politico-militaire en Afrique et en Asie.

Rien n'est plus exaltant, en effet, que cette dévotion totale à son propre peuple, à ses gouvernants, à ses institutions, que cette adhésion éperdue qui n'admet aucune réserve, aucune critique, que cette confiance absolue en son pays – qu'il soit honorable ou corrompu, équitable ou injuste, parjure ou fidèle, qu'il ait tort ou raison, *my country, right or wrong!*

C'est à cet amour farouche que nous devons quelques-uns des plus beaux accents de la littérature universelle.

« La patrie, c'est le sol qui nous porte, la route qui nous conduit, le ruisseau qui nous désaltère ; c'est l'arbre qui nous protège de son ombre, le fleuve qui rend nos champs fertiles, la montagne qui nous abrite ; c'est le clocher qui nous envoie ses volées joyeuses et qui répand sur nos tristesses ses glas funèbres.[238] » Nous pouvons élargir le tableau. La patrie, c'est le cher pays breton avec ses rivages dentelés, ses sentiers bordés de genêts, ses landes nostalgiques… C'est la chère Sologne avec ses étangs et ses bois de sapins… C'est la chère Bavière avec ses forêts profondes et ses lacs paisibles… Ce sont les chères plaines d'Ukraine, les étendues infinies de Sibérie, les chardons du Baragan… Ce sont les chères pelouses et les antiques collèges d'Oxford et de Cambridge… Ce sont les chers gratte-ciel de

Manhattan, les cinémas de Broadway, les distributeurs de sandwiches… La patrie, ce sont les rues souterraines de Tokyo, le musée Grévin à Paris, la trattoria sur les bords du Tibre, les embouteillages du dimanche soir aux portes de Hambourg, le pointage à l'agence pour l'emploi de Barcelone, les prisons de Buenos Aires, les hôpitaux psychiatriques de Moscou…

La patrie, c'est le Club Méditerranée, les vacances aux Baléares, la visite de Westminster, les gondoles de Venise, les chutes du Niagara, les charters pour Katmandou… La patrie, c'est l'air que nous respirons, c'est l'eau que nous buvons, c'est le pain que nous mangeons, c'est le soleil qui nous chauffe, c'est tout et rien et le reste.

Il faut que ce concept porte en lui une force « qui résiste à l'analyse », quelque chose « d'obscur et de mystérieux [239] », pour que des êtres apparemment sensés arrivent à se persuader que nulle part ailleurs que sur leur petit lopin de terre le sol « n'est plus varié et plus fertile », que « nulle part, le ciel n'est plus doux, le climat plus tempéré, la position topographique plus favorable », qu'ils sont les seuls à avoir « les souvenirs d'un grand passé historique, les trésors d'une langue limpide et souple, les richesses de la littérature, de la science, de l'art, les bienfaits d'une situation économique pleine de ressources, d'une société attrayante, d'une civilisation humaine et fraternelle [240] ».

Prodigieux mystère, en effet, que cette admirable myopie qui limite au cercle du village ou du pays des agréments et des vertus que tous les hommes ont en partage ! Et certes nous pourrions nous en tenir là, nous prosterner devant l'idole sans chercher à comprendre, nous contenter d'adorer et de nous taire.

Mais nous refusons la facilité. Nous voulons, tout en respectant le caractère sacro-saint de la patrie, fermer définitivement la bouche aux rationalistes, aux sceptiques, aux détracteurs, en nous servant de leurs propres armes, c'est-à-dire en nous livrant à une étude critique approfondie de ce concept. Pour cela, nous allons nous inspirer d'une définition – elle-même résultat de la synthèse de plusieurs interprétations antérieures – proposée par Armand Charpentier.[241] D'après cet auteur, la patrie repose *sur un fondement ethnique commun, des frontières géographiques incontestables, des coutumes originales, des lois et des institutions distinctes, une langue commune, un héritage culturel propre, une atmosphère morale et une ambiance uniques.*

Reprenons un à un ces critères.

La patrie, c'est une race homogène. Voyez par exemple l'ex-Yougoslavie, qui comprenait des Serbes, des Croates, des Slovènes, des Monténégrins, des musulmans bosniaques, des Macédoniens, des Albanais, des Hongrois, des Turcs, des Tchécoslovaques, des Roumains, des Bulgares, des Italiens, des Allemands. Prenez le Brésil : peu de pays ont une ethnie aussi cohérente, puisqu'elle est seulement composée de Portugais, d'Indiens, de Noirs, de Métis, d'Italiens, d'Allemands, d'Espagnols, de Français, de Japonais, de Hongrois, de Polonais, de Libanais et de Syriens. On rencontre une unité semblable dans la majorité des États de l'Amérique latine, entre autres au Pérou, où voisinent une dizaine de nationalités. Et peut-on sans rire qualifier de composite la population des États-Unis, où l'on ne distingue guère plus d'une quinzaine d'éléments majeurs d'origines diverses ? Nous pourrions encore citer bien d'autres exemples, la Malaisie, le Laos, Madagascar, l'Espagne et jusqu'à la France, formée de cinquante et une peuplades différentes, sans compter les apports successifs tout au long de son histoire.

La patrie, ce sont des frontières géographiques incontestables, évidentes, qui séparent deux contrées absolument distinctes. Allez du Pays basque français au Pays basque espagnol, allez de Savoie en Italie, et vous verrez comme brusquement tout change, l'aspect de la montagne, le paysage des vallées, l'architecture des maisons, la forme des moutons, le visage des paysans, la teinte des arbres, le chant des oiseaux, le bruit des torrents, et même la couleur du ciel. Et si vous passez du Nord de la France en Belgique, quel contraste ! Quand bien même vous auriez sans le savoir traversé la barrière fatidique, tout vous dirait : vous n'êtes plus chez vous. Le climat, les nuages, la pluie sont autres. Les puits de mine n'ont pas la même allure. Les crassiers ont perdu leur petit air bien français. Les habitants ne sont pas habillés des mêmes vêtements, ne rient pas de la même façon, ne souffrent pas, ne pleurent pas, n'aiment pas, ne meurent pas de la même manière.

La patrie, c'est un ensemble cohérent de coutumes à l'intérieur d'une nation. Prenons le cas de la France : peut-on concevoir une plus grande unité, tant par l'inspiration que par l'exécution, par les costumes que par les gestes, dans ce faisceau de fêtes, de réjouissances et de célébrations qui rassemble les pardons de Bretagne, les bravades de Provence, le Hammeltanz d'Alsace,[242]* la journée des soufflacus du Jura,[243] * la bourrée auvergnate, la cérémonie berrichonne des balais [244]* et le carnaval de Nice ? Ces coutumes se ressemblent tellement entre elles, elles sont si peu spécifiques des régions auxquelles elles appartiennent, qu'on peut véritablement parler à leur sujet de folklore national.

La patrie, c'est un réseau de lois, de statuts, de règlements qui n'ont aucun rapport avec ceux des pays voisins. En nous bornant aux six États qui ont une frontière commune avec la France, pouvons-nous sérieusement trouver la plus petite correspondance entre nos juridictions, nos institutions, nos systèmes d'éducation, nos structures sociales et professionnelles, nos codes de la route, nos techniques industrielles, nos réglementations financières et commerciales ?

La patrie, c'est une langue commune. La Suisse, la Belgique, le Canada ne sont donc pas des patries. Ni la Russie, où se parlent 180 langages différents, dont plusieurs langues officielles. L'Inde, avec ses 782 dialectes, n'est pas davantage une patrie, ni l'Indonésie, qui en compte 200, ni la Birmanie, ni la majorité des nations africaines, où souvent les habitants ne se comprennent pas d'une région, voire d'un village à l'autre.

La patrie, c'est une culture propre, c'est-à-dire ce patrimoine artistique, littéraire, musical que nous ont légué nos ancêtres, où, pour nous, Français, se côtoient Ronsard, Descartes, Racine, Molière, Debussy, Rodin, Renoir, mais d'où sont naturellement exclus Dante, Shakespeare, Beethoven, Goethe, Rembrandt, Michel-Ange, Cervantès et autres métèques.

La patrie, c'est enfin une atmosphère morale particulière, une ambiance indéfinissable, constituée de nos pensées, de nos souvenirs communs, de notre histoire (qui est toujours glorieuse), dans laquelle évoluent à l'aise tous les hommes d'un même pays, quels que soient leurs origines, leur profession, leur culture, leur classe, leur niveau de vie. La patrie, c'est ce miracle qui fait qu'un pianiste américain a des liens plus étroits avec un docker de New York ou un balayeur de Chicago qu'avec un pianiste anglais ou viennois, et qu'un grand banquier de Paris se sent infiniment plus proche d'un mécano de Billancourt que d'un grand banquier de Rome ou de Madrid.

CHAPITRE VI

GAI, GAI, ARMONS-NOUS !

Tous les pays recherchent la sécurité. Le nôtre ne fait pas exception, ainsi que l'a souvent souligné dans ses déclarations et dans ses interviews la plus haute autorité de la République. « Dans la hiérarchie de nos besoins actuels, je crois que le besoin de sécurité est l'un des grands besoins de la France. [245] »

Ce désir est-il légitime ?

Certains répondent par la négative. Cette manie de se vouloir constamment en sûreté, disent-ils, relève d'une psychologie d'enfant peureux, encore fourré dans les jupes de sa mère. Elle est signe de faiblesse. Les forts ne demandent la protection de personne. D'ailleurs cette notion de sécurité n'existe pas dans la nature. Les animaux sont en permanence sur le qui-vive, guettant l'ennemi qui peut à tout instant fondre sur eux et les dévorer. Leur existence est une perpétuelle alerte. Pourquoi vouloir faire mieux ?

En revanche, la grande majorité des hommes, parmi lesquels se trouvent la plupart des responsables politiques et militaires, soutiennent que la sécurité est un droit légitime des nations – et des individus qui les composent. Leur raisonnement est le suivant : puisque nous avons fait droit au désir des citoyens de se sentir protégés par la société, nous devons en faire autant pour la nation dans son ensemble. C'est un projet louable.

Ici se pose la question des moyens d'assurer la sécurité de l'État. Nous n'en voyons que deux.

Le premier, c'est le système des anneaux successifs. Le pays qui s'est mis dans la tête de préserver à tout prix sa sécurité commence par réclamer un État-tampon entre lui et son agresseur éventuel. Il l'obtient. Est-il satisfait ? Pas entièrement. L'État-tampon, certes, est bien utile. Mais il est vulnérable. Il faudrait l'isoler du voisin par une bande de territoire. On la lui donne, ou il l'arrache par les armes. Est-il tranquillisé ? Oui. Du moins, il le serait tout à fait si cette bande, à son tour, était couverte par une zone adéquate, laquelle pourrait être entourée d'un glacis : et il arrive au bout du monde.[246]* L'inquiétude l'a poussé de conquête en conquête, mais le malheureux n'a pas pour autant trouvé, au terme de son expansion, cette sécurité après laquelle il soupirait, et qui n'était qu'un mirage.

Cette solution, d'autre part, comporte toutes sortes d'inconvénients : les territoires acquis étant de plus en plus vastes et de plus en plus éloignés sont de plus en plus difficiles à défendre, les lignes de communication s'étirent à se rompre, et surtout, les États voisins finissent par regarder d'un mauvais œil ces agrandissements en série, surtout s'ils ont été réalisés à leurs dépens. Ils se sentent mal à l'aise. Leur sécurité leur paraît chaque jour plus menacée. Et il est vrai que « la sécurité absolue à laquelle aspire une puissance se solde par l'insécurité absolue de toutes les autres[247]* ». Ce n'est pas l'idéal.

La deuxième solution est bien plus réaliste : elle consiste pour chaque nation à s'armer fortement, soit en construisant ses propres armes, soit en les achetant à l'étranger. Elle n'aura que l'embarras du choix, les fournisseurs se bousculant au portillon ; il lui suffira de disposer d'une monnaie d'échange. Si par malheur elle n'en avait pas, si son économie était désastreuse, ses finances mal gérées et ses caisses vides, elle pourrait avoir recours à un stratagème qui réussit neuf fois sur dix : le chantage à la position stratégique, assortie de la menace de se vendre au bloc adverse.

Étant fort, l'État est respecté. Dans les conférences internationales, dans les tractations diplomatiques, il sera toujours en position de force, ce qui est la seule manière d'éviter les conflits.

On se rappelle le toast prononcé par Raymond Poincaré au dîner d'adieux à bord du *France*, avant son départ pour la Russie : « La paix dans la force, l'honneur et la dignité. » C'était le 23 juillet 1914. Neuf jours plus tard éclatait la guerre.

La faiblesse, au contraire, est dangereuse, car elle éveille des convoitises. C'est une provocation. Développons ce point de vue : une nation rose et bien nourrie, dotée d'une solide monnaie, de routes soigneusement entretenues, de banques imposantes avec des comptes à numéros bien en chair, c'est la brebis potelée, innocente, tentatrice, qui se pavane sous le nez du loup famélique ; elle ne fera pas de vieux os… Voire.

Toutefois, il ne suffit pas, pour un pays, d'être fort. Il doit être le plus fort. Son voisin, par voie de conséquence, va se trouver plus faible que lui. Il va naturellement en ressentir de l'humiliation, comme n'importe quel individu si un costaud venait, par bravade, rouler des mécaniques sous sa fenêtre. Pour tenter de remédier à cette situation infériorisante, il va s'armer à son tour, afin de rattraper, puis de dépasser, le niveau de son rival, lequel, par contrecoup, verra sa sécurité maintenant menacée. Le cycle est bouclé.

Bien que la sécurité soit une illusion, il n'est pas défendu de l'appeler de tous nos vœux. Cette attitude, étant absurde, n'en est que plus méritoire. Elle s'accompagne souvent de la conviction que, la sécurité atteinte, on commencera à désarmer ; ce qui est, on en conviendra, parfaitement inepte, puisqu'on ne peut obtenir la sécurité que par un armement constamment mis à jour. Mais les chefs militaires et civils n'en sont pas à une contradiction près. « Sécurité d'abord, désarmement après ! » glapissent à l'envi les Maginot, les Pétain, les Doumergue. Ce qui, en clair, signifie : « Désarmement jamais ! » Les leçons de l'Histoire corroborent parfaitement l'exactitude de cette affirmation. Le désarmement, c'est la grande galéjade des temps modernes, le serpent de mer des rigolos de la politique étrangère, la suprême bouffonnerie, au même titre que les plans de paix perpétuelle. Mais, comme c'est souvent le cas dans les numéros de clowns, où les grimaces comiques cachent une profonde tristesse, la liste pitoyable des conférences de désarmement laisse dans le cœur une sourde mélancolie.

☆

Est-ce pour se donner bonne conscience ? L'Église a été l'une des premières institutions à tomber dans le piège des nobles initiatives démenties par les faits. L'interdiction aux convertis de reprendre les armes après avoir reçu le baptême, l'engagement demandé aux chevaliers de ne pas faire la guerre, le projet de la « trêve de Dieu [248] * » furent de retentissants ratages.

La Révolution française ne fit pas mieux. A peine Mirabeau et Desmoulins, emportés par leur enthousiasme, ont-ils licencié l'armée qu'ils s'en mordent les doigts : l'ennemi est aux portes, il faut rappeler dare-dare les militaires. La guerre va durer vingt-cinq ans. Napoléon vaincu, l'Angleterre et la Russie pensent que le temps est venu de réduire leurs forces. Elles s'attardent tellement sur cette pensée réconfortante qu'elles ne vont pas plus loin.

En 1887, l'Institut de droit international envoie aux gouvernements une adresse en vue de la limitation des dépenses et des effectifs. Trois pays vont y donner suite : l'Uruguay diminue ses troupes de 25 %, l'Argentine et le Chili décommandent deux navires et en vendent deux autres.

C'est en 1920 que le désarmement devient un trait essentiel des instances internationales, avec la première Commission permanente créée par la Société des Nations. Les réunions vont désormais se suivre et se ressembler. 1922 : Congrès spécial. 1930 : Congrès de désarmement. 1932 : Conférence de Genève sur le désarmement.

On pouvait croire que le petit intermède 1939-1945 allait calmer, sous la pluie des bombes et des obus, les ardeurs des professionnels du désarmement. Grave erreur ! Un mois avant le déferlement des blindés allemands sur notre pays, le président Paul Reynaud voit, dans sa boule de cristal, la victoire de la

France, l'établissement de la paix, et le règlement définitif du problème du désarmement.

Le président Roosevelt, en janvier 1941, a une vision du même genre, qui lui permet de discerner « la libération de la crainte, ce qui équivaut à une réduction générale des armements, réduction si complète et si absolue, sur toute la surface de la terre, qu'aucune nation ne sera en mesure de commettre un acte d'agression armée contre aucun de ses voisins où que ce soit – dans le monde entier [249] ». Peu de temps après, il se met d'accord avec Churchill et Staline pour inscrire dans la Charte des Nations unies l'idée d'un « allégement du fardeau écrasant des armements » – auxquels les nations sont incitées à ne consacrer qu'une minuscule partie de leurs ressources. [250]

1946 : le deuxième conflit mondial est terminé, mais la bombe a explosé. L'Assemblée générale de l'ONU vote la création d'une Commission atomique chargée d'éliminer les armes nucléaires et de destruction massive, et d'organiser un contrôle effectif des armements. [251] (En 2003, après un bon demi-siècle de palabres et d'« accords » successifs, le problème est loin d'être réglé, sinon sur le papier.)

Février 1947 : création d'une Commission des armements classiques. 11 janvier 1952 : création d'une Commission permanente du désarmement. 10 mai 1955 : proposition soviétique pour une réduction des forces armées de toutes les nations et pour l'interdiction des armes atomiques. Sans suite. 21 juillet 1955 : dramatique proposition du président Eisenhower au Sommet de Genève pour l'échange d'informations sur l'ensemble des établissements militaires et l'autorisation réciproque d'effectuer des photographies aériennes sur tout le territoire. Le président Edgar Faure exprime son émotion et déclare qu'à partir de ce moment historique quelque chose a changé dans le monde en ce qui concerne le désarmement. [252] Sans suite. Novembre 1958 : tous les États membres de l'ONU sont admis à la Commission du désarmement. On ne voit pas en effet pourquoi seuls quelques privilégiés auraient le droit de se marrer. 7 septembre 1959 : les États de l'OTAN et ceux du pacte de Varsovie, désireux de plus d'intimité, se réunissent à dix à Genève. On y présente le dernier en date des plans de désarmement collectif. 20 septembre 1961 : Moscou et Washington publient une déclaration commune sur les principes du désarmement. 20 décembre 1961 : l'Assemblée des Nations unies approuve cette déclaration et la formation d'un nouveau Comité, ultérieurement baptisé Conférence du Comité de désarmement. 21 novembre 1962 : l'Assemblée générale des Nations unies vote une résolution en faveur d'un désarmement général et complet. 29 novembre 1965 : l'Assemblée générale demande la réunion d'une conférence mondiale du désarmement à laquelle tous les pays sont invités. 14 janvier 1967 et 12 juillet 1968 : traité de Tlatelolco sur la dénucléarisation de l'Amérique latine et traité de non-prolifération des armes nucléaires. On remarquera que lorsqu'il s'agit de définir une politique commune à l'égard des pays en voie de développement, les deux grandes puissances se mettent facilement d'accord. Il en va tout autrement lorsque les négociations portent sur leurs propres armements, comme c'est le cas pour les entretiens relatifs à la limitation des armes stratégiques (SALT). Ces derniers ont en effet débuté à Helsinki le 18 novembre 1969, après deux ans et cinq mois de conversations préliminaires. Ils ont fait l'objet de 127 sessions réparties sur vingt-huit mois. Le premier traité (SALT 1) a été signé par messieurs Nixon et Brejnev le 26 mai 1972, pour une durée de cinq ans. Comme il ne limitait que le nombre des lanceurs d'engins mais ne fixait aucun plafond à celui des ogives nucléaires ni à leur puissance, il n'arrêta en aucune façon la course aux armements, et le deuxième cycle des négociations (SALT 2) put dès lors être entrepris.

Les tractations sur les armements stratégiques n'ont pas empêché de fleurir d'autres propositions, plus générales, sur le désarmement. En 1971, à l'Assemblée générale des Nations unies, l'URSS a relancé l'idée de convoquer une conférence mondiale du désarmement, et en 1972 on a voté une recommandation pour créer une commission chargée de recueillir les vues des gouvernements sur l'opportunité de réunir une conférence mondiale du désarmement.

Le 31 janvier 1973, à Vienne, débutent les conversations sur la réduction mutuelle et équilibrée des forces en Europe. En juillet de la même année, à Helsinki, s'ouvre la conférence sur la Sécurité et la Coopération en Europe. Elle aboutit, en moins de deux ans, à un résultat inespéré : les participants s'engagent à faire connaître leurs projets de manœuvres militaires et à y convier des observateurs.

Août 1976 : à la conférence de Genève, l'URSS soumet un schéma de traité interdisant les nouvelles armes de destruction massive. Sans suite. Août 1977 : après trois ans de négociations infructueuses, le second cycle SALT est dans l'impasse et après quatre ans d'entretiens non moins infructueux, la réduction mutuelle et équilibrée est restée en suspens. En l'honneur du soixantième anniversaire de la révolution d'Octobre, M. Brejnev propose « la cessation simultanée de la production des armes nucléaires par tous les États » et la réduction graduelle des stocks « jusqu'à leur liquidation totale ». Sans suite.

25 janvier 1978. On prépare la session spéciale de l'ONU sur le désarmement qui doit se tenir en mai. La France, qui a longtemps boudé les papotages internationaux, se doit, pour sa rentrée dans le grand music-hall des Nations unies, de faire un numéro exclusif. Elle avance un certain nombre de propositions plus ou moins inédites tout en soulignant, dans son préambule, que « l'objectif de sa politique ne saurait être l'utopie d'un monde entièrement désarmé ». Cette prise de position réaliste est malheureusement contredite par un passage du mémorandum remis au Comité préparatoire le 28 février, où il est stipulé que « l'idéal du désarmement général et complet doit être maintenu comme objectif ultime ». Il y a probablement une version « intérieure » destinée en premier lieu aux états-majors et à l'opinion publique française bon teint, et une version « extérieure » réservée aux gogos de l'opinion mondiale.

8 janvier 1978 : après 129 discours, le débat général de l'ONU sur le désarmement se referme. Outre les vœux habituels sur l'arrêt de la fabrication des armes nucléaires, la réduction des stocks jusqu'à leur disparition complète, la renonciation à l'accroissement des

forces armées et la réduction des budgets militaires, une double décision concrète et tout à fait originale a été prise, celle de créer, d'une part, un Comité du désarmement, qui remplace la Conférence du Comité de désarmement en existence depuis 1962, et d'autre part une Commission du désarmement, qui remplace la défunte Commission permanente du désarmement.

Si l'on ne savait pas que les personnes qui dirigent le monde jouissent de toutes leurs facultés, on en arriverait à se poser des questions, à moins de considérer ces rencontres comme des réunions mondaines, entre gens de bonne compagnie. C'est la seule façon d'expliquer cet acharnement à vouloir réaliser coûte que coûte un projet qui a *toujours* échoué, de quelque façon qu'on ait abordé le problème.

Nous arrêterons là l'énumération des « efforts » de désarmement consentis par les puissances, nucléaires ou non. Depuis la chute du Mur de Berlin et la fin proclamée de la guerre froide au début des années 90, cette « course » à l'arrêt de la « course » aux armements a repris de plus belle. On nous promet des destructions massives de stocks d'engins nucléaires – et l'on en a de fait détruit certains. Mais, qu'on se rassure, c'est pour faire de la place aux technologies de demain, tellement plus rentables… et continuer de jeter la poudre de l'illusion aux yeux des braves citoyens, à qui l'on ne cesse d'expliquer que tout est mis en œuvre pour parvenir à la paix.

Car on a tout essayé, sauf, cela va de soi, le désarmement unilatéral, dont les adeptes sont généralement tenus pour des malades mentaux. « La bonne volonté sans défense, disent ces malheureux, est la seule politique que personne n'a jamais tentée […] Son impact pourrait être formidable. Elle pourrait électriser tous les amoureux de la paix dans le monde. Un nouvel esprit soufflerait, d'autres pays suivraient ce premier exemple, la confiance serait peu à peu restaurée, l'ensemble de la situation internationale serait transformée, tout deviendrait possible.[253] » Sans commentaire.

Le désarmement progressif, multilatéral et contrôlé, désormais à la mode, est mieux vu des cercles politiques, mais il n'a pas plus d'avenir. On ne pourra jamais se mettre totalement d'accord sur une inspection internationale réellement efficace, même si elle est techniquement envisageable, pour la bonne raison qu'elle constitue une intolérable atteinte à la souveraineté nationale. Soulignons, au passage, la cohabitation cocasse du pacte, qui implique la confiance, et du contrôle, fruit de la méfiance.

Le désarmement sectoriel n'a pas plus de chances d'aboutir. On n'en persiste pas moins à le mettre en œuvre, avec le succès que l'on sait. Il porte en lui le germe de son échec. En supposant qu'on parvienne à une entente sur l'interdiction de telle ou telle catégorie d'armement, comment en effet proscrire à l'avance les armes à ce jour inconnues ? Comment prévoir dans un protocole les futures découvertes des techniciens et des savants ? Faut-il empêcher les inventeurs d'inventer ?

Il y a enfin le désarmement général, complet et intégral – par suppression de toutes les armées. Le président Giscard d'Estaing a bien fait d'en sourire, et de reprendre à cette occasion la comparaison classique : supprimer les armements dans le monde, c'est comme si l'on supprimait en France les forces de sécurité ; cela n'est pas sérieux. [254]*

Nous voulons toutefois, très respectueusement, faire remarquer au président Giscard d'Estaing que cette argumentation comporte une petite faille. Les armements, sur le plan international, correspondent aux armes individuelles sur le plan d'un pays, et non pas à la police de ce pays. Cette dernière, qui se situe au-dessus des citoyens, correspondrait à une force internationale qui se situerait au-dessus des États – laquelle n'existe pas… ou n'existe que de façon ponctuelle, soigneusement « limitée », dotée au surplus de moyens ultralégers, et se trouve donc pratiquement inopérante.

☆

Un armement redoutable n'est pas seulement, pour un pays, un gage de sa sécurité ; c'est aussi un gage de paix pour le monde. Nous ne nous avancerions pas à proférer des vérités aussi surprenantes si nous n'avions la caution de personnages de grande valeur, dont la culture, la sagesse et l'expérience nous offrent toutes les garanties. Ajoutons toutefois que d'autres personnalités, dont la culture, le savoir et l'intelligence ne sont pas moins respectables, pensent que la thèse suivant laquelle l'accumulation frénétique des moyens de combat est un gage de paix mondiale doit être considérée comme un magnifique attrape-nigaud, ce qui, à première vue, paraît plus vraisemblable. De même que la charrue est faite pour labourer, l'auto pour rouler, le bateau pour naviguer, l'armée est faite pour combattre, et les armements pour servir.[255]* Ou alors, si l'armée n'a vraiment pas d'autre fonction que de défiler le 14 Juillet, de nettoyer les plages envahies par la marée noire ou de remplacer les éboueurs en grève, c'est un instrument dont le coût est hors de proportion avec les services rendus.

Les frais d'entretien d'une armée étant, de toute manière, considérables, autant les faire servir à donner au pays qui accepte un tel sacrifice financier la prépondérance absolue, dont nous avons vu qu'elle était la condition essentielle de sa sécurité. Mais soyons logiques : comment saura-t-il qu'il est le plus fort s'il ne possède aucun élément de comparaison ? Il va donc surveiller étroitement ses voisins et tâcher d'apprendre, par tous les moyens, y compris les moins orthodoxes, les effectifs et l'armement dont ils disposent. Les voisins, bien entendu, vont en faire autant à son égard, et nous entrons ainsi dans le règne de la méfiance réciproque. Une nation se montre-t-elle turbulente, un peu trop dynamique ? Attention. Elle a des idées de conquête derrière la tête. Soyons vigilants. Méfions-nous. Une autre se montre-t-elle au contraire conciliante, ouverte au compromis ? C'est cousu de fil blanc. Son « offensive de paix » est destinée à endormir nos craintes, à tendre un rideau de fumée à l'abri duquel elle va consolider ses positions. [256] Méfions-nous. Soyons vigilants. Cherchons toujours et partout, derrière les mots, et même derrière les actes, les intentions cachées, les restrictions mentales, la mauvaise foi, les faux-fuyants, la duplicité. Lorsque le président Sadate, au risque de se mettre à dos le reste des pays arabes – ce qui est arrivé –, prend son courage à deux mains, entreprend sa visite historique à Jérusalem, s'adresse au parlement et au peuple d'Israël, il est bon qu'il y ait, à côté de la foule naïve, des gens prudents, tel le général Gour, qui sait à merveille tempérer les enthousiasmes. « Il faut, déclare-t-il à l'époque, qu'il soit bien clair pour le président Sadate que s'il prépare une nouvelle ruse [...] son intention ne nous échappe pas. [257] » Peut-on accueillir plus cordialement un homme de bonne volonté ?

Un pays peut nous inspirer une confiance totale, nous apparaître comme pétri de bonnes intentions et débordant de loyauté, comment savoir si ces heureuses dispositions vont durer ? Rien n'est plus fragile que le pouvoir. Il est à la merci d'une élection défavorable, d'un renversement de majorité, de la disparition d'un leader, d'un coup d'État, d'une campagne de presse, d'une crise économique, d'un krach financier. D'un instant à l'autre, tout peut changer, le chien devient un loup, les serments sont oubliés ou trahis, les pactes déchirés, « le danger est à nos portes [258] ».

Un gouvernement sérieux ne doit jamais se laisser surprendre. La méfiance tous azimuts doit être le deuxième élément fondamental d'une politique étrangère digne de ce nom, après celui de la sécurité, dont il est d'ailleurs le corollaire. Alors même qu'il rend visite à un peuple ami, qu'il serre avec effusion les mains qu'on lui tend, qu'il embrasse ses dirigeants, qu'il consolide pour la vingtième fois les liens traditionnels qui unissent les deux pays, l'homme d'État doit continuer, en douce, par l'intermédiaire de ses espions, à fourrer son nez dans les secrets de son petit camarade, à regarder par le trou de la serrure, à coller son oreille à la cloison, à faire ses poches et à ouvrir ses lettres, au cas où le perfide lui cacherait quelque vilain projet. C'est ça, la diplomatie. Ne jamais faire confiance, tout envisager, même le pire, prêter à autrui les intentions les plus malveillantes, se persuader qu'il n'hésitera pas à mentir, à tricher, à retourner sa veste, comme on le ferait soi-même, « si les circonstances l'exigeaient ».

Le président Truman a prononcé naguère une phrase qui mérite réflexion : « Lorsque la confiance sera restaurée, le désarmement sera enfin possible.[259] » Il semble outrecuidant de notre part de mettre en doute le réalisme du propos, et pourtant, nous ne pouvons nous empêcher de nous demander comment on peut restaurer la confiance entre les nations aussi longtemps qu'elles sont férocement armées et que chacune, en outre, ignore quel est exactement le potentiel militaire des autres.

Il semble que le Président américain, comme de nombreuses autres personnalités qui ont fait des déclarations du même genre, ait négligé le fait, pourtant capital, que les deux termes de son raisonnement, confiance et armement, sont absolument incompatibles, et que leurs deux antonymes, en conséquence, méfiance et désarmement, sont les deux composantes d'un cercle où se trouve irrémédiablement enfermée la politique internationale. Aucune force au monde ne peut s'opposer à ce cycle infernal : la méfiance entraîne le réarmement, le réarmement à son tour augmente la méfiance, qui à son tour intensifie le réarmement. Tel est le processus inexorable, irréversible, qui explique et éclaire la course aux armes et la tension universelle qui en est le résultat.

Cette tension laisserait-elle à désirer qu'il serait un jeu d'enfant de lui redonner de la vigueur. Les combines ne manquent pas. On peut, par exemple, faire quelques déclarations alarmantes, sans qu'il soit d'ailleurs indispensable d'attendre une longue période de paix et l'engourdissement qu'elle provoque dans les esprits. Ainsi le général Lacroix, au lendemain de la guerre de 14-18, ne laisse pas souffler nos gars ; huit mois à peine se sont écoulés depuis le dernier coup de canon et l'odeur de la poudre flotte encore dans l'air qu'il déclare rondement : « Il est bon que nos enfants se souviennent et soient prêts, si c'était nécessaire, à lutter pour la même cause.[260] » Après le deuxième conflit mondial, on ne laisse pas davantage se refroidir le banquet de l'armistice. Très vite les compagnons d'armes qui viennent de combattre au coude à coude se traitent amicalement de voleurs et d'assassins, disent qu'ils doivent se préparer dès maintenant à se faire face, et se demandent même s'il ne conviendrait pas d'attaquer le premier. Tel secrétaire d'État suppute le pourcentage de la population et de la capacité industrielle qu'une bonne giclée de missiles nucléaires pourrait détruire dans le camp adverse, un article de presse évoque la façon dont la « prochaine » commencera, un célèbre magazine décrit, avec un grand luxe de détails, le déroulement des opérations et son heureux aboutissement, [261] des livres, des films sont consacrés au prochain conflit, [262] et dès qu'une crise grave éclate, on parle aussitôt de guerre, voire de guerre mondiale, car il faut maintenir la pression. Sinon le commerce des armes pourrait s'effondrer.

Au reste, ces analyses pessimistes sont un peu comme les sermons des curés de campagne sur les épouvantes et les tortures de l'enfer : elles finissent inévitablement par un appel à la bourse, par une demande de crédits supplémentaires pour tel ou tel chapitre du budget militaire, à telle enseigne qu'on peut se poser la question de savoir si toute l'opération n'a pas été montée dans ce but. Remarquons, en passant, qu'à la différence des autres groupes de pression, le lobby militaire est le seul à faire lui-même la collecte des informations relatives aux « concurrents », informations qui lui servent ensuite à justifier ses demandes. Il joue sur le velours.

Il va sans dire que l'utilisation de ces pressions psychologiques doit être discrète et subtile. Pour éviter à tout prix de passer pour belliqueux, le chef d'État souffle tour à tour le chaud et le froid ; d'une main il distribue des rameaux d'olivier, des appels à l'entente, à la détente ; de l'autre il signe des commandes pour un sous-marin nucléaire, quelques nouveaux engins, des avions porteurs de bombes. Et s'il parle désarmement dans les conférences internationales, il parle armement dans les conversations privées, les réunions confidentielles et les comités restreints.

Ces acrobates de la contradiction sont de tous les bords. On en trouve aussi bien à droite qu'à gauche ou qu'au milieu, chez les travailleurs comme chez les travaillistes, chez les Américains, les Russes ou les Anglais, chez les républicains, qu'ils soient populaires ou impopulaires, comme chez les libéraux, qu'ils soient avancés ou attardés. Leur recette est toujours sensiblement la même, seule la forme change. « Nous devons en même temps bâtir notre force et travailler pour la paix... [263] » « Pour conserver cette paix, nous avons besoin d'une armée forte... [264] » « Il ne faut pas perdre une occasion de diminuer la tension internationale, mais il nous faut en même temps maintenir notre puissance militaire au niveau convenable... [265] » « En attendant le jour où toutes les nations seront d'accord pour négocier sérieusement le problème du désarmement, nous devons construire notre défense aussi vite et aussi complètement que possible... [266] » « Nous pensons que la paix universelle serait avancée par une réduction énergique et générale des armements, et pour atteindre ce but, nous développerons nos forces militaires... [267] » « La plus sûre garantie de la paix est la force militaire. [268] » Autrement dit, et en faisant la synthèse des affirmations ci-dessus : un seul objectif, le désarmement ; un seul moyen, le réarmement.

La formule est audacieuse. Peut-être est-ce là que se trouve la raison de son énorme succès. Pas un pays qui ne l'applique ; vaste ou minuscule, désertique ou fertile, obèse ou affamé, ayant maille à partir avec son entourage ou venant tout juste de signer la paix, chacun des États de la planète n'a qu'une obsession : s'armer.

A cet égard, un coup d'œil aux budgets militaires vaut mieux qu'un long discours. Les dépenses mondiales pour la préparation de la guerre, calculées en monnaie constante, ont augmenté de 15 % entre 1970 et 1977, et de 60 % par rapport à 1960. Elles n'ont cessé de croître depuis, y compris en Russie, et bien entendu aux USA, sans parler de l'Afrique, de l'Asie et du Moyen-Orient. [269] * En même temps les effectifs militaires mondiaux sont passés de 16 à 23 millions d'hommes. Si l'on y ajoute les forces paramilitaires, on arrivait en 1997 à un total de 36 millions d'individus qui, sous tous les climats, dans toutes les langues, s'entraînaient pour se faire périr mutuellement de la façon la plus expéditive. Ce nombre, est-il besoin de le préciser, est nettement supérieur à celui des professeurs, des infirmières et des médecins qui, sous les mêmes climats et dans les mêmes langues, essaient d'enseigner à leurs semblables la compréhension réciproque et de les sauver de la maladie et de la mort.

Curieusement, ce sont souvent les pays en voie de développement qui font preuve de la plus grande abnégation. Ils n'hésitent pas à consacrer une proportion considérable de leur P.N.B. (Produit National Brut) à entretenir, améliorer, compléter leur panoplie. Qu'on en juge par les chiffres ci-dessous...[270] qui seraient bien sûr à mettre à jour (le présent ouvrage demanderait d'ailleurs à être mis à jour chaque semaine !) ; mais des chiffres « actualisés » ne feraient apparaître que quelques bizarreries de plus et ne changeraient en rien la donne. Soit donc cette « photographie » de l'effort militaire de chacun (en pourcentage du P.N.B.), datée de l'an de grâce 1979 :

Afghanistan	22,6 %	Libye	29,1 %
Birmanie	27,3 %	Oman	49,8 %
Burundi	24 %	Pakistan	33,2 %
Chili	53,1 %	Arabie Saoudite	26 %
Haïti	25,4 %	Singapour	26,7 %
Inde	24,7 %	Somalie	25,5 %
Indonésie	30,6 %	Syrie	42,6 %
Iran	43,7 %	Taïwan	37,7 %
Israël	75 %	Tchad	25,2 %
Jordanie	26,8 %	Thaïlande	21,3 %
Corée du Sud	27,9 %	Vietnam du Nord	20,1 %
Koweit	55,6 %	Vietnam du Sud	64,8 %
Laos	53 %	Yémen (Rep. arabe)	66,9 %
Liban	24,3 %	Yémen démocratique	55,9 %

Si l'on compare à présent les budgets de la « défense » avec ceux de la santé, on voit que beaucoup de pays préfèrent sans discussion les casernes aux hôpitaux et les opérations militaires aux opérations chirurgicales. Il s'agit là surtout, de nations qui ont depuis peu acquis leur indépendance, et dont la première idée a été naturellement de construire leurs propres forces. Voici quels étaient, vers la même époque, les résultats d'études comparatives faites sur un certain nombre d'États, et qui montraient que l'argent absorbé par l'armée représentait, suivant les cas, entre 4 et 18 fois les sommes affectées à la santé. [271]

PAYS DU MOYEN-ORIENT :	dépenses militaires (en milliards de dollars)	dépenses de santé
Arabie Saoudite	7 157	950
Égypte	4 626	318
Iran	7 854	1 167
Irak	1 666	113
Israël	3 777	460
Jordanie	203	33
Oman	687	38
Quatar	240	45
Syrie	991	29
République Arabe du Yémen	80	8
République démocratique du Yémen	44	7
Total des pays du Moyen-Orient	28 835	3 706

AUTRES PAYS :	dépenses militaires (en milliards de dollars)	dépenses de santé
Afrique du Sud	2 138	140
Albanie	137	25
Birmanie	153	36
Corée du Nord	1 040	35
Corée du Sud	2 016	97
Guinée Équatoriale	5	1
Mauritanie	43	4
Pakistan	921	97
Paraguay	29	7
Philippines	550	141
Soudan	228	54

Taïwan	1 508	39
Tchad	24	4
Thaïlande	661	132
Turquie	2 700	385
Vietnam	800	58
Zambie	300	71

Ainsi, la priorité est claire. « Aucun autre objectif social, aucune autre responsabilité officielle ne reçoit une aide financière aussi forte que la fonction militaire. [272] » Alors que plus de 6 % du P.N.B. des nations industrialisées va dans la fabrication des armes, 0,3 % (ou moins) sera consacré à l'aide au tiers monde. Et pas n'importe comment : il n'est pas question de secourir les plus besogneux, ceux qui sont dans la détresse. Charité bien ordonnée commence par soi-même. Il convient de soutenir les États appartenant aux zones de tension ou aux alliances militaires, histoire d'élargir encore un peu mieux le fossé creusé entre les riches et les pauvres.

A l'échelon planétaire, la famille moyenne paie davantage d'impôts pour favoriser la course aux armements que pour éduquer ses enfants. Et, contrairement au Tour de France, cette formidable compétition internationale ne finit jamais. Notre globe est littéralement truffé de silos, hérissé de canons, encombré d'avions, tendu de radars, et dans ses eaux grouillent des milliers de vedettes, de porte-aéronefs et de sous-marins lanceurs d'engins. Bref, les puissances nucléaires ont de quoi détruire la planète entre 30 et 70 fois, ce qui pourrait passer pour du gâchis : mais ne nous plaignons pas, la mariée, même morte, n'est jamais trop belle.

☆

Nous avons tendance à croire que notre XXe siècle a tout inventé. La course aux armements est vieille comme le monde, et le concept de la dissuasion ne date pas d'hier. [273] * A peine l'homme a-t-il appris à tailler le silex qu'un voisin de grotte, plus malin, fixe la pierre à un bâton pour en faire une lance. Bientôt un bricoleur astucieux invente l'arc, qui permet d'occire de loin avec exactitude. Aussitôt les timorés s'écrient que cette arme est diabolique, qu'elle ne comporte aucune parade et que la guerre est devenue impossible. On connaît la suite. L'arc fait place à l'arbalète, que le concile de Latran, en 1139, condamne solennellement, mais qui a devant elle une brillante carrière. Lorsque apparaissent les armes à feu, c'est un tollé général, les mêmes poules mouillées parlent de déshonneur et d'infamie. Mais fusils et canons font du très beau travail; il ne serait pas raisonnable de s'en défaire. La guerre de Sécession voit les mitrailleuses débiter leurs premières rafales. « Cette boucherie n'est pas un combat », dit quelqu'un. En 1914, lorsque les premiers avions lancent leurs bombes, un général français s'oublie jusqu'à proclamer que ce n'est plus faire la guerre. On aurait dû le fusiller pour manque de perspicacité. Quelques mois plus tard, le sous-marin allemand U9 coule trois croiseurs anglais avec 2 500 hommes d'équipage. On crie au scandale : ce n'est plus un acte militaire, c'est un lâche assassinat. Au bout de quelques semaines, les sous-marins alliés sillonnent les mers et assassinent les matelots allemands avec une lâcheté tout à fait identique. Quant aux gaz asphyxiants, après avoir révolté les moralistes, ils seront utilisés sur tous les fronts. Car, n'en déplaise aux sermonneurs, « au point de vue humanitaire, il n'est pas plus cruel d'étouffer les ennemis par les gaz que de les noyer avec des torpilles [...] Chaque moyen nouveau de faire la guerre est toujours considéré au début comme barbare, pour finir généralement par être adopté [274] ».

La bombe atomique a connu un sort semblable. Dès son apparition fulgurante, les rabat-joie prophétisent que nous entrons dans une ère sans précédent, que l'arme nucléaire est si terrifiante qu'elle ne sera jamais employée, et qu'elle a donc définitivement banni la guerre. On se persuade qu'aucun chef d'État ne prendra le risque d'appuyer le premier sur le bouton : c'est l'équilibre de la terreur.

Cette conception dramatique des dirigeants de l'époque s'explique par le traumatisme dont ils venaient d'être victimes. Il faut les comprendre. Le bombardement de Hiroshima avait frappé les imaginations, en même temps que le Japon. Il était encore frais dans les mémoires. On se rappelait que la bombe avait tracé autour d'elle un « cercle de la mort totale » d'un kilomètre environ. Au-delà, entre un et deux kilomètres du « point zéro », 35 % des habitants avaient péri, soit immédiatement, soit après des heures ou même des jours de souffrances indicibles. Ils étaient en effet brûlés d'une façon atroce, « pelés comme des pommes de terre » ; selon un témoin, la peau pendait de leurs visages et de leurs mains, sur beaucoup d'entre eux les brûlures avaient photographié les dessins de leurs vêtements, et ils erraient, nus, hagards, dans cette ville interdite, isolée du reste du monde, où aucun secours ne parvenait.

Sur plus de six kilomètres carrés, la cité avait été littéralement oblitérée, les poutres d'acier situées à proximité du point d'impact avaient été tordues et nouées, tous les vaisseaux avaient été coulés dans un rayon de 1 500 mètres, des milliers de maisons avaient entièrement brûlé.

Le total des pertes en vies humaines de la bombe de Hiroshima a fait l'objet de nombreuses controverses. Les Américains ont annoncé le chiffre de 70 000, sans tenir compte des militaires de la garnison qui périrent, et de tous les individus qui sont morts depuis, et qui continuent de mourir, à l'hôpital de Hiroshima, des séquelles de la « maladie atomique », leucémie, cancer du poumon, de l'estomac ou du sein. [275]* Une estimation plus exacte est probablement celle qu'a publiée, en 1949, le maire de Hiroshima, selon laquelle il y aurait eu en tout 240 000 morts. Pour ce qui concerne le bombardement de Nagasaki, les Japonais admettent qu'il y eut environ 80 000 tués et 50 000 à 60 000 blessés.

Les précisions ci-dessus ne doivent pas toutefois nous inquiéter. L'affaire fut loin d'être aussi catastrophique que certains voulurent le laisser croire. Les Japonais – qui les en blâmerait ? – ont été d'abord interloqués. Ceux qui n'avaient pas succombé à l'explosion succombèrent à la tentation, bien naturelle, de noircir le tableau. On assura qu'il se passerait plus de dix ans avant que la ville soit de nouveau habitée, que rien ne pousserait à cet endroit pendant cinquante ans, que les survivants seraient stériles, que leurs enfants seraient difformes.

Or qu'est-il arrivé ? L'agglomération a été reconstruite en moins de deux. Le port a retrouvé son activité. La population a rattrapé, puis largement dépassé son niveau d'avant-guerre. Grâce à la bombe, les vieilles maisons de bois ont disparu au profit de rutilants immeubles en béton, les rues tortueuses ont été remplacées par de vastes avenues rectilignes qui font de Hiroshima la ville la plus moderne du Japon. Quant aux survivants, loin d'être frappés de stérilité, ils ont eu plus d'enfants que leurs voisins, et ceux-ci sont « désespérément beaux ». Résignons-nous à être déçus, comme le dit si finement le médecin qui dirige la Commission d'enquête américaine chargée d'étudier les conséquences des radiations, pas un seul petit monstre parmi les rejetons des atomisés de Hiroshima et de Nagasaki, pas un seul nouveau-né à deux têtes ou à trois yeux.[276]* Dommage, mais il faut en prendre son parti.

Sans doute, depuis 1945, avons-nous accompli des progrès grandioses. Il y a eu surtout la bombe à hydrogène, qui s'est révélée considérablement plus puissante que celle de Hiroshima, laquelle finit par apparaître, en comparaison, comme un petit pétard de carnaval.

Devant cette merveille de la technique, les marchands d'apocalypse reprennent leurs pleurnicheries. C'est la fin de la civilisation, disent-ils. Nous voici parvenus au terminus. Encore une crise, et c'est l'holocauste, l'anéantissement de la race humaine, la disparition de toute vie sur la planète…[277]*

Comment ne sommes-nous pas encore vaccinés contre les élucubrations de ces pythonisses atrabilaires ? Leur refrain est pourtant familier. Montesquieu – déjà – voyait dans le désarmement une question de vie et de mort pour la civilisation ! Et combien d'autres depuis, surtout à la suite du premier conflit mondial, ont prédit qu'une nouvelle guerre ferait retomber la terre entière dans sa barbarie primitive, qu'on ne pourrait en relever les ruines, que l'histoire du monde serait achevée…[278*] Or nous avons connu une Deuxième Guerre mondiale, et jamais notre univers n'a été plus peuplé, plus perfectionné, plus riche, plus florissant. Du moins pour une minorité d'entre nous. Voilà qui donne la véritable mesure des cris d'alarme de nos bons apôtres.

La bombe à hydrogène n'est certes pas une plaisanterie. Un seul engin de vingt mégatonnes (on peut, semble-t-il, aller bien au-delà) représente quinze fois le total des bombes lâchées sur l'Allemagne entre 1939 et 1945. Ce qui équivaut à mille fois l'explosion de Hiroshima. Mais rassurons-nous : ses effets ne sont pas mille fois plus importants. La température du gaz qui se forme au bout de quelques secondes ne dépasse pas sept millions de degrés centigrades. Un mur de brique de trente centimètres d'épaisseur ne craque que s'il se trouve à moins de vingt kilomètres du point d'impact. La radiation thermique n'allume pas d'incendies au-delà de trente kilomètres, et ne cause de brûlures du deuxième degré que dans un rayon d'une quarantaine de kilomètres. Quant aux irréparables dommages occasionnés à tous les organismes vivants – cultures, cheptel et habitants – ainsi qu'aux réserves en eau et à la couche d'ozone, il faut se garder d'en exagérer la gravité.

La bombe atomique possède par ailleurs une grande vertu. Malgré les apparences, son coût n'est pas prohibitif. C'est même, comme le disait naguère le général américain Taylor, « la plus économique de toutes les armes, puisque les destructions, dans une guerre future, coûteraient trois fois plus cher à la victime que l'arme n'en aura coûté à l'agresseur[279*] ». Ainsi, pour détruire l'agglomération parisienne qui, avec sa population de quelque six millions de personnes, occupe une surface d'environ quarante kilomètres de côté, une seule bombe H pourrait faire l'affaire, à condition d'être bien placée. La dépense, par tête de mort, devient risible.

Il n'est donc pas question d'abandonner une arme à la fois aussi rentable et aussi efficace. On la garde en réserve.

C'est d'ailleurs ce que font les États-Unis, la Russie et leurs petits collègues nucléaires, dont les arsenaux sont admirablement pourvus en marchandises de gros calibre. Nous devons toutefois admettre que les engins « mégatomiques » ont un léger défaut : c'est leur puissance même. Ils font peur et, par voie de conséquence, ils risquent de paralyser les efforts et de freiner la bienfaisante course aux armements. A partir du moment où les futurs belligérants ont plusieurs fois les moyens de la « destruction mutuelle assurée », la surenchère devient inutile. On marque le pas.

Or le repos, l'arrêt du mouvement, la stagnation, c'est l'antichambre du néant. Nos stratèges l'ont compris. Sous leur impulsion, le développement militaire a repris de plus belle sur des lignes différentes que nous allons maintenant étudier.

☆

Dans cette évolution, les considérations morales ou humanitaires n'ont, bien entendu, joué aucun rôle. L'effroi causé par la possibilité d'un suicide atomique universel n'est pas entré dans les calculs des militaires. Ce sont, avant tout, les nouvelles percées technologiques qui ont remis en question la stratégie mondiale.

La première doctrine était celle de représailles massives et automatiques. Elle représentait, à quelques nuances près, le point de vue de M. Foster Dulles et celui de M. MacNamara après la dernière guerre. On peut l'expliciter de la façon suivante : si vous lancez le premier une attaque nucléaire, nous ne pouvons pas, dans l'état actuel des choses, l'arrêter. Mais la faible précision de vos engins ne vous permettra pas de détruire d'un seul coup toutes nos forces atomiques. Il nous en restera suffisamment pour effectuer une deuxième frappe, que vous ne pourrez pas davantage éviter. Autrement dit, vous êtes sûrs de subir des « dommages irréparables ». Nous pulvériserons les deux tiers de votre capacité industrielle, nous réduirons en poussière plus de six cents de vos cités, et nous volatiliserons le tiers de votre population. A supposer qu'il y ait un vainqueur, il n'aura rien à prendre chez l'adversaire, il n'y trouvera que des ruines. La guerre, dont la fonction est de s'approprier les biens du vaincu, n'a dès lors plus de sens. Nous vous dissuadons d'entreprendre une action aussi stupide. Restons-en là.

Cette « stratégie anti-cités » ou « de deuxième frappe » présuppose deux conditions essentielles :

1° Il n'y a pas de parade à une attaque nucléaire.

2° Les objectifs militaires de l'adversaire (silos, bases) sont en majeure partie hors d'atteinte.

C'est la modification de ces deux données qui va entraîner celle de toute la politique militaire mondiale à partir de 1962.

1° Les techniciens mettent au point, vers cette époque, un système de protection contre certains missiles qui permet de les intercepter avant qu'ils ne fassent mouche. Cette innovation change brusquement les données de la dissuasion. Jusqu'ici, les populations et les villes étaient en quelque sorte des otages, qui apportaient la preuve de la bonne volonté générale : « Voyez comme mes intentions sont pures, je mets les bâtiments de mes cités et les poitrines de mes concitoyens à la merci de vos armes. » La protection fiche tout par terre. Il est vrai que les experts ne sont pas certains de l'efficacité du dispositif en cas de saturation par un grand nombre d'engins. Mais comme la vérification ne peut se faire qu'en « ambiance réelle », on continue à construire ce type de réseau, bien qu'il coûte des sommes astronomiques.[280] *

2° Entre 1962 et 1972 se manifeste avec brio la créativité des ingénieurs. C'est d'abord la naissance de ce charmant petit monstre à plusieurs têtes baptisé MIRV.[281] Capable de changer de direction au-dessus du territoire ennemi, il va pondre des charges nucléaires successives dans divers endroits bien choisis, éloignés les uns des autres de plusieurs centaines de kilomètres. Il y a mieux : des progrès décisifs ont été réalisés en matière de précision. Minuteman I, après un parcours de dix mille kilomètres, pouvait encore se tromper de deux kilomètres par rapport à la cible choisie. Avec Minuteman III, le « cercle d'incertitude » s'est rétréci à une centaine de mètres, alors qu'une marge d'erreur de deux cents mètres assure déjà la destruction ou l'obturation d'un silo. Et Minuteman III sera bientôt remplacé par le MX, plus perfectionné, qui, grâce à un système de positionnement relié à un satellite-base, ramène la marge d'erreur à quelques mètres. En outre, la puissance destructrice augmente avec la précision selon une courbe géométrique. C'est dire que les engins modernes ont une force de pénétration à laquelle nul silo ne peut résister, même enterré à plusieurs centaines de mètres de profondeur. Les cibles militaires terrestres ne sont plus hors d'atteinte.

Ainsi voit-on se profiler une nouvelle stratégie, dite « anti-forces », dont la conception a été avancée par M. Schlesinger alors qu'il était chef du Pentagone, entre 1973 et 1975.[282]* Les cibles privilégiées des engins nucléaires, ce ne sont plus les populations terrorisées, ni les villes avec leurs monuments et leurs usines, ce sont les forces militaires adverses. Voilà qui est plus chevaleresque. On ne détruit plus un pays avant son armée, comme c'était le cas avec la méthode précédente. L'armée a cessé de compter pour du beurre. On s'attaque d'abord à elle. C'est un retour bienvenu à la normale.

Les opérations peuvent avoir deux aspects.

Le premier est à la fois stratégique et tactique. Stratégique parce qu'il est fait appel aux engins intercontinentaux que l'on classe d'ordinaire parmi les armes stratégiques; tactique, parce qu'il s'agit de cibles militaires et non plus civiles. La démarcation entre stratégique et tactique n'est d'ailleurs pas forcément lumineuse, et le dictionnaire Robert a raison lorsqu'il fait remarquer que « dans le langage courant, stratégique n'est pas toujours bien distingué de tactique ». Le cas du Tupolev 26 est une bonne illustration de cette remarque : c'était une arme tactique, disaient les Russes ; son rayon d'action ne dépasse pas 2 500 kilomètres, il ne peut être utilisé que sur le champ de bataille. C'est un avion stratégique, répondaient les Américains, il possède une sonde de ravitaillement en vol qui lui permet de traverser les océans et de bombarder nos centres industriels à l'aide de ses missiles embarqués. Le litige a failli faire capoter la signature des accords SALT II.

Quoi qu'il en soit, la première option, baptisée « de première frappe », consiste à déclencher une attaque-surprise foudroyante qui, d'un seul coup, met hors d'état l'ensemble des moyens nucléaires terrestres de l'adversaire. Il n'y a qu'un round : la guerre, en quelques secondes, se termine par K.O. Nous verrons, dans un instant, que le processus de la « première frappe » comporte encore quelques points noirs qui expliquent qu'il n'ait pas été mis en pratique.

Le deuxième aspect de la stratégie anti-forces est celui de la « riposte graduée ». On commence par engager dans la bataille les forces conventionnelles : chars, avions, canons, troufions. Dès qu'on s'aperçoit que ça cafouille, on fait intervenir le feu nucléaire tactique, d'abord à petites doses, puis en augmentant progressivement les quantités. Ceci n'est possible que grâce à la miniaturisation et à la grande diversification des armes tactiques, dont chacune est adaptée à des missions précises.

Si l'adversaire est assez désagréable pour employer, lui aussi, ce type d'armes, on va faire appel, par étapes, à des engins de plus en plus musclés jusqu'au moment où il faudra se résigner à faire donner les grandes orgues. Bien entendu, on peut espérer ne pas en arriver là mais, de toute façon, on pourra toujours dire qu'on y fut contraint par le jeu de la surenchère et qu'on décline toute responsabilité quant aux conséquences.

La stratégie anti-forces donne ainsi l'occasion au public de fréquenter familièrement l'arme atomique. On découvre que la bombe n'est qu'un « tigre de papier », pour reprendre une formule chère au regretté président Mao. Elle perd son prestige satanique, elle devient plus proche, à tous les égards. Le fait qu'elle se glisse à présent dans le matériel le plus courant, sous les formes les plus anodines, nous la rend moins inquiétante. Ce n'est plus le soleil de l'apocalypse, c'est « une arme comme les autres[283] * ». On s'habitue au nucléaire, on le démystifie, l'atome prend sa place dans nos structures de pensée, dans nos projets, dans notre quotidien ; on apprivoise la mégamort.

En même temps, la nuance entre le nucléaire et le conventionnel s'effiloche. On passe insensiblement de l'un à l'autre. Le même outil peut être atomique ou classique à volonté. La bombe à neutrons favorise cette confusion. Elle est de conception thermonucléaire, mais elle se présente comme une simple parade à une offensive de blindés.

La guerre étant « redevenue pensable », l'hypothèse séduisante de la dissuasion doit désormais être rangée dans le magasin des farces et attrapes. Il n'y a plus de dissuasion. De la dissuasion par la terreur, nous avons glissé dans un système nouveau, celui qui vise à « mener et gagner une guerre », à « contrer plutôt qu'à punir ». Ce n'est pas nous qui le disons, ce sont les journalistes militaires, c'est une autorité comme M. Harold Brown, secrétaire d'État américain à la Défense, qui déclare : « Nous ne croyons plus sérieusement, à supposer que nous l'ayons jamais cru, que nous pourrions dissuader la plupart des actions hostiles par la menace de représailles nucléaires [284]* ».

De toute façon, cette évolution ne change rien au développement militaire. Quelle que soit la stratégie adoptée, il faut poursuivre l'effort, concevoir de nouvelles armes, chercher des perfectionnements, trouver des parades, des contreparades [285]. La recherche ne doit jamais s'arrêter. D'ailleurs le voudrait-elle, elle ne le peut plus.[286] Elle est emportée par son propre élan, elle échappe au contrôle des hommes politiques comme à celui des militaires, et les techniciens mêmes qui l'ont mise en route ne peuvent plus la maîtriser. Elle tourne toute seule. Tel un robot qui a pris le pouvoir, elle produit, sans plus nous consulter, des engins de plus en plus perfectionnés, de plus en plus meurtriers, qui sont, nous devons nous en persuader, les meilleurs gardiens de notre sécurité.

On en revient au vieil adage des Romains : *Si vis pacem, para bellum.* Quelle sagesse dans ces simples mots ! Réfléchissons : si tu veux la paix, prépare la guerre. Si tu veux l'entente entre les nations, prépare la lutte qui va les diviser. Si tu veux la concorde, prépare les canons. Si tu veux la fraternité, prépare le meurtre. Si tu veux l'harmonie, prépare le chaos. Si tu veux le blanc, prépare le noir. Si tu veux quelque chose, prépare son contraire. C'est l'évidence même, le fruit d'une logique supérieure. Ce n'est pas un hasard si cette maxime a traversé les siècles : elle est une des plus éblouissantes manifestations de l'intelligence humaine.

CHAPITRE VII

TABLE RASE

Lorsque Adolf Hitler déclare devant le congrès de Nuremberg : « Si nous avions les montagnes de l'Oural avec leurs incalculables réserves de matières premières, la Sibérie avec ses vastes forêts, et l'Ukraine avec ses prodigieux champs de blé, l'Allemagne, sous la direction nationale-socialiste, nagerait dans l'abondance [287] », on ne peut lui refuser le mérite de la franchise. Il y a même dans ses propos une sorte de fraîcheur inattendue.

La guerre a été largement utilisée par nos ancêtres pour des motifs purement économiques. Une peuplade n'a pas le temps de laisser faisander son gibier qu'il est chapardé par la peuplade voisine. De trop riches cultures, des pâturages trop gras font rouler des yeux jaloux aux populations limitrophes. Les pasteurs faméliques du désert se jettent sur l'Égypte, les marchands grecs poussent Alexandre à guerroyer pour des raisons bassement commerciales, et les Argonautes ne partent à la conquête de la Toison d'Or que parce que Jason et ses compagnons louchent sur les mines d'étain de Crimée. Quant aux tributs que paient les provinces et les villes soumises, ils sont une coquette source de revenus pour Rome, de même que la vente des captifs, bien que parfois, comme ce fut le cas après la victoire de Lucullus, leur nombre soit tel que leur prix descend à quelques drachmes, moins que le prix d'un poulet. [288]

On a souvent dit que les Croisés, en plantant là femme et

enfants, songèrent moins à la sauvegarde des lieux saints qu'à des richesses d'un caractère nettement terrestre. La guerre de 1672 entre la France et les Pays-Bas n'aurait pas eu d'autre motif que le désir fort respectable de Colbert d'éviter d'augmenter les impôts. Comme les caisses du royaume étaient vides, le moyen le plus commode pour les remplir était, aux yeux de notre ministre des Finances, de dépouiller la Hollande, dont les caisses étaient pleines. Si la rupture de la paix d'Amiens eut pour prétexte les railleries des journaux britanniques, certains prétendent qu'en réalité ce « fatal traité » parut aux dirigeants anglais « l'arrêt de mort de l'Angleterre » et la guerre, somme toute, « moins onéreuse[289] » qu'une paix ruineuse. Que les Espagnols aient fait sauter un cuirassé américain n'explique pas la guerre hispano-américaine de 1898 ; il faut plutôt chercher du côté des sucreries de Cuba, qui ne laissaient pas les États-Unis insensibles. Le meurtre d'un sujet britannique par un policier boer n'aurait été que le détonateur de la guerre du Transvaal, entreprise par les Anglais pour affranchir de taxes les mines qu'ils exploitaient.[290] Et les conflits qui déchirent aujourd'hui l'Afrique auraient pour enjeu non pas la libération des populations, mais les énormes réserves de cuivre, de diamants, d'or, de cobalt, de manganèse, d'uranium, de phosphates, de fer et de pétrole que se disputent les puissances.[291]

Faut-il inférer, à partir des précédentes données, que sous chacune des guerres se dissimulent des facteurs économiques qui en sont les véritables et uniques ressorts ? Beaucoup d'historiens et de sociologues franchissent le pas sans hésiter. Nous serons plus prudents. Il est difficile en effet de faire entrer dans ce schéma certaines réalités. Les guerres ne sont-elles pas généralement livrées aux peuples pauvres par les peuples riches, comme ce fut le cas des expéditions coloniales, et personne a-t-il jamais prétendu, à l'exception de l'intéressée, que l'Allemagne en 1939 était le parent pauvre de l'Europe, avec une industrie nulle, une petite armée minable et un armement vétuste ? Notons également que les USA et l'URSS, dont l'antagonisme « officiel » a dominé près d'un demi-siècle de l'histoire du monde, occupaient des territoires considérables, n'avaient aucun problème d'espace vital, disposaient d'énormes sources d'énergie, et possédaient toutes les matières premières indispensables à leur industrie.

☆

Quoi qu'il en soit de l'influence des facteurs économiques dans le déclenchement des guerres, leurs conséquences, en tout cas, sont multiples et nettement positives. Nous allons diviser notre étude en trois volets : la période de guerre proprement dite, le temps de la reconversion, enfin la période de paix, c'est-à-dire de préparation à la guerre suivante.

Disons tout d'abord un mot du coût des guerres, en choisissant quelques exemples.[292] De 1853 à 1868, c'est-à-dire en quinze ans, la guerre a rogné les budgets européens de 47 milliards 830 millions de francs-or, soit 10 millions par jour, non compris les expéditions coloniales et les guerres extra-européennes. Le conflit russo-turc a coûté au bas mot 5 milliards. Celui de Crimée, plus de 8 milliards. Celui de 1870, 15 milliards pour la France seule. Un auteur a estimé à 25 milliards la facture de la guerre de Sécession. Un autre donne le chiffre de 98 milliards pour les grandes guerres du XIXe siècle, en laissant celles de l'Inde et les dépenses de Napoléon. La facture de notre conquérant national, gloire comprise, s'élève à 6 milliards. Avec l'argent dépensé entre 1914 et 1918 (15000 milliards de francs 1949), on aurait pu, dit-on, donner une maison toute meublée, avec deux hectares de terrain, à chacune des familles des États-Unis, du Canada, d'Angleterre, d'Irlande, de France, d'Allemagne et de Russie, et doter, dans le monde entier, chaque ville de plus de 200000 habitants, d'un hôpital, d'une université et d'une bibliothèque.[293] Quant à la Deuxième Guerre mondiale, par suite de son étendue et du très beau matériel employé, elle a coûté naturellement plus cher : 40 000 milliards de francs 1949. Nous épargnerons au lecteur le petit jeu de savoir combien de repas gratuits, d'automobiles, d'appareils photographiques ou de savonnettes on aurait pu distribuer pour cette somme. [294*]

Peut-on proposer un chiffre total pour le prix des guerres depuis le début de la période historique jusqu'à nos jours ? En utilisant les travaux de plusieurs chercheurs, nous pouvons avancer sans risque d'erreur grave le chiffre de 500 milliards de francs-or. Une misère.

En dépit de leur modicité, ces coûts pourraient avoir une petite incidence sur l'économie. A vrai dire, elle est négligeable. C'est à peine si elle accroît l'endettement des belligérants. A la fin de la dernière guerre, par exemple, la Grande-Bretagne n'est débitrice que de 3 milliards 500 millions de livres sterling. Notre pays, pour sa part, ne doit que quelque 12 milliards de francs au Canada, à l'Angleterre et aux États-Unis, et en 1945, pour payer une partie de nos importations, la petite ponction que nous effectuons sur l'encaisse métallique de la Banque de France ne dépasse pas 10 milliards.

Sans doute la dette publique s'alourdit-elle un peu ; il faut verser des pensions aux invalides, aux veuves, aux orphelins, des indemnités aux sinistrés, il faut réparer les routes, les ouvrages d'art, les ponts, et, par suite, multiplier le nombre des fonctionnaires. Mais tout ça n'est pas très méchant, il suffit pour y faire face d'accroître les impôts, comme ce fut le cas en France où, de 1939 à 1955, ils ont augmenté deux fois plus que les salaires.

La guerre amène généralement la ruine de la monnaie, ce qui fait les beaux jours des assurances, de l'État, et d'une façon générale de l'ensemble des débiteurs publics ou privés. Tout le monde connaît l'aventure impayable – c'est le cas de le dire – des petits vieux qui, avant 1914, avaient placé leurs francs-or, péniblement gagnés tout au long d'une vie de labeur, dans des rentes qu'ils touchèrent, après 1918, en francs-papier, c'est-à-dire avec une dépréciation de 82 %.

Dans le domaine du commerce, la guerre permet tout d'abord l'écoulement des vieux stocks. On s'arrache à prix d'or tous les rossignols, toutes les denrées normalement invendables, chocolats moisis, vêtements démodés, chaussures avachies, appareils défectueux ou cabossés, vélos bouffés par la rouille. Une aubaine pour les petits futés qui avaient « vu venir » les événements et s'étaient bien gardés de bazarder leurs vieilleries.

La guerre navale et le blocus des côtes ralentissent ou paralysent le commerce avec l'étranger. La pénurie fait son entrée. Elle va fouetter l'esprit inventif des populations. Pour les pauvres on trouvera des ersatz : l'orge grillée ou la chicorée vont tenir lieu de café, les rutabagas de pommes de terre, le steak de baleine de filet de bœuf et la fibranne de coton d'Égypte. Les riches vont trouver de tout, au marché noir. Et les trafiquants vont faire de jolies fortunes qu'ils mettent à gauche pour des temps moins troublés. Ce processus est d'ailleurs commun à toutes les guerres. Il se trouve toujours des dégourdis pour s'enrichir pendant que des innocents se font casser la figure. Ces derniers ont du moins la consolation posthume de faire l'objet de tirades reconnaissantes. En 1918, il n'a pas manqué de généraux attendris pour exalter « les incomparables soldats qui, en nous donnant la victoire, ont voulu assurer aux jeunes générations un avenir meilleur [295] », ni de chantres pour évoquer

Le paradis humain dont tous les habitants
Communieront, vivant des jours d'or et de soie,
Dans le pain de la paix et le vin de la joie. [296]

Et notre grand Raymond Poincaré, s'adressant aux jeunes, ne s'est pas non plus privé de brosser un tableau enchanteur de l'économie de l'après-guerre : « Vous songerez toujours, mes enfants, avec reconnaissance et admiration, à tous les Français qui ont donné leur vie pour que la vôtre soit plus facile, plus heureuse et plus libre. [297] » Les petits enfants de France jettent autour d'eux des regards éblouis, et que voient-ils ? Des milliers de familles sans abri, des milliers de chômeurs, des récoltes déficitaires, le manque de charbon, la vie chère, et, du fond de leur petit cœur, ils remercient la guerre et monsieur Poincaré.

Chaque conflit amène de profondes transformations dans les

habitudes des populations. Si nous sommes redevables aux Croisades de l'usage de la soie, des parfums, des cuirs repoussés, de l'acier damasquiné, n'oublions pas que la guerre de Sécession nous a légué le lait condensé, celle de Cuba le savoureux corned-beef, et que nous devons au dernier conflit certaines mutations tout à fait positives. Ainsi la distribution générale de tickets de rationnement a eu pour effet de donner aux femmes, jusque-là petites fumeuses, le goût du tabac, d'inculquer aux paysans, jusque-là mangeurs de cochonnailles et de volailles, l'habitude de se taper de la viande, et d'habituer les traditionnels buveurs de cidre qu'étaient les Bretons à carburer au gros rouge.

Petit ou grand, le commerce dans son ensemble supporte bien les conflits. Entre 1939 et 1945, le volume des échanges de l'URSS a augmenté dans des proportions considérables, celui du Canada s'est accru de 300 %, celui des États-Unis est passé de 5 milliards et demi à 18 milliards de dollars.

La guerre est une bonne affaire pour le business. C'est pourquoi chefs d'entreprise et financiers, lorsqu'ils ne peuvent pas se payer une confrontation mondiale, se rabattent sur les conflits localisés dont ils suivent anxieusement les péripéties. Dans la presse des années cinquante, on lit par exemple que les milieux commerciaux, après avoir envisagé « avec inquiétude la possibilité de voir la paix éclater en Corée [298] », car un tel événement « pouvait avoir des répercussions catastrophiques sur les affaires [299] », exultent en apprenant, un peu plus tard, qu'une paix prématurée est impossible, et en constatant qu'aussitôt « les prix, sur le marché de New York, se hissent à des niveaux qu'ils n'avaient pas atteint depuis trois mois [300] ». Réjouissons-nous : des hommes tombent, mais les valeurs montent.

Nous n'insisterons jamais trop sur le fait, capital, que le développement du commerce mondial est exclusivement dû à la guerre. Aucun pays ne peut espérer une expansion commerciale quelconque par le choix d'une politique intelligente, l'étude rigoureuse des marchés, la création de produits de haute qualité, l'aménagement d'une meilleure diffusion, d'une information plus complète auprès de la clientèle, etc.

En coupant un pays de ses importations alimentaires, la guerre lui rend un inappréciable service. Elle le force à intensifier sa production agricole. Sans cette nécessité, personne ne se soucierait d'analyser le sol, d'effectuer des travaux de drainage, d'accélérer la mécanisation, et l'agriculture en serait encore, n'en doutons pas, au stade primitif, avec les instruments aratoires de bois ou de silex dont se servait l'homme de Néanderthal.

C'est grâce à la deuxième conflagration mondiale que la Grande-Bretagne, par exemple, s'est décidée à diminuer ses herbages au profit de ses cultures, à développer l'insémination artificielle, à améliorer, par des soins méticuleux, la qualité de ses semences, et par des stages de formation celle de ses agriculteurs. Résultat : la moisson de 1942 bat tous les records. Même progrès aux USA, où le rendement s'accroît pendant la même période de 21 %. Les engrais artificiels y sont pour beaucoup, mais également le million de machines perfectionnées qui vous étalent le fumier sur un champ comme de la confiture sur une tartine… Ceylan, royaume du thé, la Jamaïque, patrie du rhum, délaissent leurs cultures traditionnelles pour se lancer tête baissée dans le maïs et dans le riz. Le Canada multiplie par cinq sa production d'oléagineux. L'Australie dépasse en 1942-1943 le million de tonnes de viande. En Nouvelle-Zélande, on exorcise le cholestérol : la production de beurre atteint 175 000 tonnes en 1944. L'Afrique du Sud produit davantage de céréales, l'île Maurice plus de légumes, l'Argentine plus de laine, le Brésil davantage de coton, de tournesol et de ricin. Partout on presse notre vieille terre comme un citron.

Dans le domaine industriel, ce qui frappe avant tout, c'est l'accroissement vertigineux de la production.[301]* Chez les belligérants comme chez les neutres, c'est une véritable rage, dont on reste stupéfait. Pas une autre force au monde, morale, religieuse ou politique, ne peut obtenir des hommes autant de travail, d'ingéniosité, d'abnégation.

L'Allemagne manque de carburant pour sa formidable machine de guerre : trente-deux usines sortent du néant et produisent six millions de tonnes d'essence synthétique par an. Elle manque de matières premières et de main-d'œuvre : les pays occupés, à qui elle s'adresse très poliment, lui en fournissent à bas prix, ou même gratuitement. Les nécessités de la lutte la forcent d'autre part à mettre un terme au gâchis qui règne dans certains secteurs, ce qu'elle n'aurait jamais pensé à faire en temps de paix. Il y avait 20 000 types de lampes électriques avant la guerre; ce nombre est ramené à 449 sans problèmes apparents, et quinze tonnes de laiton sont économisées par la même occasion. Dans telle usine d'armements, il existait 291 machines-outils différentes; c'est 283 de trop. On en garde 8, et tout marche aussi bien, à moindres frais.

L'effort industriel de l'URSS soutient la comparaison avec celui des États-Unis. Il fut d'ailleurs facilité par deux facteurs : d'abord la Russie n'eut pas, comme l'Amérique, à mettre en place un contrôle étatique de son économie, pour la bonne raison que c'était fait chez elle depuis longtemps. En second lieu, les Soviétiques eurent la chance d'avoir une grande partie de leur pays ravagé par la guerre, ce qui les obligea à créer dans les territoires de l'Est des usines toutes neuves, et à exploiter les gisements de houille, de fer et de pétrole situés dans leur voisinage. C'est ainsi que fut industrialisée, en quelques mois, la lointaine Sibérie (sans parler de l'Oural et du Turkestan) qui, sans la guerre, serait restée longtemps un désert économique. Qui aurait eu l'idée d'aller poser des câbles ou de monter des bâtiments par 45 degrés au-dessous de zéro ?

Il faut décidément la guerre pour être économe. La Grande-Bretagne qui, comme nous l'avons vu, était déjà amputée d'une grande partie de ses importations agricoles, perd en même temps un pourcentage dramatique de ses matières premières, dont elle trouvait jusque-là tout naturel d'être approvisionnée par son empire. Elle va donc devenir parcimonieuse et tout sera désormais récupéré : la poussière de charbon, qui alimentera les chaudières, les céréales pourries, dont on fera de l'amidon, la sciure de bois, qui produira de l'alcool, la vieille ferraille, dont on tirera de l'acier, et les demoiselles prolongées, qu'on enlève à leur *five o'clock tea* pour les installer devant des machines à fabriquer des mitrailleuses et des obus.

Bien que moins directement concernés que la Grande-Bretagne, les pays qui composaient le Commonwealth et l'Empire connaissent, eux aussi, une incroyable effervescence économique. Les Australiens, qui savent faire autre chose qu'importer des lapins, puis les tuer parce qu'il y en a trop, fabriquent des machines-outils à raison de six mille par an, et produisent à bon compte des aciers spéciaux de grande qualité. En Rhodésie septentrionale, les mines d'extraction de cuivre fonctionnent vingt-quatre heures sur vingt-quatre. Le Nigeria accroît de 60 % sa production d'étain, la Côte-de-l'Or de 43 % celle de son manganèse.

Les habitants de l'Inde, qui passaient leur existence à se mettre en lotus, à s'étendre sur un lit de clous et à grimper à une corde accrochée aux nuages, se sont vus contraints par les événements à se livrer à des exercices de concentration d'un genre tout à fait nouveau, comme l'implantation d'usines de métaux non ferreux ou de produits chimiques. Ils y réussirent et, parallèlement aux flots du Gange, coulèrent des flots de véhicules blindés, de fusils, de munitions, de parachutes, de filets de camouflage. Les vaches sacrées n'en revenaient pas.

En 1939, le Canada ne produisait pas une once de matériel militaire, pas la plus petite pétoire, pas un milligramme d'explosif. D'emblée, ce pays de pionniers, de chasseurs et d'agriculteurs se dote d'une des plus importantes industries militaires de la planète par la qualité et la quantité.

L'Amérique du Sud, elle aussi, a été miraculeusement touchée par la guerre. On s'est aperçu que la terre des carnavals, des sombreros, des messieurs basanés et des coups d'État, qu'on ne prenait pas très au sérieux, cachait des trésors de tungstène, de zinc, de tantale et autres métaux fort utiles à la fabrication des armements modernes. Adieu la flèche empoisonnée et le couteau à scalper, à nous les hauts fourneaux, les fours Martin, les laminoirs ! Les matières premières sont insuffisantes ? Qu'à cela ne tienne : on se rabat sur la production locale, en utilisant le café pour faire des matières plastiques.

Quant aux États-Unis, pour équiper et armer les onze millions d'hommes qu'ils avaient sous les drapeaux, les soixante-quinze mille avions déployés dans les airs, les milliers de tanks, les navires de surface, les sous-marins, il leur fallut une organisation industrielle tout simplement colossale, capable de sortir, dans certaines usines, deux chars par heure. Partout la production atteignit un paroxysme. Charbon, pétrole, électricité, caoutchouc synthétique, sidérurgie, mécanique, textile, se développèrent, se dilatèrent, battirent tous les records. Le bilan fut formidable. La production militaire américaine, presque nulle en 1939, était en 1944 égale à celle de tout le reste du monde. Dans tous les domaines, les États-Unis avaient vu leur puissance s'accroître prodigieusement. Ils avaient à leur actif plus de la moitié de l'énergie mondiale, et près des deux tiers du potentiel industriel planétaire. L'économie américaine se portait bien.

☆

C'est une vérité de La Palice : chacune des guerres fait faire un bond aux sciences et aux techniques. Ainsi que l'ont affirmé beaucoup d'historiens et de philosophes, depuis toujours les armes ont précédé l'outil. Les premières machines sont des béliers, des balistes, des catapultes. Le plus ancien métier du monde est celui de tailleur de haches, et non pas de prostituée comme on le prétend. Les premiers chemins furent des routes stratégiques, les premiers canaux furent militaires. Le crédit vient des opérations à terme entreprises par les chefs de mercenaires, et la chirurgie est fille des campagnes de la deuxième moitié du XIXe siècle.

On pourrait se demander pourquoi la recherche pacifique est si mal lotie par rapport à la recherche militaire. C'est tout simplement parce qu'on trouve toujours de l'argent dès qu'il s'agit de tuer son prochain. Les crédits consacrés au perfectionnement des armes anciennes et à la découverte d'armes nouvelles sont sans commune mesure avec ceux qui sont alloués à la recherche agricole, médicale, architecturale, pédagogique, à tout ce qui concourt à la santé, au confort et à la culture. [302]* Quand il s'agit de ces domaines mineurs, les fonds manquent toujours, les administrations tergiversent, les contrats se font attendre. Lorsqu'il est question d'une découverte militaire, les sommes sont aussitôt débloquées, les portes s'ouvrent, les expériences sont facilitées, c'est le pactole.

La moisson technique de la Deuxième Guerre mondiale est considérable. Nous n'en retiendrons que quelques éléments parmi les plus marquants. [303]

A tout seigneur tout honneur : commençons par saluer la bombe qui, d'un grand coup de cymbale, a ouvert la symphonie nucléaire. Nous voici, sans avoir été consultés, engagés jusqu'au cou dans l'aventure de cette nouvelle énergie qui ne nous rendra indépendants des producteurs de pétrole qu'en nous rendant dépendants des producteurs d'uranium, et qui ne nous guérira de l'angoisse de la pénurie qu'en nous donnant l'anxiété de la radioactivité, de l'accident, de l'explosion, des retombées et des déchets meurtriers.

A la guerre nous devons les fusées, aux fusées la conquête de l'espace, l'évasion sidérale, les promenades sur la lune, les milliers de satellites qui donnent la possibilité aux futurs belligérants de se photographier sauvagement, et à la météorologie de prévoir, avec une précision jamais égalée, le temps qu'il a fait la veille et celui qu'il ne fera pas le lendemain.

Ce sont les bombardements allemands sur Londres que nous devons remercier pour l'invention du radar, le débarquement de Normandie pour celle des ports artificiels, et c'est l'entrave à la pêche maritime qui a donné à nos amis d'outre-Manche l'idée, pour combattre la disette de poissons, de saupoudrer d'engrais chimiques les lacs d'Écosse afin d'augmenter le nombre et la taille des saumons. On tremble d'imaginer ce qu'a pu devenir le monstre du Loch Ness.

Sans la guerre pas de nylon, donc pas de bas de femmes, pas de boyaux de raquette, pas de brosses à dents, pas de cordes à violon. Sans la guerre il n'y aurait ni maisons préfabriquées, ni poulets surgelés, ni légumes déshydratés, ni hottes de cuisine absorbantes, ni valises extra-légères. Nos avions seraient encore faits de toile et de bois, et nous cuisinerions toujours dans des récipients de terre ou de fonte.

C'est toutefois dans le domaine de la médecine que les progrès ont été les plus notables. Cicatrisation des tissus, chirurgie oculaire, guérison du choc par transfusion sanguine, nouveaux analgésiques pour calmer la douleur : on ne compte plus les découvertes. Et rien n'est plus fascinant que de voir comment le génie de l'homme qui, c'est certain, trouve mille façons de déchiqueter les membres, crever les yeux, faire éclater les organes ou larder de mitraille les chairs de son semblable, découvre en même temps le remède, le traitement, l'intervention salvatrice. C'est ainsi que l'orthopédie cinéplastique, qui utilise la puissance musculaire restée disponible dans le moignon pour commander les mouvements du membre mécanique, permet aujourd'hui à un amputé des deux jambes de monter à bicyclette et à un amputé des deux bras de taper à la machine à écrire. Cela devient presque un plaisir de perdre à la guerre bras et jambes, et c'est tout juste si l'on ne finit pas par envier les heureux possesseurs de ces prothèses remarquables.

☆

Il va de soi que les armes étant faites pour percer, trouer, couper, brûler, casser, faire voler en éclats ou réduire en poudre, leur utilisation convenable se traduit par des destructions de grande envergure. C'est d'ailleurs la fonction par excellence de la guerre : détruire non seulement les individus mais les biens mobiliers et immobiliers.

Nous avons noté, au chapitre III, l'intérêt de cette activité pour le commandement et son incidence sur le moral de l'ennemi. Nous allons voir à présent que, du point de vue économique, elle n'est pas sans importance.

Notons tout d'abord, à la suite du général Dragomirof,[304]

qu'elle est la condition nécessaire à toute création. Lorsque je veux écrire, je dois détruire de l'encre, du papier, user une plume ou un feutre. Dans la digestion, les acides de l'estomac attaquent et détruisent les aliments que j'ai mangés. Le fœtus, pour construire le futur enfant, détruit une quantité considérable de l'énergie maternelle. La plante ne germe que dans l'humus, résultat de la destruction par les bactéries d'une grande quantité d'organismes vivants. De la même façon, un immeuble neuf, un pont, une usine, ne peuvent être construits que sur les ruines de bâtiments et d'ouvrages anciens – le plus souvent écrasés sous les bombes. Abattre pacifiquement une maison vétuste, démanteler une vieille usine paraît inconvenant, on est tenté d'y voir une sorte de monstrueux gâchis.

La guerre, en revanche, n'est jamais considérée comme une source de gabegie, mais comme un événement inéluctable et par conséquent naturel. Il va donc de soi que, dans le meilleur des cas, les diverses constructions publiques ou privées ne peuvent être convenablement rénovées que par le moyen d'un conflit militaire, même si l'opération s'accompagne de quelques bavures, pertes humaines, obus qui s'égarent sur une cathédrale ou un château historique. La note a beau être dix fois plus salée, elle sera payée sans murmure, et comptant.

On dirait que, par la magie du combat, les hommes acceptent des situations qui les révolteraient en temps normal, ou qu'ils trouveraient parfaitement imbéciles. Voici un soldat ennemi grièvement blessé par le tir de notre artillerie. Il agonise entre les deux lignes du front. Au péril de sa vie, un de nos brancardiers s'élance, le ramène ; on l'entoure, on le ranime, des chirurgiens de talent l'opèrent, nos infirmières le soignent avec un total dévouement, et finalement, au prix d'efforts inouïs, on arrache à la mort celui qu'on voulait tuer une heure plus tôt. Admirable leçon ! La main droite frappe, la main gauche guérit. L'homme détruit, puis reconstruit. Plus il se livre à un nettoyage consciencieux et complet, plus il peut ensuite donner libre cours à sa passion de grand bâtisseur. On devine son frémissement de joie devant les ruines de Berlin, de Hambourg, de Varsovie, ou encore à l'heure du bilan soviétique à la fin des hostilités : 1 710 villes et plus de 70 000 villages, soit plus de six millions de bâtiments, saccagés ou incendiés, en totalité ou en partie ; 25 millions de personnes privées de leur gîte ; 31 850 entreprises industrielles, qui occupaient quatre millions d'ouvriers, détruites, dont 37 usines sidérurgiques et 749 usines de construction mécanique ; dix-huit mines de minerai de fer, produisant plus de vingt millions de tonnes par an, démolies ; 1 135 bassins houillers, d'où l'on extrayait plus de cent millions de tonnes de charbon, anéantis ; 3 000 puits de pétrole hors d'usage. Furent également détruits ou fortement endommagés : 65 000 kilomètres de voies ferrées, 4 100 gares, 36 000 bureaux de poste, 40 000 hôpitaux ou dispensaires, 84 000 écoles et 43 000 bibliothèques publiques. Du beau travail, et de quoi relever les manches. [305]

Alors la même machine industrielle qui a si allégrement ratatiné les cités et les centres de production opère un virage sur l'aile et offre à présent ses services. [306]* Il y a là quelque chose de très réconfortant, d'autant plus que ce sont les mêmes P.-D.G, les mêmes ingénieurs, les mêmes ouvriers qui, après avoir fabriqué les moyens de tout abattre, proposent les moyens de tout remettre debout. Et vite, car le temps presse. L'heure de l'armistice n'a pas fini de sonner que déjà sonne l'heure des hommes d'affaires. Les voici, descendant d'avion en groupes serrés, la serviette bourrée de plans et de contrats, le carnet de commandes en main, imperturbables, impeccables, efficaces.

Pour qu'ils puissent tenir leurs engagements, aider les vaincus – qui ont eu la chance de subir les destructions les plus radicales – à repartir à zéro avec une technologie dernier cri, déverser sur l'univers entier qui sort de cinq années d'austérité une averse de biens de consommation, il faut reconvertir l'industrie sans tarder. Dès la fin de 1945, les redoutables usines qui vomissaient chars d'assaut, avions de combat, obus, canons, bazookas, grenades, prennent du jour au lendemain un nouveau visage. De leurs chaînes sortent maintenant de paisibles automobiles, d'innocents tracteurs, des machines à coudre, des transistors, des fauteuils, des casseroles et des crayons.

☆

La paix n'étant qu'un répit entre deux guerres, il faut préparer la prochaine. L'industrie militaire va donc se réserver une part raisonnable de la production nationale, et quelques usines discrètes vont continuer à fabriquer des armes, tant pour l'approvisionnement intérieur que pour l'exportation.

Les économistes sont d'accord pour dire que les dépenses affectées à la défense jouent dans toute économie un rôle de premier plan. Elles ont un effet de stimulation, en faisant une vive concurrence à l'industrie civile à laquelle les militaires volent sans vergogne, profitant de leur position de force et de leurs priorités, aussi bien les meilleurs matériaux que les meilleurs techniciens. Il ne reste aux civils que les rogatons, même si leur ingéniosité leur permet vite d'en tirer le meilleur parti. Il est en outre avéré que les gros budgets militaires nourrissent la spirale de l'inflation, en augmentant les revenus sans pour autant élargir le marché des produits mis à la disposition de la population. D'autre part, la fabrication des armements de haute technologie a des conséquences déplorables sur l'emploi, en utilisant beaucoup de machines automatiques et peu de main-d'œuvre, à part quelques ouvriers qualifiés de niveau élevé. Le Bureau américain des Statistiques sur l'emploi a établi que, par unité de dépense, la construction de maisons, d'écoles, d'établissements sanitaires utilise deux fois plus de travailleurs que les contrats militaires correspondants. De même l'énergie nucléaire, dont le grand succès est évidemment dû à la pression des états-majors, nécessite des capitaux beaucoup plus importants tout en faisant appel à beaucoup moins de main-d'œuvre que les autres formes d'énergie. Quant à l'environnement, bornons-nous à constater que les besoins militaires absorbent une quantité sans cesse croissante de matières premières et de carburants non renouvelables, et que le seul département de la Défense aux États-Unis consomme en une année de quoi faire marcher tous les réseaux d'autobus américains pendant plus de vingt ans. [307]

L'industrie des armements n'est pas une industrie comme les autres. Lorsqu'il s'agit des fournitures destinées aux propres forces du pays, elle fonctionne en dehors des lois de l'offre et de la demande, puisque les produits sont jugés indispensables à la sécurité nationale. L'État passe directement ses commandes aux firmes publiques ou privées. Peu de discussions sur les prix, le marché n'étant guère concurrentiel. Le mot de la fin est toujours : intérêt supérieur de la nation. Remarquons à ce propos qu'une politique vigoureuse en matière d'armement s'accommode tout aussi bien d'un régime collectiviste ou capitaliste, autoritaire ou libéral.

Lorsqu'il s'agit d'exportations, la concurrence reprend ses droits. Elle est même acharnée, et ne dédaigne pas de tirer parti de tous les moyens disponibles, tels que calomnie, mensonge, chantage ou dessous-de-table adroitement glissés aux généraux, princes ou hommes politiques influents. Par ailleurs, dès qu'on vend une arme nouvelle à un pays, aussitôt les voisins en veulent aussi ; qu'ils se débrouillent pour obtenir une arme encore plus puissante, et le premier pays va essayer d'en faire autant. Il n'y a jamais de saturation, chacun des États pouvant posséder une masse d'armes cent fois supérieure à celle qui lui est réellement utile. La seule limitation réside dans les possibilités financières de l'acheteur, encore que, dans ce domaine, les gouvernements soient prêts à saigner leurs populations pour acquérir une collection prestigieuse.

Les armes sont donc une marchandise peu banale, qui n'obéit à aucun des critères habituels de rentabilité, et qui représente, pour le fabricant, une source pratiquement inépuisable de profit, quel que soit le destin auquel elle est finalement promise. Examinons les cas les plus courants :

1er cas. Les armes fournies aux forces armées ou vendues à des pays tiers sont utilisées au cours d'affrontements. Elles sont détruites en grand nombre, et il faut les remplacer à mesure. L'industrie est envahie de commandes émanant soit des États concernés, soit d'intermédiaires étrangers. Dans l'une ou l'autre hypothèse, le volume d'affaires est excellent.

2e cas. Le matériel disparaît avant d'avoir servi.[308]* C'est l'avion qui s'écrase à son premier décollage, c'est la fusée qui explose sur sa rampe de lancement, c'est le cuirassé allemand *Tirpitz*, dont la centrale aurait pu éclairer une ville de 40 000 habitants et dont le coût équivalait à la construction d'une cité de 375 000 âmes, qui sombre sans avoir combattu. Le résultat est sensiblement le même que dans le cas précédent, la fin prématurée de l'objet ne change rien, l'essentiel étant de pourvoir à son inévitable remplacement.

3e cas. Le matériel n'est pas utilisé, et reste dans les arsenaux. Aucune importance. Au bout d'un petit nombre de mois, il sera démodé et devra être envoyé à la casse. Parfois cependant il sera jugé assez bon pour être refilé à quelque pays sous-développé, apportant ainsi au propriétaire un bénéfice supplémentaire et inattendu.

Ainsi, quel que soit le cas envisagé, le fabricant a la certitude de recevoir un flot ininterrompu de commandes. De ce point de vue, aucune marchandise au monde n'est comparable aux armes. Il s'agit là vraiment d'un support idéal de l'industrie et des échanges.

C'est pour cette raison que le commerce des armes est aussi prospère, et qu'il ne cesse de s'accroître. Constatons d'ailleurs, non sans fierté, que notre pays occupe une place fort honorable parmi les grands fournisseurs d'armes.[309]*

Bien entendu, comme chaque fois que nous avons fait un pas de plus vers la grandeur, des hommes et des femmes ont exprimé des réserves, ont émis des propos critiques, ont même franchement condamné notre politique au nom de la morale. Gauchistes, écologistes, et même certains chrétiens masochistes,[310] ont élevé la voix pour déplorer nos succès. Il leur fut heureusement répondu.[311]* Nous voulons toutefois approfondir et analyser le contenu de ces réponses.

Le commerce des armes est non seulement moralement justifié, mais impératif du point de vue économique, pour les raisons suivantes :

1° Il serait absurde de ne pas profiter de la conjoncture

exceptionnellement favorable, de la soif d'armes qui se manifeste dans le monde entier, et en particulier au Moyen-Orient, où se trouve justement le pétrole dont nous avons tant besoin. C'est certainement le moyen le plus rapide de nous procurer les devises qui nous manquent.

2° Cette énorme exportation d'armes est indispensable à la survie de nos industries d'armement, qui sont elles-mêmes la condition de notre sécurité. Avant 1970, lorsque nos exportations d'armes ne dépassaient pas deux à trois milliards par an (dix fois moins qu'aujourd'hui), notre industrie de guerre était sans doute, bien qu'il n'y parût point, dans un état presque désespéré.

3° Le commerce des armes est une bénédiction pour l'emploi. Il fait vivre des milliers de personnes. Qu'il en fasse mourir des milliers d'autres ne change rien à l'affaire. L'emploi justifie tout. Il suffit qu'une entreprise donne du travail à un certain nombre d'individus pour qu'elle soit encouragée par tous. Peu importe ce qu'elle fabrique.

4° Si nous refusons de vendre des armes aux pays qui en demandent, leurs gouvernements s'adresseront à nos concurrents. Nous serons les dindons de la farce. Notre refus pourra même sembler discourtois à nos interlocuteurs, refroidir les bonnes relations commerciales que nous entretenons avec eux, et ralentir sinon supprimer nos approvisionnements.[312]* La diplomatie nécessite de la souplesse et non de la rigueur. Attendons, pour nous draper dans notre dignité de moralistes, des occasions plus favorables, où nos intérêts matériels ne sont pas en jeu.

5° Il est universellement admis que les armes vendues de par le monde sont exclusivement défensives. Les articles des journaux, les déclarations officielles en font foi. Lorsque la Grande-Bretagne décide de livrer gratuitement mille tonnes de matériel militaire à la Zambie, ce sont des « armes défensives [313] ». Quand l'URSS projette d'accorder une aide substantielle à la Syrie, c'est uniquement pour « renforcer son potentiel de défense [314] ». Lorsque le gouvernement français entame des négociations avec la République populaire de Chine, « pour ce qui est des armements, souligne notre ministre de la Défense, il s'agit essentiellement d'équipements de caractère défensif[315] ». En somme, l'arme faisant l'objet du marché subit une métamorphose mystérieuse : les chars, les avions, les canons, les bombes ainsi vendus ne peuvent plus fonctionner que pour arrêter une invasion, empêcher une percée ou repousser un assaut.

Le plus ébouriffant, c'est que l'opinion publique nationale avale sans piper de telles couleuvres.

6° N'oublions pas que les exportations d'armes sont un commerce. Le but de l'opération est de vendre. On peut choisir la méthode élitiste : les affaires se traitent entre chefs d'État ou ministres lors des visites officielles. On peut avoir recours au bon vieux porte-à-porte, qui a fait ses preuves dans d'autres domaines. On peut encore, au lieu de solliciter l'acheteur à domicile, le faire venir à des expositions, des salons, ou à bord de « bateaux-vitrines » comme celui qui fut imaginé par les Anglais.[316]* Une fois le client à pied d'œuvre, à coups d'arguments, de gueuletons et de rasades de whisky (sans oublier les bakchichs aux intermédiaires, voire aux honorables « décideurs »), des V.R.P. chevronnés le conditionnent. Ils parviennent même à vendre des armes à des États qui n'en ont absolument pas besoin. Souvent les programmes militaires sont accrochés à des programmes civils : nous voulons bien vous installer un barrage ou électrifier vos campagnes, à condition que vous achetiez notre armement. Bref, tout est bon pour appâter puis ferrer le client. Il n'est pas rare, à la limite, qu'un pays vende du matériel militaire à son meilleur ennemi. Le calcul n'est pas si bête : il peut ainsi faire pression sur son opinion publique et intensifier son programme d'armement, en lui montrant que son dangereux rival ne cesse d'augmenter ses forces. Que la morale n'y trouve pas son compte n'est pas notre affaire. Les canons n'ont pas d'odeur. Et puis chacun sait bien qu'au cours des guerres beaucoup de gens sont tués par des armes fabriquées par leurs compatriotes ; ce n'est pas nouveau.

7° Ce qui serait immoral, ce serait de priver les autres de la sécurité que nous avons tant fait pour nous assurer. Notre devoir est au contraire de les aider. Mais ne devons-nous pas aller plus loin, jusqu'au nucléaire ? Nous répondons résolument par l'affirmative. Comment oserions-nous en effet, sans injustice, refuser aux pays en voie de développement ces mêmes forces que nous prétendons être indispensables à notre survie ? Ne serait-ce pas la marque d'un monstrueux égoïsme ?

Dans les faits, la diffusion des armes nucléaires va bon train. Lorsque la vente est un peu scabreuse, on tourne la difficulté en donnant au pays concerné les moyens d'assurer sa propre fabrication : cessions de licences, coproduction, formation de personnel qualifié, réception de pièces détachées destinées à être assemblées sur place, etc. (Autant de bienfaits, par exemple, que la France a longtemps distribués sans compter à l'Irak.) Les sociétés multinationales – avec la complicité des pouvoirs publics – ont mis au point des mécanismes très ingénieux ; il faut dire qu'elles possèdent des juristes de premier plan, rompus à ce genre d'exercices, et dont la fonction est justement de découvrir le moyen le moins illégal d'enfreindre la loi.

Soyons sans illusions. La plus modeste installation nucléaire civile peut, grâce à une entourloupette adéquate, donner suffisamment de matière fissile pour se payer plusieurs bombes tout à fait correctes. La preuve en a été fournie en septembre 1977, lorsqu'une bombe « civile » fut mise à feu dans le désert du Nevada. De même, le petit réacteur de recherche que le Canada avait installé à Trombay permit au gouvernement indien de faire exploser sa bombe le 18 mai 1974. Remarquons à cet égard qu'il s'était engagé envers le fournisseur à rendre compte de sa production de plutonium et à ne pas l'employer à des fins militaires. Il a tenu parole puisqu'il ne s'agissait pas d'une véritable bombe atomique, mais, selon ses propres déclarations, « d'une bombe pacifique [317] ».

En 1968, les États-Unis et l'URSS, peu désireux, cela se comprend, de voir progressivement l'ensemble des autres nations accumuler des stocks aussi gigantesques que les leurs, s'accordent pour proposer au reste du monde un traité de non-prolifération.[318] L'accueil est assez tiède et plusieurs États ne le signent pas, dont la France, l'Argentine, le Brésil, Israël, l'Inde et le Pakistan, entre autres. On s'aperçoit alors, à cette occasion, que tous les pays, sans exception, sont férocement opposés à la prolifération nucléaire, à deux conditions : la première, c'est qu'ils aient déjà des installations nucléaires complètes, aussi bien civiles que militaires ; la seconde, que cette politique de non-prolifération ne s'oppose pas à leurs intérêts légitimes, commerciaux et stratégiques.[319]*

Le « Club de Londres » à son tour essaie de promulguer une « Charte des exportations nucléaires ». On y lit que les vendeurs devront faire à leurs clients un certain nombre de « recommandations[320]* », que les acheteurs, en retour, devront prendre un certain nombre « d'engagements », et que, s'ils les violent, le Club se réunira pour… juger des mesures nécessaires. Il avait été question d'infliger au contrevenant un embargo automatique, mais la France, gardienne de l'indépendance et de la liberté, s'y est opposée.[321]

Sans doute la puissance exportatrice peut, si elle le désire, imposer à l'acquéreur une clause selon laquelle le combustible nucléaire, après avoir été irradié dans le réacteur, devra être entièrement récupéré par le vendeur et retraité par lui. Est-on assuré pour autant qu'une partie, même minime, de matière fissile ne sera pas « oubliée », et retraitée dans un atelier clandestin ? M. Paul Granet, député de l'Aube, est lucide lorsqu'il demande : « Connaît-on un pays qui, maîtrisant la technologie nucléaire et voulant obtenir du plutonium, ne puisse en avoir ?[322]* » Et si l'opération s'avère délicate, on pourra se rabattre sur l'uranium naturel, qu'une petite usine d'ultracentrifugation, à la portée d'un pays même modérément industrialisé, permet d'enrichir.

On a cru récemment trouver des solutions techniques au danger de prolifération. Les Français ont fait beaucoup de bruit autour d'un procédé qui ne permet qu'un enrichissement limité. Les Américains, de leur côté, ont mis au point un système qui, en matière de retraitement, empêche l'extraction du plutonium pur. Ces différentes inventions sont-elles efficaces ? Beaucoup de spécialistes en doutent.[323]

Il est probable, en réalité, que la production de matière fissile militaire, qui équivaut déjà chaque année a plusieurs milliers de bombes du type Hiroshima, ne cessera d'augmenter un peu partout dans le monde, et l'on peut faire le pari qu'au cours de ce XXIe siècle qui s'annonce si pacifique, le joyeux club des États possesseurs de l'arme nucléaire se fera un plaisir d'accueillir de nouveaux impétrants.

La non-prolifération n'est qu'un mythe de plus.[324*]

☆

Le « boom » économique qui suit d'ordinaire l'arrêt des hostilités est très impressionnant. Les manufactures tournent à fond, les ordres et les commandes sont pléthoriques, les investissements sont plantureux, les bénéfices sont charnus, le moral des industriels est en acier.

La forte demande, à laquelle s'ajoute le fait que bon nombre de gens ne sont pas revenus de la guerre et, selon toute vraisemblance, n'en reviendront jamais, a pour conséquence le plein emploi. La condition des travailleurs s'améliore et les salaires sont en hausse.

Ce « boom » n'a qu'un défaut. Il ne dure pas. Assez vite, cette hémorragie d'ustensiles, de gadgets, de véhicules à deux et quatre roues finit par saturer le marché. On n'en peut plus, on demande grâce. Les chefs d'entreprise voient avec préoccupation s'infléchir les courbes de leurs ventes. Les carnets de commandes maigrissent. Le mot de surproduction circule de bouche à oreille. On s'interroge sur la façon d'arrêter cette tendance inquiétante.

La première méthode serait d'accroître la consommation. Mais peut-on forcer chaque ménage à posséder une demi-douzaine de cuisinières, d'aspirateurs, de lave-vaisselle, de réfrigérateurs, de postes de télévision ? L'animal qu'on appelle consommateur, malgré son appétit de crocodile, ne peut pas manger au-delà de la capacité de son estomac. S'il vient d'avaler un mammifère de belle taille, la publicité la plus adroite n'arrivera pas à le tirer de son sommeil postprandial.

Nous devons nous replier sur une autre solution. Puisque le marché intérieur est saturé, pourquoi ne pas accroître nos exportations ? Malheureusement, le bon vieux temps n'est plus où nous pouvions, en toute quiétude, fourguer au tiers-monde notre camelote et lui acheter, au rabais, les précieuses matières premières qui alimentaient nos usines. A force d'être en voie de développement, certains pays pauvres ont fini par se développer. L'Inde, la Thaïlande, Israël, la Corée, le Brésil fabriquent à présent des machines, des textiles, voire – c'est le bouquet – des armes. Et à meilleur compte que nous, grâce à leur main-d'œuvre bon marché. Une autre porte se ferme.

Puisque nous ne pouvons ni augmenter la consommation intérieure ni développer nos exportations, il nous faut envisager une troisième formule : diminuer notre production. Mais ce choix n'est pas sans danger. Il entraîne nécessairement la timidité des investissements, la fuite des capitaux, la faillite des entreprises les plus fragiles, les licenciements individuels et collectifs. Le chômage qui en résulte suscite à son tour le malaise social, et donc les revendications, l'agitation, les grèves, sans parler de l'aggravation de la criminalité. A plus long terme, c'est la récession, le marasme, l'inflation galopante, la hausse vertigineuse des prix, l'appauvrissement du pays qui ne peut plus faire face à ses échéances. C'est la crise.

Pour la juguler, enrayer le chômage, relâcher la tension sociale, donner une nouvelle impulsion aux affaires, rendre confiance à la Bourse, réactiver les investissements, les économistes le savent bien, il ne reste plus qu'une thérapeutique : un nouveau conflit mondial. « Des guerres suffisamment espacées sont les meilleurs remèdes contre les crises économiques.[325] »

En haut lieu, on y pense.

CHAPITRE VIII

LA GRANDE TRIEUSE

Les perspectives mondiales sont fantastiques. Chaque jour la planète Terre, à la fin du siècle qui vient de s'achever, embarquait 190 000 passagers de plus. Chaque heure 8 000 voyageurs supplémentaires montaient à bord.[326] Et le mouvement tarde à ralentir. Combien de temps le vaisseau continuera-t-il à flotter avant de sombrer ? La population du globe était d'environ 500 millions d'hommes en 1650. Elle a mis deux cents ans pour doubler, et atteindre le milliard en 1850. Quatre-vingts ans plus tard, elle doublait de nouveau (2 milliards en 1930), et doublait une fois de plus au bout de quarante-sept ans et demi (4 milliards en 1978). En espérant que ce délai de doublement ne se raccourcisse pas encore, nous serons huit milliards en 2015, seize milliards à la moitié du XXIe siècle. Même en effectuant des projections démographiques modulées suivant les variations possibles de la fécondité, les Nations unies arrivent à 13 milliards 500 000 d'habitants pour l'année 2100 avec une fécondité moyenne, et 30 milliards en 2150 en cas de fécondité haute.[327] C'est beaucoup. Déjà, à l'heure actuelle, une bonne moitié des individus qui peuplent la terre sont sous-alimentés. Il serait raisonnable d'améliorer leur sort, mais la tâche n'est pas possible s'il faut courir après l'augmentation continue de la population.

Il y aurait pourtant des remèdes à cette situation. Puisque les méthodes contraceptives ont été longtemps, à la grande joie de M. Debré, soit mal appliquées, soit interdites, et qu'il ne faut pas attendre grand-chose de ce côté-là, comme le prouvent les piètres résultats du planning familial en Inde et au Bangladesh, il faut envisager non plus d'empêcher la prolifération humaine avant la conception, mais après la naissance, c'est-à-dire songer à augmenter délibérément la mortalité. En aidant les pays sous-développés à réaliser de tels projets, nous ne ferions d'ailleurs que réparer nos torts, car s'ils se trouvent aujourd'hui à la veille de l'éclatement, c'est bien à cause de la vacherie que nous leur avons faite en les bourrant de vaccins, de conseils d'hygiène et de médecine préventive.

Nous ne sommes malheureusement pas maîtres – du moins pas encore – des tremblements de terre, éruptions volcaniques, inondations, cyclones qui ravagent de temps en temps certaines régions, et qui peuvent aboutir à des bilans très positifs. Nous laisserons donc de côté les fléaux naturels, en nous contentant de les susciter par nos prières. Nous avons un peu plus de pouvoir sur un éventuel refroidissement de la terre, par l'augmentation massive du nombre des avions qui sillonnent le ciel. Leurs traînées produisent en effet une accumulation de cristaux de glace dont la couche renvoie dans l'espace une partie de la chaleur solaire. Mais l'attente d'une prochaine période glaciaire risque d'être longue, et le temps nous est compté. Tout compte fait, il y a mieux à attendre d'un réchauffement provoqué par nos rejets intempestifs de gaz carbonique et autres substances favorisant le fameux effet de serre : les pôles à ce régime risquent de fondre comme des glaçons dans un verre et l'océan s'élèvera joyeusement pour un nouveau Déluge. Espérons !

Plus réaliste – et plus rapide – serait l'organisation systématique de catastrophes diverses, qui pourraient avec profit paraître accidentelles, comme par exemple l'explosion d'une centrale nucléaire, l'incendie d'une raffinerie ou d'une usine de produits chimiques dangereux. Pourrait également être mis en place un dispositif de déréglage des signaux ferroviaires et routiers qui multiplierait les accidents. La diffusion adroite et renforcée de la drogue, de l'alcool, du tabac, l'incitation à la débauche, porte ouverte à toutes les contagions – sans compter l'épuisement physique et moral conduisant au suicide –, ne sont pas non plus à dédaigner.

Les causes des épidémies de grande envergure sont d'ordinaire assez mystérieuses. En faciliter discrètement l'apparition ne constituerait pas un délit vérifiable ni un défi à la morale, et serait par contre une solution hautement intéressante par son ampleur. Qu'on se rappelle la grippe espagnole qui, après la guerre de 14-18, a fait plusieurs millions de victimes. Une épidémie semblable, vu la densité actuelle de la population et le développement des transports, aurait de bonnes chances de se propager à l'ensemble du monde avec une rapidité foudroyante, et le nombre de personnes atteintes dépasserait très vite les capacités de fabrication des sérums et des vaccins. Il ne serait pas invraisemblable – certains médecins le pensent – de voir se reproduire une pandémie du type de la peste noire qui, en sept ans, de 1346 à 1353, fit disparaître vingt-cinq millions d'individus en Europe et vingt-trois millions en Asie.

Le phénomène serait d'autant plus bénéfique que les populations du tiers-monde, mal nourries, sont plus vulnérables aux maladies. C'est ici qu'on voit se dessiner une combinaison prometteuse entre la famine et l'épidémie, la première préparant le terrain à la seconde. A l'heure présente, si plusieurs millions de personnes, principalement des enfants, meurent chaque année du manque de nourriture, des dizaines de millions de gens sont seulement affaiblis par certaines carences alimentaires – insuffisance de protéines, de matières grasses, de vitamines – et parviennent à survivre. Une maladie virale les emporterait en priorité. Or les nations industrialisées ont parfaitement la possibilité de pousser à la famine, en diminuant leurs propres surfaces cultivées, en réduisant leurs exportations, en substituant aux produits essentiels d'autres produits sans valeur nutritive mais plus rémunérateurs, ou tout simplement en détruisant leurs surplus lorsqu'elles ne peuvent plus les écouler à un prix raisonnable. Qu'une petite guerre bactériologique vienne à se déclarer sur ce terrain adroitement préparé par les ingénieurs de la mondialisation économique, et le tour est joué.

L'infanticide systématique peut venir à la rescousse de la mortalité infantile naturelle. Le meurtre des nouveau-nés a été pratique courante dans l'Antiquité, dans l'Arabie anté-islamique, dans certaines civilisations africaines. Il y a encore quelques années, en Chine, le père de famille qui jugeait qu'une naissance tombait mal, soit parce que le nouveau-né était une fille, c'est-à-dire un rejeton insuffisamment rentable, soit parce que cette venue au monde survenait un jour néfaste, ou qu'elle était accompagnée d'un mauvais présage, ou tout simplement parce qu'il avait peur, avec cette bouche supplémentaire, de ne pas pouvoir joindre les deux bouts, n'était pas regardé de travers s'il escamotait le nourrisson. Parfois l'infanticide était indirect. Sous le règne de la vertueuse Victoria, les enfants – ceux des pauvres, s'entend – étaient embauchés dès l'âge de cinq ans dans les manufactures de coton et à partir de huit ans dans les mines de charbon. Ils ne faisaient pas long feu. Dans les pays du Moyen-Orient, en Afrique noire, en Extrême-Orient, la castration, qui était très répandue, ne produisait pas seulement des eunuques, mais de nombreux décès.

Quant au projet, pourtant séduisant, d'organiser l'immigration du trop-plein de l'humanité vers les planètes et les étoiles qui nous entourent, il s'est heurté à de grosses difficultés techniques, surtout en ce qui concerne le volume et le coût du transport. Le professeur Garrett Hardin, de l'université de Santa Barbara en Californie, a calculé que si les Américains acceptaient d'abaisser leur niveau de vie de 18 %, les économies ainsi réalisées pendant toute une année ne permettraient d'exporter dans l'espace que le surplus démographique d'une seule journée.[328] Au reste, en supposant que les problèmes de transport soient résolus, au rythme actuel de l'accroissement démographique, notre système solaire serait déjà surpeuplé dans moins de deux cents ans. Le jeu n'en vaut pas la chandelle.

☆

La guerre est finalement, pour l'élimination des surplus démographiques, la seule solution acceptable, tant par la souplesse de son utilisation et sa haute productivité que par l'adhésion unanime qu'elle suscite, surtout chez les individus dotés d'une grande rigueur morale. Ainsi les mêmes gens qui frissonnent d'horreur devant le massacre des nouveau-nés, le travail des jeunes enfants et les mauvais traitements qu'on leur inflige admettent comme parfaitement naturel que, lorsqu'ils ont atteint l'âge de vingt ans, ces mêmes adolescents soient rassemblés dans un lieu approprié et tués en série. Ceci est d'autant plus remarquable que, du point de vue de la rentabilité, il est bien meilleur marché d'occire un mouflet qui n'a coûté que neuf mois de gestation qu'un jeune homme qu'il a fallu, pendant 240 mois, nourrir, habiller, instruire et entourer de soins vigilants pour en faire un mort présentable.

Mais c'est ainsi. La guerre jouit toujours d'un singulier prestige.

☆

Une saignée, surtout lorsqu'elle est abondante, tout en éclaircissant les rangs, éclaircit les idées. On dirait que le corps de la société élimine ses toxines, que le sang se purifie, que les réactions sont plus vives, les sensations plus aiguës. C'est pourquoi la vitalité reprend bientôt le dessus, et la population recommence à croître. Le processus est accéléré lorsque les militaires et le clergé exercent une influence prépondérante à l'intérieur de l'État.

La religion a de tout temps prôné l'exubérance reproductive. L'hindouisme décrète qu'un fidèle est déshonoré s'il n'a pas de postérité pour acquitter la dette des ancêtres. Le shintoïsme déclare que, pour un Japonais, ne pas avoir d'enfants est un sacrilège contre la religion et contre la nation. Le catholicisme, dans le but d'accroître le troupeau de ses fidèles face aux hérétiques, affirme qu'en limitant sa descendance, l'homme désobéit à la volonté du Seigneur et torpille le plan divin.

Les militaires poussent, eux aussi, à la Grande Roue de la reproduction pour des raisons évidentes. Tout d'abord, ils ne parviennent pas à se débarrasser de la « vieille superstition des gros bataillons », et pour cela ils souhaitent voir pulluler les petits enfants, dont ils sont friands, et dont ils feront, si la Providence bénit leurs projets guerriers, une forte consommation ; d'où la nécessité d'avoir des provisions suffisantes.[329]* En second lieu, ils savent que le nombre – et surtout le surnombre – pousse la population à l'agressivité, à l'impérialisme et à la violence.[330]* Propulser cet excédent dans une guerre n'est plus qu'une bagatelle. C'est la raison pour laquelle les gouvernements, lorsqu'ils caressent l'idée d'un affrontement, commencent par prendre quelques décrets natalistes. Colbert publie des édits en faveur des familles nombreuses, lorsque Louis XIV a des envies belliqueuses. L'Allemagne et l'Italie, à partir de 1933, favorisent la natalité. Le gouvernement du Mikado, en 1941, promulgue une loi qui oblige les hommes à se marier avant vingt-cinq ans, les femmes avant vingt et un, et les couples à produire au moins cinq rejetons.[331]

Dès que commence à monter la pression démographique dans la marmite de l'État, les dirigeants déclarent que la nation, incapable de nourrir tout son peuple, doit s'étendre ou exploser[332]*. Il est rare qu'ils s'arrêtent à cette dernière solution ; c'est plutôt la première qui a leur préférence. C'est ainsi que furent entreprises les expéditions gauloises de Sigovèse en Germanie, de Bellovèse en Italie du Nord ; que les barbares, à la fin de l'Empire romain et au début du Moyen Age, envahirent des contrées plus fertiles et moins peuplées ; que la population débordante du Japon chercha un dérivatif dans un conflit avec la Russie, ou que l'Italie fasciste fut amenée à conquérir l'Éthiopie. Nous pourrions multiplier les exemples.

Ainsi il existe entre la démographie et la guerre une interaction tout à fait étroite et remarquable. La machine militaire pousse tout d'abord à l'accroissement de la population; bientôt apparaît un surplus d'hommes jeunes, et le pays commence à faire preuve d'une agressivité de plus en plus vive;[333]* la guerre alors éclate, et fait une ponction plus ou moins volumineuse d'individus. Mais comme ce sont les peuples les plus belliqueux qui ont le plus de vitalité et sont donc les plus fertiles, les pertes ne tardent pas à être réparées, et la population de nouveau s'accroît.

Sous le règne d'Henri IV, les saignées consécutives aux batailles n'étaient pas énormes, et Sully, dans son projet de paix perpétuelle, pouvait prévoir, comme soupape de sûreté à la bouillante jeunesse européenne, une petite guerre permanente avec le Grand Turc. Aujourd'hui, ce stratagème ne suffirait pas. Les taux de natalité, comme nous l'avons vu plus haut, sont démesurés. Il nous faut, à l'échelle du monde, des guerres de plus en plus meurtrières. Nous y sommes aidés par deux éléments nouveaux.

Le premier, c'est que les effectifs engagés vont en augmentant et représentent un pourcentage de plus en plus important de la population. Les grandes mêlées de la guerre de Cent ans n'intéressaient que quelques milliers de combattants en France, sur une quinzaine de millions de sujets. Louis XIV engageait au maximum 300 000 soldats, sur vingt-trois millions de Français. Napoléon atteignit le million sur 25. En 1914, on comptait quatre millions de mobilisés pour quarante millions de citoyens.[334] La guerre était redevenue totale, comme à l'époque des tribus primitives où tous les mâles participaient à la ruée. Elle est même plus totale encore aujourd'hui, puisque les femmes commencent à prendre part aux combats.

Le deuxième élément est la production d'engins sans cesse plus précis et plus dévastateurs. N'en déplaise à ce piètre prophète qui écrivait, en 1914, que d'après des statistiques irrécusables, « plus les armes se perfectionnent, plus le nombre de morts et de blessés diminue[335] » (il est vrai qu'il fallait alors calmer les inquiétudes), les pertes ont suivi, au cours de l'Histoire et parallèlement au développement technique, une courbe ascendante qui nous tranquillise pour l'avenir.

Certes, quelques opérations militaires menées avec des moyens archaïques ont réussi à laisser un nombre honnête de gars sur le carreau. César aurait fait périr trois millions d'hommes, comme Napoléon : les grands esprits se rencontrent. Les conquérants tartares et mongols auraient à leur actif vingt-cinq millions de cadavres. La note payée par les Croisés n'est pas négligeable : suivant les évaluations, elle oscille entre deux et six millions, chrétiens et infidèles mêlés.

Par contre, la période de la Renaissance est chiche de sang. On raconte qu'à la bataille d'Anghiari, où vingt mille soldats se bagarrèrent pendant quatre heures, il ne mourut qu'un homme qui, de surcroît, rendit l'âme à la suite d'une chute de cheval ! [336]

La guerre de Succession d'Espagne n'occasionne que 400 000 décès, la guerre de Crimée 785 000 ; la guerre de Sécession américaine 800 000, la guerre du Paraguay un million. De la Paix de Westphalie à 1856, on dénombre à peine huit millions de trépassés par les armes. Entre 1863 et 1866, en quatre ans, l'Europe ne se trouve dégraissée que de 1 743 000 créatures. Et le Second Empire ne parvient à aligner que 1 500 000 victimes, dont environ 600 000 pour le conflit de 1870. Passif du XIXe siècle pour notre petit continent : 15 millions de tués. [337]*

C'est à partir du début du XXe siècle que les choses s'améliorent. La Première Guerre mondiale est généralement évaluée au bas mot à 8 millions 700 000 morts, parfois à près de 11 millions, ou même à 12 millions, auxquels il convient d'ajouter, selon certains statisticiens, un nombre égal de victimes indirectes – les terribles épidémies de 1918-1919 –, ce qui porterait le bilan à plus de vingt millions de morts. [338] Le deuxième conflit mondial est réputé avoir coûté, lui, 38 millions de vies humaines (hypothèse « sage »), mais nombre d'historiens estiment ce chiffre trop modeste et parlent de 60 millions, voire de cent millions de morts [339]*. Méfions-nous toutefois de ces évaluations gourmandes. Arrondissons à 10 millions pour la guerre de 14, à 50 millions pour celle de 39, et n'en parlons plus.

Vacher de Lapouge affirme que, dans la terre entière, on peut tabler sur une moyenne de quarante millions de tués par siècle, soit deux milliards et demi d'hommes pour les cinq mille ans de notre civilisation, et cinq milliards depuis le début de l'aventure humaine. Il s'est en outre amusé à calculer que les défunts d'un siècle de guerres, ensevelis à trente centimètres d'intervalle, feraient le tour de la terre, et que leur sang remplirait environ trois millions de barriques.

Permettons-nous ici deux constatations intéressantes. La première, c'est que le pourcentage des civils tués ne cesse de s'accroître : il était de 13 % en 14-18, de 70 % en 39-45, de 84 % pendant la guerre de Corée. La deuxième, c'est que la courbe statistique des pertes montre une augmentation qui ne laisse aucun doute sur le type du prochain conflit mondial. Il sera nucléaire, car on ne pourrait atteindre de tels chiffres (environ 360 millions de morts) avec les armes classiques.[340*]

Les pertes considérables entraînées par les guerres, et singulièrement les guerres modernes, replacent dans sa véritable perspective la valeur de la vie humaine. Habitués que nous sommes aujourd'hui à comptabiliser nos morts par tranches de millions d'unités, nous ne pouvons plus nous donner le ridicule de larmoyer pour le trépas d'un individu ou d'une famille. Nous devons au contraire envisager de sang-froid que des pans entiers de la population soient supprimés dans certaines circonstances. C'est l'avis de nombreux chefs d'État qui n'hésitent pas à parler très calmement de centaines de milliers, voire de millions de braves gens expédiés dans l'au-delà pour le triomphe de telle ou telle cause. Lorsque le salut de la nation le commande, il faut savoir lui sacrifier tous les individus, jusqu'au dernier. Le problème se trouve alors résolu, puisque la nation, qui n'est jamais que la somme des individus, a disparu.

Les pertes les plus lourdes peuvent être encourues avec d'autant plus de sérénité qu'elles sont à l'heure actuelle, grâce aux progrès de l'hygiène et de la médecine, réparées presque du jour au lendemain. Après les hécatombes de 1939-1945, la plupart des belligérants reconstituèrent le chiffre absolu de leur population en moins de cinq ans [341] *. C'est presque désespérant. Aussi bien, lorsque nous aurons une nouvelle guerre, ce qui ne saurait tarder, il ne faudra pas manquer d'ambition. Nous devrons mettre le paquet. Notre grandeur l'exige, car, ainsi que le note René Quinton, « les grands carnages sont la marque des grandes époques [342] ».

☆

Une dernière raison, et non la moindre, pour laquelle nous sommes tenus de préférer la guerre à tous les autres moyens susceptibles de freiner l'expansion démographique mondiale réside dans le fait qu'elle est, en plus de ses qualités intrinsèques, un parfait outil de sélection pour l'espèce humaine. Sur ce point, les plus hautes autorités sont d'accord. Voici par exemple ce que déclare le général von Bernhardi : « Où que nous regardions dans la nature, nous trouvons que la guerre est une loi fondamentale de l'évolution. Cette grande vérité, qui avait été déjà reconnue dans les siècles passés, a été démontrée d'une manière convaincante dans les temps modernes par Charles Darwin. Il a prouvé que la nature est gouvernée par la lutte incessante pour l'existence, par le droit du plus fort, et que cette lutte, dans sa dureté apparente, produit une sélection en éliminant les faibles et les nuisibles. [343] * »

Voilà qui est clair. Et si nous nous référons à Darwin en personne, nous allons certainement trouver dans ses œuvres la confirmation des idées émises par von Bernhardi ; on n'imagine pas qu'un général consciencieux puisse s'appuyer sur un penseur célèbre sans l'avoir lu.

Or il n'y a pas le moindre doute : les réflexions intimes de Darwin vont dans le même sens ; l'évolution grandiose du règne animal, depuis la plus humble créature jusqu'à l'homme, s'est bien faite par le jeu de la sélection naturelle, elle-même résultat de l'éternelle lutte pour l'existence, ou *struggle for life.* La seule nuance légère entre l'opinion de Darwin et celle de Bernhardi, c'est qu'aux yeux du philosophe anglais il ne s'agit nullement d'un combat impliquant l'extermination d'un groupe par un autre, ni la survivance du plus fort, mais celle du mieux adapté à son environnement, du plus apte à se procurer tout ce qui est nécessaire à la vie, nourriture, air et eau, lumière et ombre, espace, terrain de jeu.[344] S'il en était autrement, il y a longtemps qu'il n'y aurait plus une seule mouche, plus une seule fourmi sur la terre. D'ailleurs, d'après Émile Boutroux, le sens premier de *struggle* n'est pas guerre, mais effort.[345]* Écoutons Darwin : « Je dois faire remarquer que j'emploie le terme "lutte pour l'existence" dans le sens général et métaphorique [...] On arrivera à dire qu'une plante, au bord du désert, lutte pour l'existence contre la sécheresse, alors qu'il serait plus exact de dire que son existence dépend de l'humidité.[346] » Et l'auteur de *De l'origine des espèces* ajoute : « Les hommes les plus braves, les plus ardents à s'exposer aux premiers rangs de la bataille, et qui risquent volontiers leur vie pour leurs semblables, doivent, en moyenne, succomber en plus grande quantité que les autres.[347] » Évoquant enfin le système du recrutement militaire, Darwin aggrave son cas : « Les jeunes gens les mieux constitués sont incorporés par la conscription. Ils sont ainsi exposés à une mort prématurée [...] Les hommes les plus faibles et petits de taille, qui sont doués d'une mauvaise constitution, ont toutes les chances de se marier et de propager leur espèce.[348] » Darwin admet donc que la guerre a une fonction de sélection. Elle est seulement différente de celle à laquelle croyait le général von Bernhardi. Au lieu de détruire les faibles, elle ratatine les forts.

Examinons plus attentivement les divers aspects de cette affirmation. Dans le cas des peuplades primitives, il est difficile de nier que les hommes les plus forts et les plus hardis, qui se jettent à la tête de l'ennemi en poussant leur cri de guerre, sont ceux qui ont les plus grandes chances de revenir avec une flèche dans l'œil ou un mauvais coup de lance au flanc. Mais lorsque nous abordons l'époque moderne, le problème devient plus complexe, et nous devons faire une distinction entre les militaires et les civils.

Qu'il s'agisse d'une armée de métier ou – ce qui est plus fréquent – de mobilisés, les forces d'un pays en guerre sont constituées d'individus qui ont fait l'objet d'un sérieux écrémage ; on ne prend pas n'importe qui. La grande mangeuse d'hommes a le goût délicat. Il lui faut des gaillards bien découplés, au teint frais, à la belle carrure, jouissant de toutes leurs facultés mentales.

Cette fine fleur de la nation, cette élite, les impératifs du conflit vont l'isoler du reste de la population, l'empêcher ainsi, à l'âge le plus favorable à la procréation, d'avoir les enfants sains et vigoureux que le pays réclame ; puis on l'enverra se faire massacrer sur le front. On ne peut rêver de meilleure sélection : ce sont vraiment les meilleurs qui sont tués. Par contre, les poltrons et les petits futés attendent que la bataille tire à sa fin, sortent de leur trou, achèvent quelques blessés, pillent quelques morts, et ne manqueront pas d'être tenus pour de glorieux survivants.

Ceux que les balles ont épargnés sont souvent terrassés par la maladie, qui frappe les militaires beaucoup plus durement que les civils, ainsi que le prouvent les statistiques. Fatigue, longues marches, manque d'hygiène et de sommeil, rigueur de certains climats, tension nerveuse en sont les causes principales. Dans les années 1870-1880, la mortalité due à la fièvre typhoïde a été de 5 pour 1 000 dans la population civile, de 30 pour 1 000 dans l'armée. Ici encore, la mort s'acharne sur les meilleurs. Il est d'ailleurs fréquent que les épidémies emportent davantage de combattants que les projectiles ennemis. Au cours de la guerre de Sécession, sur les 304 369 morts de l'armée du Nord, 186 216 furent privés de la joie de mourir au champ d'honneur. Il en fut de même pour les Anglais pendant les campagnes de Napoléon ou lors de l'expédition de Crimée : les pertes dues à la maladie furent plus lourdes que celles causées par les armes. On assure que dans l'armée de Wellington, il y avait constamment vingt malades sur cent hommes enrôlés, et qu'en octobre 1811, trois cents sur mille étaient à l'hôpital. Quant aux troupes puritaines de l'austère Cromwell, on les accuse d'avoir introduit en Écosse du même coup l'autorité du Protecteur et la syphilis.

Les vernis qui ont réussi à échapper au feu de l'ennemi, au

typhus et à la dysenterie rentrent chez eux, à la fin des hostilités, dans un piètre état. Quelques-uns pousseront leur dernier soupir peu après leur retour. Les autres vont essayer, non sans mal, de se réinsérer dans la vie active et de faire des enfants. Ce ne sont pas les femmes qui manquent : la guerre, en décimant les mâles, a laissé un stock excédentaire de belles insatisfaites. Mais les démobilisés sont avachis, déprimés, souvent gazés. Pour engendrer, ils ne sont guère à la hauteur. Même s'ils n'ont pas été en contact avec les défoliants, ils risquent de donner naissance à des demi-portions.

On a remarqué que la taille, en particulier, subit chez les enfants des anciens combattants une diminution remarquable, à tel point qu'après chaque guerre, les autorités chargées du recrutement sont obligées d'en abaisser le minimum requis pour l'incorporation, si elles veulent des forces suffisamment nombreuses. Sous Louis XIV, la taille minimum avait été fixée à 1,624 m. En 1799, Napoléon la réduit à 1,598 m, et descend jusqu'à 1,544 m cinq ans plus tard, quitte à avoir une armée de nabots. Il est vrai que lui-même n'était pas grand. A la Restauration, la limite est relevée à 1,57 m, pour chuter de nouveau à 1,54 m après la guerre avec l'Espagne.[349] Vacher de Lapouge observe que les enfants nés après la guerre de 1870, en Allemagne et en France, sont « fort médiocres en quantité, déplorables en qualité [350] ». L'arrivée de ces générations entières d'individus chétifs a naturellement pour résultat d'augmenter le taux des exemptions. En France, il atteignait déjà, en 1827, 43 %, et plus de la moitié des recrues anglaises autour de 1900 était, dit-on, jetée au panier.

En ce qui concerne les civils, une réflexion superficielle pourrait faire penser que les bombes ne choisissent pas, qu'elles tombent uniformément sur les mauvais et sur les bons, et que la sélection ne joue plus. Ce n'est pas exact. En réalité, les projectiles ont une petite préférence pour les personnes les plus exposées, agents de la défense passive, pompiers, brancardiers, médecins, infirmières, c'est-à-dire, ici encore, pour les gens les plus dévoués et les plus courageux.

Le jeu de la sélection se détraque dans la perspective d'un conflit nucléaire fondé sur la stratégie anti-cités. La globalisation de l'anéantissement ne s'accommode plus de critères sélectifs, et toutes les victimes sont également privilégiées. Heureusement, comme nous l'avons indiqué plus haut, cette stratégie cède progressivement la place à la notion d'une action anti-forces, où le combattant professionnel reprend ses droits, et en premier lieu celui de servir de cible aux armes adverses. Du même coup, la guerre retrouve sa grande fonction démographique de toujours : les êtres les plus jeunes, les plus beaux, les plus prometteurs pour l'avenir du pays et pour sa descendance sont impitoyablement déchiquetés, brûlés ou irradiés, tandis que les difformes, les rachitiques, les épileptiques, les débiles et les crétins sont soigneusement conservés pour la propagation de l'espèce.

CHAPITRE IX

LA MUSE AU COMBAT

Les plus fortes œuvres littéraires de l'Antiquité ont été des chroniques militaires : l'*Anabase* de Xénophon, *La Guerre des Gaules* de César. Les premiers balbutiements de la littérature française ont été des chansons de geste et des romans de chevalerie. Au Moyen Age, les *Mémoires* de Joinville, plus tard les *Commentaires* de Monluc, le *Journal de marche* du sergent Fricasse comptent parmi les écrits les plus célèbres. La guerre de 1870 consacre les talents de Maupassant, de Huysmans, d'Erckmann-Chatrian. Avec le premier conflit mondial, les témoignages, les récits plus ou moins romancés se multiplient. Mais c'est dans le domaine de la poésie que l'influence de la guerre est la plus sensationnelle. Et si le *Râmâyana*, l'*Iliade* et l'*Énéide* ne sont pas si mal, ils n'arrivent pas à la cheville de la production épico-lyrique de 14-18 pour ce qui est de l'abondance et de l'enthousiasme belliqueux. C'est véritablement phénoménal. On aurait dit qu'il y avait un poète en puissance sous la capote de chacun des combattants.

Nous avons choisi, dans cette matière surabondante dont la qualité littéraire n'est pas toujours à la hauteur des sentiments, quelques œuvres significatives que nous avons groupées par grands thèmes d'inspiration.

Voici la guerre considérée comme une expiation pour la « coupable France » :

Ce monstrueux conflit, ne le déplorons plus !
Nous l'en verrons sortir le cœur haut, les mains pures :
Bain de sang et de feu pour toutes ses souillures,
L'épreuve lui rendra ses anciennes vertus. [351]

Un autre thème est celui de la femme française, toujours belle, douce, tendre, dévouée et constamment vertueuse. Même Jeanne d'Arc, la farouche guerrière, devient, sous la plume du poète, une enjôleuse, « une douce entraîneuse [352 *] », une manière de taxi-girl de la Marne.

La femme française, à 90 %, est infirmière. Son travail, aussi pénible qu'il soit, ne lui a pas fait perdre sa féminité, et si elle a courageusement relevé les manches, c'est « avec un geste caressant », en témoignant pour le combattant une chaste tendresse :

Pour nous incliner, toutes blanches,
Sur nos soldats, rouges de sang,
Nous avons relevé nos manches
Avec un geste caressant [...]

Plus de classes, plus de barrière,
Le pays n'a plus qu'un seul cœur.
Ô mon frère, je suis ta sœur,
Toi le soldat, moi l'infirmière. [353]

Lorsqu'elle n'est pas infirmière, la femme française tricote :

Une mère, sur un mur,
Tricote dans le froid dur.
Tricoti... Tricota...
Des chaussett's pour son p'tit gars. [354]

Quant à la mère, il n'y a qu'un mot pour la décrire : elle est sublime. Lorsqu'elle parle à son enfant, c'est pour lui insuffler l'héroïsme et flétrir ceux qui ne sont pas encore partis au front. Elle ne mâche pas ses mots :

J'aime mieux mon fils mort que l'avoir ici, lâche. [355]

Et quand on lui dit :

Ton fils aux grands yeux noirs, il est tué, ma sœur.
Ô ma sœur, tu l'as vu, ton petit trépassé, [356]

elle n'a qu'un cri :

Cette mort, je l'aime ! Elle est grande, elle est sainte :
Mourir pour la Patrie est le sort le plus beau... [357]

Et quand on annonce à cette autre femme que son troisième fils vient de tomber, que répond-elle ?

Aujourd'hui, grâce à Dieu, je connais ce bonheur,
Car je viens de donner mes trois fils à la France ! [358]

C'est du moins ce que le poète lui fait dire.

Avec des mères de cette trempe, les marmots, dès la barboteuse, ne rêvent qu'à faire le coup de feu. Attentifs à leur psychologie, les adultes leur ont composé des rondes enfantines et d'adorables saynètes de ce genre :

Des enfants jouent au soldat sur une place publique. Le « chef » interroge le « zouave ».

LE CHEF

Combien de prisonniers ?

LE ZOUAVE

Néant ! Car sur un signe,
On a tout zigouillé ! C'était notre consigne !

LE CHEF

Bravo !... De tout cela je ferai mon rapport
Lequel sera transmis au grand état-major !...

(Entre un poilu. Le chef admire sa baïonnette et lui demande :)

LE CHEF
Et combien ce joujou s'est-il offert de Boches ?

LE POILU
Bien plus que vous n'avez de billes dans vos poches,
Dieu seul en sait le nombre exact, ô chers enfants ![359]

Les témoignages des combattants – journaux intimes, lettres – pourraient nous laisser croire que l'homme sur la ligne de feu 1°) souhaite recevoir une blessure sans gravité mais assez sérieuse pour l'autoriser à regagner définitivement ses foyers ; 2°) redoute la blessure grave ou la mutilation qui fera de lui un objet de commisération et un être diminué pour le reste de ses jours. Le poète nous assure que tout cela est faux. Lorsque passe le convoi des blessés,

Leurs yeux trahissent leurs regrets.
Ils n'aspirent qu'à voir la fin de leur souffrance
Pour prendre le même chemin
Et consacrer leur vie à défendre la France
Et pour elle mourir demain ![360]

Les blessés et les mutilés sont tellement beaux qu'en les voyant chacun pâlit de jalousie :

Ô mutilés, grandis de vos membres perdus,
Sublimes éclopés, héroïques fourbus [...]
[...] Le pays vous acclame, plus beaux
D'être ainsi déchirés, comme les fiers drapeaux ;
Et plus d'un dans la foule en secret vous envie.[361]

Le père dont le fils revient avec une jambe de bois, ne peut retenir sa joie :

Bravo mon fils ! Je suis heureux ![362]

Aveugles, estropiés, mutilés gagnent à tous les coups; ils sont appréciés, honorés, aimés des femmes. On se les arrache.

... S'il vous manque une main, un pied,
Consolez-vous, braves troupiers :
De votre mère, de votre fiancée,
Vous ne serez que plus aimés...
Nous voulons vous guérir
Et aussi vous chérir.
Si j'étais jeune fille
J'en épouserais un à béquilles. [363]

Enfin, dernier aspect du mythe : les soldats tués à la guerre ne sont pas à plaindre.

Salut, ô premiers morts de nos premiers combats [...]
Héros, je vous salue et ne vous pleure pas! [364]

En effet, rien n'est plus agréable que de mourir à vingt ans dans les combats :

Quoi de plus beau que la mort du guerrier,
Tombant soudain sur le champ de bataille? [...]
Sans peur il voit la mort enchanteresse :
Calme, impassible, il périt sans tristesse.
Dans le combat, les mourants sont heureux
Tels les grands blés coupés par la faucille,
Les compagnons, dont pas un ne sourcille,
Sur le terrain sont étendus nombreux.
On les inhume au son de la trompette
Et du tambour! Leur mort est une fête! [365]

Il faut noter que cette affirmation, si elle apporte une consolation aux survivants, arrange aussi – heureuse coïncidence – le commandement. Rien ne peut mieux maintenir le moral de la nation et celui des combattants que de montrer la mort sous un aspect délectable.

Autre mythe parmi les mieux reçus : celui d'une France généreuse et pacifique, qui ne songeait qu'aux joies tranquilles de la paix lorsque l'ennemi s'est jeté sur elle.[366] *

C'est alors qu'apparaît le poilu. Fils d'une terre bénie des dieux, il se devait d'être, comme elle, doué de toutes les qualités. Demandons à un abbé martial de nous en faire le portrait. Le poème qui va suivre est tiré d'un recueil intitulé *Un chant de consolation*. Dans une préface enthousiaste, Maurice Barrès s'écrie : « Ne reconnaissez-vous pas soudain vivantes, présentes, pressantes, allégées de leur solennel et de leur lointain, les strophes du roi David ? » Écoutons le faux roi David célébrer « le vrai poilu » :

Le poilu, c'est celui qui mord dans l'Allemand
Sans que l'odeur l'arrête ou que le goût l'effraie...
D'autres n'ont que la gueule... Il a la force vraie
Qui pâlit... puis sourit au premier sifflement.

Le poilu, c'est un type à poil, évidemment !
Mais quel poil ? Crins huileux, bien alignés en raie ?
Joli bouc blond qui frise et pousse comme ivraie ?
Poil de la main ? Ces poils craquent en parfumant...

Lui, du poil des poilus à grands poils de la Garde,
Crâne quand c'est l'assaut, calme quand ça bombarde,
La guerre, il la finit, mort, médaillé, vainqueur !...

L'âme au feu des canons comme un acier trempée,
Pour être un vrai Poilu de la fière Épopée,
Il faut, imberbe ou chauve, avoir du poil au cœur ![367]

Nous avons déjà là les traits fondamentaux du soldat français. D'abord il ne connaît pas la peur :

Le poilu ne craint pas la balle
Et lorsque sonne le clairon,
Il s'élance dans la rafale...[368]

C'est un « pèlerin du panache », il a « le geste crâne », il met « flamberge au vent [369] ». Et le front est un mot qui le plonge dans un abîme de délices :

Le « front » quel mot charmant !...
Le « front » ! Le « front » ! Le « front » !
Doux rayon de soleil,
Où mûrit l'épi blond
Baigné de sang vermeil. [370]

Le soldat français possède une autre qualité : la finesse. Et les armes dont il se sert ont la même finesse que lui. Le canon de 75 en particulier est « élégant », « léger, spirituel et charmant [371] », c'est un « joujou de mort épique », un « insecte léger qui pique », bref « un article de Paris [372] ».

Enfin, mythe ultime, celui de l'ennemi considéré comme une créature abjecte, affligée des défauts physiques et moraux les plus odieux.

Tout d'abord les Allemands sont laids, leurs visages

Blafards et camus
Ressemblent à des fromages. [373]

Ils ont « le poil ras, la chair rose [374] ». La femme allemande quant à elle, « sous son avalanche de graisse » a des « regards d'ogresse [375] » et la Gretchen a

... des yeux ronds de faïence,
Les gros yeux pâles d'un veau blanc.
Pour le reste, visage ou flanc,
C'est lard ou jambon de Mayence. [376]

Les Allemands, c'est bien connu, ne sont pas intelligents, ce sont des « Teutons brutaux au crâne étroit [377] », des

lettrés vaniteux et pédants...
Écrivains cauteleux, reptiles impudents,
Professionnels de l'injure [378]

qui ignorent

La beauté d'une cathédrale,
L'art dans sa forme originale [379]

et dont la fameuse culture n'est que

Compilation pure
Où n'émerge rien de divin...
Où chaque Herr Professor fait de la Rhétorique,
Ivre de bière ou de vin. [380]

Car l'Allemand est, bien entendu, un abominable ivrogne, un goinfre, une bête livrée aux pires appétits :

L'infini de son ventre est son seul horizon,
Souiller, son idéal, et ripailler, sa joie... [381]

Son ivrognerie fait bon ménage avec le pillage, la violence :

Il verse à flots le sang dans cinquante batailles
Pour conquérir jambons, pendules et futailles;
Il fait la guerre aux coffres-forts;
Et lorsqu'il interrompt sa sinistre besogne,
Joyeux d'être assassin, glorieux d'être ivrogne,
Il se repose sans remords. [382]

L'Allemand est également sournois, hypocrite, débauché, lubrique, servile, à la fois plat comme un chien et ivre d'orgueil, parjure, cynique, assoiffé de luxure...

Il évoque tous les bas-fonds :
Ceux de la turpitude et de l'ignominie,
Ceux de la cruauté, ceux de la perfidie...
Êtres sans foi, cuistres, menteurs,
Féroces et pervers, mis sur terre pour nuire,
Jaloux du vrai, du beau, toujours prêts à détruire,
Fanfarons et provocateurs. [383]

Si encore l'Allemand était un bon soldat, on pourrait lui pardonner sa brutalité. Mais c'est un lâche qui

Tourne les talons
A la vue d'un seul pompon.[384]

et ne marche au combat que poussé aux fesses par ses

Yunkers aux mœurs infâmes.[385]

On va donc le comparer à tous les habitants de l'Arche de Noé. Il sera tour à tour un mollusque dégoûtant, un aigle noir, un loup dévorant, un tigre sanguinaire, un corbeau,[386] un singe, un porcin vorace ou un rongeur porteur de maladies atroces :

Le Boche tient du rat, du porc et du putois…
Ses yeux glaireux, vitrés dans des cercles d'orfrois,
Ont la forme de clous ; leur regard est funeste,
Il engendre le pus, le choléra, la peste…[387]

Nous y sommes. Ce n'est plus un animal, c'est un monstre.

La bête sanguinaire, aux anneaux de serpent,
Possède d'innombrables têtes menaçantes
Et des membres visqueux, des lanières puissantes…
Dragon d'apocalypse, il écume et répand
Par ses naseaux fumants des flammes jaillissantes ;
« Tout son corps est couvert d'écailles jaunissantes. »
C'est la tarasque infecte, être vil et rampant.
C'est l'hydre germanique, effroyable, vomie
Par les bouches d'enfer…[388]

Envers une telle créature, quel sentiment peut-on éprouver, sinon la haine ?

Arborons fièrement notre haine au soleil.
Haine, ce mot sacré, dis-le dans ta pensée,

Haine, ce mot sacré, dis-le dans ton sommeil,
Haine, ce mot sacré, dis-le dans ton éveil...
Haine, nous t'apprendrons aux tout petits enfants;
Le grain de sénevé, la semence fragile,
Grandira, grandira, comme dans l'Évangile,
Pour étendre sur eux ses rameaux étouffants. [389]

Cette haine va tout naturellement nous pousser à l'action, comme nous y convie une jolie chanson de troupier :

Engraissons notre sol, eh, v'lan!...
De chair germaine.
Buvons double, au bidon de haine,
Car nous mangeons de l'Allemand. [390]

Chacun est préposé à une tâche bien définie :

Enfants, crachez-leur au visage!
Femmes, arrachez leurs poils roux!
Hommes, traitez-les en sauvages,
Massacrez-les comme des loups! [391]

Le conseil va faire tache d'huile. Il sera répété dans d'innombrables œuvres de fine poésie :

CHANSON DE MARCHE

Dès que nos canons tonnent,
Les Allemands frissonnent
Tandis que nos soldats
Enfilent ces goujats.
Héros de l'arme blanche,
Bravo! C'est la revanche...
En avant! escadrons
Écrasez les Teutons!

Refrain :

A la Treizième
Du Dix-neuvième
Y'a qu' des poilus, de solid's gars.
Toujours en veine
Le capitaine
Est un papa pour ses soldats. [392]

On ira jusqu'à le chanter sur l'air de « Nous n'irons plus au bois » :

Nous allons vers les Bois
Par les Boches occupés,
Les poilus que voilà
Viendront nous appuyer...
Sortez sur le ventre,
Voyez comme on rampe.
Rôdez, guettez,
Crevez les Boch's que vous pourrez ! [393]

Un général inspiré, catholique fervent, à qui l'on doit plus d'un hymne édifiant, reprend la même idée, mais sur un ton plus épique. Parlant à son sabre, il s'écrie :

Bas la pointe, à présent,
Entre jusqu'à la garde au fond de leurs poitrines !
Hardi ! Fais ruisseler des fontaines de sang ;
Fends les casques à pointe et taillade en plein flanc,
Ô mon sabre, instrument des colères divines ! [394] *

Un autre poète, dans sa ferveur patriotique, lance un appel au génocide :

Et puis, alors, sabrez à plein cœur la canaille !
Uniformes d'azur, teignez-vous dans le sang...
Il nous faut les tuer jusques au dernier rang !
Peuple allemand maudit, nation vile, immonde...
Ton nom, à tout jamais, sera rayé du monde ! [395]

Dans la poésie suivante, due à la plume chrétienne d'un bon abbé, l'appel au génocide se double d'une invite discrète à profaner les tombes ennemies :

Ah! s'allume en mon cœur le feu de la vengeance!
Nous détruirons tous ces corbeaux,
Nous chanterons aussi l'air de réjouissance
En piétinant leurs tombeaux.

C'est par ce seul moyen que, sans laisser de trace,
Disparaîtra du genre humain
Son opprobre vivant, cette maudite race;
Nous voulons que ce soit demain! [396]

Citons enfin un poème où le vœu se fait plus précis, et s'accompagne de détails pittoresques :

Soldat! Quand tu verras sur quelque croix de bois
Une inscription noire en gothique écriture,
Brise l'ornement saint et son humble clôture,
Car le guerrier félon sur Dieu n'a pas de droits.
Mets bas le mausolée et défonce les tombes...
Expose au ciel pourpré le charnier noir de vers,
Pour que l'oiseau de proie accoure à la ripaille...
Moignons rongés et drap pourri, que tout s'en aille!
Morts de la Germanie, emplissez les enfers... ! [397]

La France est bien cette merveilleuse « terre d'idéal, de rêves généreux [398] » qui enseigne partout « la Bonté Éternelle [399] », et le Français est décidément cet homme ayant

l'unique but, par l'œuvre et la parole,
D'élever, de grandir l'homme en sa dignité

et de promouvoir

La paix, la douce paix par la Fraternité. [400] *

CHAPITRE X

LE HÉROS ET L'INFINI

On a souvent assimilé la guerre à une fête. La comparaison est tout à fait exacte. La guerre est un immense carnaval, une kermesse, la continuation des jeux de l'enfance. La seule petite différence, c'est qu'à la guerre le char ne tire plus des projectiles de caoutchouc, la cible n'est pas un pantin de carton mais un soldat bien vivant; le petit garçon foudroyé ne se relève plus pour continuer la bataille. On ne fait plus semblant. On ne rigole plus. L'usine brûle pour de bon, et ne renaîtra pas de ses cendres. Le croiseur est au fond de l'eau avec son équipage et ne réapparaîtra jamais. Le cadavre est un vrai cadavre, et il ne reste plus qu'à l'enterrer, si les circonstances s'y prêtent. En ce sens, la guerre est la fête suprême, la seule qui soit authentique, avec risque de mort pour tous, et non pas seulement pour les acrobates et les dompteurs : les spectateurs sont dans le coup.

D'où son extraordinaire pouvoir de séduction : la guerre nous arrache brutalement, délicieusement, à notre morne devoir, à la médiocrité de notre existence, « elle brise l'ennui d'une société mécanisée et la soulage de la mesquinerie et de la prudence des efforts quotidiens. »[401]* On rompt les amarres, c'est l'aventure. Nous voici délivrés de parents étouffants, d'une femme acariâtre, d'une maîtresse encombrante. Nous échappons aux fins de mois difficiles, aux traites impayées, aux retards d'impôts, aux découverts de notre compte bancaire.[402]* La crainte de la faillite, la menace du licenciement disparaissent. Les problèmes d'avancement, la jalousie des collègues, la tyrannie du patron n'ont plus d'importance. On pose à terre les soucis. L'Armée devient la Mère, elle prend le relais. Les allocations spéciales, le salaire du mobilisé qui continue à lui être versé assurent les besoins de la famille. Mieux que cela : le combattant, étant logé, nourri et habillé gratuitement, n'a guère de frais : voici pour lui l'occasion rêvée de faire des économies pour ses vieux jours, s'ils viennent.

La guerre apprend le détachement. Le militaire en campagne oublie vite à quoi peut ressembler un appartement chauffé, une salle de bains, un lit douillet. Il a chassé de son vocabulaire le mot même de confort. Il est définitivement libéré de la vie de mollesse et de débauche qu'il menait sans le savoir, de son attachement immodéré pour sa modeste maison, ses émoluments d'employé, ses quelques livres, ses disques, ses albums de photos, les dessins de ses enfants. « L'homme qui combat n'a plus de passé. [403] » Il n'a d'ailleurs souvent que peu d'avenir. Il se trouve ainsi suspendu hors du temps, coupé du reste de l'univers, splendidement seul en face de lui-même. Il n'avait pas jusqu'ici trouvé l'occasion de s'interroger sur les problèmes essentiels. La solitude à laquelle il est voué désormais lui donne enfin la possibilité de s'approfondir et de s'accomplir.

C'est du moins ce qui devrait se passer si ladite solitude n'était pas à chaque instant troublée du fait de l'effroyable promiscuité qu'entraîne obligatoirement la vie militaire et qui sévit partout, nuit et jour, dans la tranchée comme dans la casemate, à l'arrière comme au front, au cœur de la bataille comme dans la baraque des prisonniers. Le soldat est constamment harcelé. Il ne peut s'isoler, ne serait-ce que l'espace d'une seconde. Il faut vivre ensemble, manger ensemble, dormir ensemble, jouer ensemble, se laver ensemble. « Même les fonctions les plus humbles de la digestion doivent s'accomplir en commun. [404] »

Si ce genre de vie est désastreux pour l'exercice de l'intelligence et la méditation, par contre il entraîne chez le mobilisé une stupéfiante mutation de son caractère et de ses habitudes.

Hier encore il était timoré, pudibond, craintif, préoccupé de sa santé, méticuleux, voire maniaque. C'était un modèle de sobriété. Son honnêteté était proverbiale. Sa courtoisie était exquise, On le savait d'une fidélité rigoureuse.

Le voici un autre homme. Il mange avec ses doigts, il crache par terre, il jure, il se saoule, il trousse les servantes, il raconte des histoires graveleuses, il est désordonné, il est sale, il pue, il chaparde. On ne le reconnaît plus. Hier, il n'aurait pas fait de mal à une mouche ; aujourd'hui, il est prêt à massacrer tous les habitants de la planète. La guerre, comme un miraculeux engrais, a fait naître en lui les plus hautes vertus, les plus fortes qualités, qui risquaient, sans elle, de sommeiller ou de disparaître. Elle est vraiment, comme le dit Paul Bourget, « la Régénératrice ». [405] *

☆

Le goût du risque est « le sel de la vie ». Nos ancêtres, que mille périls menaçaient en permanence, n'avaient pas de mal à le satisfaire. Aujourd'hui, les périls ont disparu, les bêtes sauvages sont devenues introuvables, les rivières, grâce aux écluses et aux lacs de retenue, débordent rarement, les éruptions sont quasi programmées. Que reste-t-il à l'amateur de sensations fortes, sinon la guerre ?

On pourra nous objecter que rien n'empêche celui que tenaille l'envie de mourir d'embrasser la carrière de dompteur, de pilote de course ou d'acrobate. Et certes il est difficile de soutenir que ces métiers ne comportent pas quelques risques mineurs. On a vu plus d'un dompteur se faire arracher une jambe ou un bras par un animal un peu vif, ou même, bien que plus rarement, se faire dévorer tout entier. Le pilote de course peut manquer son virage, l'acrobate son trapèze. Il reste que ces professions ne peuvent pas se comparer à celle du soldat. D'abord parce qu'elles sont la conséquence d'un choix volontaire et réfléchi, alors que le combattant ne fait généralement que suivre un destin que quelqu'un d'autre a décidé pour lui. Ensuite parce que les situations périlleuses dans lesquelles se trouvent les casse-cou professionnels impliquent des risques calculés : le dompteur connaît les gestes et les attitudes susceptibles de provoquer la mauvaise humeur de ses protégés ; le conducteur d'un bolide connaît la vitesse maximale à laquelle il peut prendre un tournant sans déraper. Le soldat de base, lui, n'a rien à calculer. Il peut seulement espérer qu'il passera à travers les balles ennemies, et que la bombe lâchée par un avion ou une fusée ne tombera pas sur sa tête. Il lui est pratiquement impossible d'augmenter ou de diminuer son risque. Il est livré, totalement, au hasard, ce qui lui procure un incomparable soulagement. Enfin, la mort du pilote automobile est consternante, celle de l'aviateur est tragique, celle du dompteur est horrible. La mort du soldat, en revanche, quelles qu'en soient les circonstances, même si elle survient à la sauvette, est glorieuse, toujours.

Le risque à la guerre possède donc sur celui des métiers réputés dangereux de sérieux avantages. Il est, en outre, beaucoup plus démocratique. Il n'exige aucune aptitude particulière, aucun talent spécial. Il est, en conséquence, accessible à un très grand nombre d'individus, d'autant plus que la formation du soldat est réduite, et gracieusement assurée par l'État. La guerre met le danger à la portée du premier venu.

L'ivresse qui accompagne le frôlement de la mort est, à la guerre, d'une haute qualité. Elle se nourrit d'une riche gerbe de composantes. Il y a le sifflement des balles, le claquement des coups de fusil, le fracas des explosions. Il y a la fanfare, le roulement du tambour, l'appel du clairon. Il y a les gémissements des blessés, les cris des moribonds. Il y a le sang, dont la couleur porte au paroxysme l'excitation du combattant, par un processus tout à fait semblable à celui qui déchaîne l'instinct meurtrier de l'animal dès qu'il voit couler le fluide précieux. Alors l'homme se jette sur l'homme, en proie à la plus noble des passions, et « le sang qui ruisselle de toutes parts ne fait que l'enivrer à répandre le sien et celui des autres ; il s'enflamme par degrés, et il en viendra à l'enthousiasme du carnage [406] * ». On a d'ailleurs remarqué que les plus généreux avec le sang des autres sont ceux que leur âge ou leurs fonctions mettent à l'abri de la mitraille, comme si l'impossibilité où ils sont de courir à l'ennemi redoublait leur ardeur, qui s'exprime alors, faute de mieux, dans des exhortations brûlantes.

Tous ceux qui ont eu l'expérience de la guerre le disent : elle est une incomparable source de joie, et sa puissance est telle qu'elle emporte dans son tourbillon tout ce qui pourrait ressembler à un remords. Nous en avons des exemples fameux. Dans son testament, rédigé le 29 avril 1945, peu avant son suicide, Hitler, loin de se lamenter sur les millions de jeunes hommes qu'il avait fait périr, a cette phrase prodigieuse : « Je meurs le cœur joyeux. [407] »

La joie de tuer est une des plus violentes que l'on puisse ressentir. [408] * Celui qui n'a jamais goûté le plaisir intense de plonger un poignard dans la poitrine de son semblable, ou de l'abattre d'une rafale de mitraillette, ne connaît pas la volupté. Intrigués par ce phénomène, des philosophes en ont cherché la racine, et certains ont avancé une explication qui n'est pas sans intérêt : lorsqu'un homme est tué, sa force, par une sorte de transfusion magique, passe dans le corps de son meurtrier, qui éprouve alors une plénitude totale, vingt fois plus puissante que celle que provoque la plus dure des drogues. D'où les expressions que l'on trouve dans les témoignages de nombreux combattants pour décrire cet état, expressions empruntées au vocabulaire du mystique : « passion de l'âme, béatitude, joie qui éclate, vol de l'esprit, extase, ivresse de l'amour [409] * ».

On croit volontiers que la guerre attise la haine. C'est une erreur. Sans doute quelques timides ont besoin, pour tuer dans la sérénité, d'un aiguillon, et le fait d'avoir affaire non pas à un être à leur image mais à un chinetoque, un goun, un boche, un raton, un bicot, facilite leur tâche, et les délivre de leurs éventuels scrupules. [410] * Mais en dehors de ces cas isolés, « la guerre est un chapitre de l'amour [411] ». Pointer son fusil vers un guetteur inattentif, lancer un missile, tirer un coup de canon, arroser les lignes adverses avec une mitrailleuse, larguer une bombe à fragmentation, aussi surprenant que cela paraisse, sont des gestes d'amour. C'est le cœur débordant de tendresse pour ses futures victimes que l'assaillant jette une grenade dans le refuge où sont blottis vingt soldats ennemis. Et quel est le sentiment qui domine dans ce passage des *Écrits sur la guerre* d'Alexis Tolstoï ? « Les avions de l'adversaire bourdonnaient autour de moi comme un essaim d'abeilles. Le cou me faisait mal à force de tourner la tête. Emporté par la passion de la bataille, je hurlais à pleine gorge [...] Tout à coup, de dessous moi, un avion de chasse jaillit, qui s'arrête un millième de seconde devant mon nez ; je vois le visage de l'homme : une face puissante, barbare ; dans les yeux, de la haine et une supplication comme s'il demandait grâce [...] Il fait la culbute en fumant. [412] » Ce récit n'est-il pas l'illustration magistrale de cette phrase de René Quinton : « Le contact de l'ennemi est un contact de l'amour ? [413] »

☆

On a toujours dit que l'amour transfigurait. La guerre, acte d'amour, donne à l'homme sa beauté. « Qu'ils sont beaux ! » s'écrie Maurice Barrès en parlant des poilus de 14, « qu'ils sont beaux, nos défenseurs dans ces trous, derrière leurs talus, leurs fils barbelés, leurs fascines, creusant leurs redoutes dans la glaise... embrassant la terre natale ! [414] » Cette description flatteuse et enthousiaste, faite par un grand patriote retenu loin du front, coïncide point par point avec les témoignages de ceux qui ont réellement mené l'existence du fantassin : « On monte toujours. Les visages des hommes sont cramoisis. Les capotes sont ouvertes, les vestes déboutonnées, un mouchoir à carreaux est noué autour de leur cou et la crasse de leur front, libérée par le casque rejeté en arrière, sur la nuque, s'élance en rigoles noirâtres par les plis profonds du visage, jusqu'aux coins de la bouche desséchée. [415] »

La beauté du soldat ne laisse pas les femmes insensibles, d'autant plus qu'il se mêle à leur admiration une part d'envie bien compréhensible. Les malheureuses, en effet, sont généralement exclues du clan des guerriers, même si l'on perçoit, depuis quelques années, une légère amélioration de cette situation. C'est d'ailleurs parce qu'elle est empêchée de faire le coup de feu que la femme se trouve dans un état d'infériorité lamentable par rapport à l'homme, et qu'elle présente « les traits intellectuels du sauvage : désir de briller, amour des décorations, impulsion, étonnement devant les phénomènes naturels, religiosité, absence d'idées générales [416] ».

Bornée, facilement éblouie, affligée de fortes tendances masochistes, la femme va tout naturellement se pâmer devant le militaire et devant l'uniforme, symboles de domination et de violence, et l'attrait qu'elle éprouve, déjà très vif en temps de paix, va décupler en temps de guerre. Il y a, à cela, de multiples raisons. L'environnement, d'abord, se prête aux aventures. Le black-out facilite les rencontres, assure l'anonymat, avive la curiosité. La mobilité des cantonnements accentue le caractère fugace de ces liaisons d'un soir, qui les fait ressembler aux amours de croisière ou de vacances; bonjour, bonsoir, on se prend, on se quitte, on ne se reverra probablement jamais. Le souvenir qu'on en garde est parfois très vivant : de 1942 à 1945, on a recensé deux millions d'enfants illégitimes en Italie. On dit aussi que l'engouement des femmes pour le combattant vient de leur côté maternel et protecteur qui les pousse vers ceux qu'un destin cruel a choisis pour être sacrifiés. Quoi qu'il en soit, il existe à l'évidence un rapport étroit, que la plupart des historiens ont souligné, entre le déclenchement d'une guerre et l'accroissement de la sexualité. [417] Il s'explique aisément. Les deux composantes du sexe sont le masochisme et le sadisme, qui sont également des éléments fondamentaux de la pulsion belliqueuse. La soif masochiste de sacrifice et d'autodestruction qui prévaut à la guerre devient, dans la relation sexuelle, l'aspiration à l'oubli dans l'extase, la sensation d'évanouissement, ce qu'on a baptisé « la petite mort ». Le plaisir sadique de dominer autrui et de lui infliger la plus grande souffrance possible se retrouve intégralement dans l'amour. Freud, et beaucoup d'autres après lui, ont montré que « la sexualité de la plupart des hommes contient des éléments d'agression [418] ». Même dans le désir apparemment sublime de féconder une femme, il entre une bonne dose de délectation sadique de la part du mâle, dont le but inavoué est d'alourdir sa partenaire pour mieux la retenir et s'en assurer la possession. N'est-ce pas d'ailleurs la première idée qui vient à l'esprit d'un mari jaloux, faire un enfant à la jeune épouse jugée trop volage ? La seule différence entre l'acte sexuel et l'impulsion guerrière, c'est que le premier ne va pas toujours jusqu'au meurtre.

Le slogan de 1968 « Faites l'amour, pas la guerre » est une sottise. L'amour et la guerre font bon ménage. D'ailleurs l'amour est une forme de guerre, avec ses ivresses, ses cruautés et ses victimes. Il emprunte même sa terminologie au langage guerrier : on parle de conflits amoureux, de conquêtes, de cœurs qui s'affrontent. A l'inverse, le vocabulaire amoureux s'applique admirablement aux choses de la guerre. Voici, à titre d'exemple, quelques extraits du fort sérieux règlement allemand sur la conduite des troupes,[419] dont les conseils sont aussi précieux pour l'amant que pour le soldat en campagne. « Plus l'attaque semble difficile, plus la préparation doit être minutieuse ;[420] la surestimation d'un succès qui n'est pas encore mûr fait courir le danger de graves déconvenues.[421] La hâte entraîne l'échec.[422] On peut envisager l'utilisation de l'obscurité pour le début de la progression,[423] l'attaque dans les dernières heures de la nuit permettant de dissimuler plus longtemps les intentions.[424] Alors que, dans le cas d'une résistance faible, l'irruption peut succéder immédiatement aux travaux d'approche… dans le cas d'une résistance opiniâtre, on doit préparer l'assaut… qui se présente différemment selon la valeur de la position.[425] En règle générale, toute attaque conduit, à travers des crises plus ou moins sérieuses, à un point culminant décisif.[426] Après l'assaut, l'adversaire est terrassé, la percée définitive.[427] Toutefois si, après la rupture victorieuse,[428] on manque de forces pour continuer, il peut être nécessaire de marquer un temps d'arrêt pour reprendre haleine.[429] »

☆

C'est bien connu. Le soldat n'est jamais fatigué.[430] On pourrait dire qu'il est increvable, si l'expression ne risquait de prêter à confusion. Les récits de troupes harassées, d'hommes accablés « par des fatigues inconnues », qui avancent « l'esprit vide, la tête lourde, le corps pesant, le cœur endolori par une souffrance intraduisible, sans espoir, sans joie, avec une résignation de bête [431] », sont évidemment des histoires à dormir debout. Au contraire, « les combattants au cœur le plus haut sont les combattants épuisés [432] ». C'est lorsqu'ils sont parvenus au dernier degré de l'abattement, lorsqu'ils sont taraudés par la faim, abrutis par l'insomnie, rongés de fièvre, qu'ils déploient les qualités les plus brillantes : lucidité, vivacité, énergie, esprit d'initiative, rapidité de décision. Seul l'humour leur fait défaut, mais ce n'est pas grave : l'armée n'est pas réputée pour en faire une grande consommation. [433] *

Le courage, en temps de paix, est surtout reconnu à ceux qui s'exposent pour préserver la vie d'autrui, tels le chirurgien, le sauveteur, le secouriste ou le pompier. Ce courage ne présente aucun intérêt. Le seul valable est celui de l'homme de guerre, car son objet est non pas la vie mais la mort de l'autre.

Bien que le courage à la guerre soit, comme le bon sens, la chose du monde la mieux partagée, il n'est pas mauvais de le stimuler un peu lorsqu'il faiblit. Un petit coup de gnole, un verre de rhum, voire un peu d'éther ne font jamais de mal. Il y a aussi l'aiguillon psychologique : quelques paroles bien senties, dont l'objet principal est de faire comprendre au troufion que, s'il n'avance pas, on n'hésitera pas à lui tirer dans les fesses. Le grand Frédéric disait que le soldat, pour bien combattre, devait avoir beaucoup plus peur de ses officiers que de l'ennemi. [434] *

La peur, comme la diarrhée, ou les deux à la fois, la première entraînant la seconde, peuvent s'emparer du combattant. C'est normal, surtout chez celui qui fait connaissance avec la guerre pour la première fois ; la peur est généralement au rendez-vous. Que celui qui ne l'a jamais ressentie lui tire la première balle !

Heureusement pour lui, et pour les chefs, peu à peu elle s'estompe. Il y a tellement de cadavres, à droite, à gauche, devant, derrière ; on s'habitue, on ne les voit plus, on ne les sent plus, on s'endurcit. La mort devient familière. En temps de paix, le décès d'un jeune est une tragédie. En temps de guerre, c'est un événement quotidien, qui va de soi. [435] * Vous plaisantez avec un camarade, vous allez lui passer une cigarette, il tend la main pour la prendre, il ne la prend pas ; il est mort. C'est aussi simple que cela. Il n'y a pas de quoi en faire un roman. La mort n'est plus une rupture angoissante, elle n'est plus un phénomène dramatique, elle n'a plus d'importance, elle n'a plus de valeur, elle n'a plus de sens. Elle ne signifie plus rien. La vie non plus, d'ailleurs.

Il y a bientôt plus de morts que de vivants sur le front ; c'est gênant. Pour rétablir l'équilibre, on emploie quelques pieux subterfuges. On prétend par exemple que les morts ne sont pas aussi morts qu'ils en ont l'air, et qu'en réalité, en y regardant de plus près, ils sont vivants. « Ô morts, que vous êtes vivants ! » s'exclame Barrès. « Plus vivants que jamais », renchérit Gustave Hervé. [436] Une autre astuce, c'est de prédire que les morts ne vont pas tarder à se lever, à se dresser, et à se présenter fort obligeamment pour combler les vides, initiative d'autant plus heureuse qu'étant morts une première fois, ils ne risquent plus grand-chose et peuvent donc très efficacement se charger des missions désespérées. Enfin, puisque les survivants, exténués, hagards, abrutis, sont de moins en moins bavards, on fait parler les morts. Et avec eux, on est tranquille : ils sont toujours dans la note, ils disent exactement ce qu'on attend d'eux, ils donnent les conseils les plus sages. Ils déclarent « que la patrie n'est pas une chimère, que l'union fait la force, que la religion, foyer du sacrifice, est la source unique de toute consolation [437] ». Comme ils ont peu de besoins, ils engagent les vivants à faire comme eux, à « supporter d'un cœur soumis les privations ». Et comme ils ont tout leur temps, ils disent à la France « d'être patiente et de savoir attendre, avec une fermeté tranquille, l'heure de la délivrance [438] ».

Pas un cri de révolte ou d'amertume, pas un soupir de regret, pas un mot déplacé, pas la moindre allusion désagréable pour le commandement ou le pouvoir. Ils sont vraiment parfaits, les morts.

Les vivants ont davantage de problèmes. Il ne faut pas cependant emboîter le pas à tous ces auteurs de mémoires, de chroniques, de romans de guerre qui, pour se rendre intéressants, et parce qu'ils ont traversé quelques moments pénibles – qui n'en a dans la vie ? – ont cédé à l'affabulation, ont dramatisé le moindre incident, se sont complus dans les images les plus hallucinantes, les descriptions les plus effroyables. Ici, c'est « un homme qui se plie en deux, cassé comme un pantin sur le fil de fer d'une clôture, et dont le crâne ouvert laisse couler pesamment la cervelle », ailleurs on nous montre « ces mâchoires éclatées, ces mains mutilées [...] ces autres mains crispées sur un ventre pour contenir la poussée des entrailles, et surtout ces yeux dilatés où la mort nous regarde comme à travers les trous d'un masque...[439] » Nous pourrions citer des centaines de pages du même cru. Est-il besoin de dire que tout cela est du Grand-Guignol ? La vérité est bien différente. En fait, ce qui domine, d'un bout à l'autre de la ligne de feu, c'est l'hilarité, c'est « le rire des tranchées, le rire des soldats ». Et cette disposition réconfortante, rassurante, de nos chers poilus, nous devons la renforcer par des encouragements quotidiens. « Allez-y ! » faut-il leur crier sans cesse, « allez-y, les joyeux, les pinsons, les bons enfants, les types, les lascars ! Soyez gais ! Amusez-vous ! Dansez ! Riez ! Chantez ![440] »

Et si le combattant se trouve un jour dans une situation incommode, si les obus pleuvent dans un bruit infernal, pulvérisant les vivants et les morts, si les corps se disloquent, si les bras et les jambes s'envolent, si les têtes roulent, si les yeux se vident, si la chair devient une bouillie sanglante, il faut tout simplement lui prouver qu'il se laisse emporter par son imagination, qu'en réalité ne règnent ici que « le silence et le recueillement des cathédrales[441] », et que la guerre est « une opération poétique[442] », ainsi que le proclamait l'éminent poète Novalis.

☆

On dit souvent que l'Armée est une grande famille. C'est vrai. Comme dans une famille, on ne choisit pas ceux avec qui l'on est contraint de vivre. Ils vous sont imposés par les circonstances, les hasards du cantonnement, la formation des unités. Voici votre camarade. Vous êtes unis par la peur et la souffrance. Il n'est pas nécessaire que vous ayez, par-dessus le marché, des goûts communs, une même origine sociale, un niveau culturel semblable. Crochus ou non crochus, vos atomes sont voisins, pour le meilleur et surtout pour le pire. Au reste pourquoi vouloir établir avec vos compagnons d'armes des liens d'affection fraternelle ? Demain, vous serez peut-être envoyé dans un autre secteur, ou c'est lui qui sera blessé, évacué vers l'arrière, ou c'est vous qui serez tué. Tout est provisoire à la guerre, la camaraderie comme le reste.

Dans une famille, l'autorité est nécessaire. Dans la grande famille militaire, elle est indispensable. La discipline fait la force des armées. Il n'est pas question pour le subordonné d'examiner le pour et le contre des ordres reçus, d'en chercher les raisons, d'en apprécier le bien-fondé. Ce serait un comble ! Il doit obéir d'abord, obéir sans hésitation, sans discussion : un ordre est un ordre, même s'il est aberrant. Une fois qu'il a été exécuté, que l'assaut inutile a été donné, que les hommes sont morts, le contestataire peut se plaindre à l'autorité supérieure. Il a peu de chances d'être entendu. L'autorité donnera presque toujours raison au chef immédiat, le plaignant sera refait, immédiatement étiqueté comme forte tête et désormais tenu à l'œil.

Il est nécessaire qu'il en soit ainsi. Qu'un seul ordre soit enfreint, l'édifice entier s'écroule. C'est pourquoi le commandement est très pointilleux sur la discipline, et dès qu'il la croit menacée, prend des mesures draconiennes. C'est essentiellement l'envoi des contrevenants en première ligne, leur transfert dans un bataillon disciplinaire, ou le peloton d'exécution. Inutile de dire que c'est cette dernière solution qui a la préférence des chefs. Lors du deuxième conflit mondial, pris de court par l'avance de l'ennemi, nous n'avons pas eu le temps de l'utiliser à la bonne échelle, mais au cours de la Grande Guerre, les occasions n'ont pas manqué.

L'exécution sommaire, comme son nom l'indique, ne s'embarrasse pas des atermoiements et des chicaneries de la justice. Le procès est expédié en quelques minutes, quand il a lieu. Il ne comporte généralement ni enquête, ni audition de témoins, ni interrogatoire de l'accusé. Assez souvent, l'officier dont dépend le prévenu fait quelques pressions discrètes sur celui qui doit présider le Conseil de guerre, par exemple en lui glissant à l'oreille : « Il faut me le fusiller[443]. » Parfois la cause est entendue d'avance, le poteau d'exécution est dressé et la tombe creusée alors que le juge n'a pas encore prononcé la sentence.

Le motif initial est, bien entendu, toujours très grave. Tel soldat se dispute avec un sergent, est changé de régiment, fait appel, est éconduit, insiste, puis est accusé de « refus d'obéissance en présence de l'ennemi » et fusillé. Deux hommes sont chargés de garder les sacs de ceux qui montent à l'attaque ; ils sont convaincus de désertion. Un fantassin se saoule, est ramassé par un gradé, puis accusé d'être un meneur : il cuvera son vin tout à loisir, dans l'éternité. On cite également le cas d'un soldat qui fut exécuté pour avoir refusé un pantalon souillé. Il est mort propre.

Cette justice étant, avant tout, expéditive, ne pouvait pas éviter, dans sa hâte, de se tromper.[444]* Son mérite fut de le reconnaître après coup, et de réhabiliter de nombreux condamnés. C'est ainsi que les gardiens de sacs, après avoir été fusillés, furent acquittés par la Cour de justice. De même, quatre caporaux fusillés pour n'avoir pas réalisé une opération irréalisable furent réhabilités quelques années plus tard et les veuves reçurent, à titre de dommages-intérêts, la somme de un franc. La vie n'était pas chère à cette époque. Quant à l'homme au pantalon souillé, le soldat Bersot, passé par les armes le 12 février 1915, sa mémoire fut lavée en 1922. Le colonel qui le fit exécuter devint général et fut promu commandeur de la Légion d'honneur. Il méritait bien ça.[445] *

En tout, deux mille innocents furent abattus entre 1914 et 1918. Il serait absurde de s'attendrir sur leur destin. Leur culpabilité était secondaire ; l'essentiel était de faire quelques exemples. [446]

☆

La bravoure provoque un prodigieux dépassement de soi. Elle ressemble à un coup de colère : le combattant voit rouge, il ne sait plus ce qu'il fait, il est en transe, « il a conscience d'être soulevé, emporté malgré lui, animé d'un souffle puissant qui ne souffre pas de résistance [447] ». Comme le chimpanzé prêt à s'élancer sur son rival, il est parcouru du « frisson sacré », avec cette différence qu'il ne peut, malgré tous ses efforts, faire se hérisser d'une manière menaçante les trois poils qu'il a sur la poitrine.

Le coup de feu terminé, et à la condition d'être toujours vivant, il reprend ses esprits et retrouve son calme. C'est le moment dangereux. Il pourrait se mettre à réfléchir. On comprend que les responsables des opérations militaires fassent tout pour l'arracher à cette tentation. Il y va du succès de leurs armes. Ce n'est pas une mince affaire, en effet, que d'envoyer des millions de gens se faire tuer sans qu'ils se rebiffent, et il faut qu'ils soient bigrement bien conditionnés pour que le système fonctionne avec tant de bonheur. Or, il fonctionne à peu près sans anicroches ; les mutineries se comptent sur les doigts de la main. C'est presque un miracle.

Le commandement va donc persuader le troupier que l'intelligence, loin de lui être utile, ne peut que lui apporter ennuis et désillusions ; que « c'est en réfléchissant qu'on tombe sur de mauvaises pensées » ; et qu'il n'a pas besoin de rechercher la vérité, puisque les chefs, qui réfléchissent pour lui et qui voient clair, la lui donneront.

En outre, l'autorité militaire va le convaincre, au cas où il s'entêterait à faire usage de son cerveau, que, de toute façon, il ne comprendrait rien à la guerre, parce qu'il s'agit d'un phénomène mystérieux, presque occulte, qui est doté d'une vie propre et par conséquent échappe à notre contrôle, et dont le but se situe « au-delà de la sphère de la raison humaine [448] * ».

☆

Le comportement du soldat doit avoir pour modèle celui du rat : doux et compréhensif avec les membres de son groupe, cruel et féroce envers tout individu étranger. Que cet équilibre se détraque, que s'esquisse un renversement des tendances, et l'on court à la catastrophe. La machine de guerre, jusqu'ici parfaitement huilée, grince et menace de se gripper. Un mot, qui frappe de terreur les généraux, se répète à voix basse dans les états-majors : Fraternisation.

Il s'agit d'un trouble mental d'un genre tout à fait particulier. Le malheureux qui en est atteint ne fait plus la différence entre l'individu qui est à ses côtés et celui qui se trouve en face. La confusion de son esprit est telle qu'il ne voit plus en eux, tout à coup, comme s'ils avaient laissé glisser à terre leurs uniformes ennemis, que deux hommes nus, pareils à lui, que deux pauvres diables, deux frères de misère, prêts à se tendre la main.

Comme en outre cette maladie est contagieuse, elle risque de prendre la forme d'une épidémie dont on peut facilement entrevoir les conséquences effroyables : les combattants des deux camps jetant leurs armes, allant à la rencontre les uns des autres, non plus pour se massacrer, mais pour s'unir contre leurs dirigeants, la hiérarchie militaire qui s'effondre, les officiers en fuite, la guerre paralysée.

Heureusement pour nous, le virus de la fraternisation ne prolifère que dans un environnement exceptionnel. Il lui faut, pour se développer, l'usure de longs mois de batailles sanglantes qui affaiblissent les corps et les âmes, comme ce fut le cas en 1917. Le commandement connaît, d'autre part, les moyens d'enrayer le mal. Le plus efficace est l'ablation pure et simple de la partie contaminée.

Quant aux traitements préventifs, ils consistent à maintenir chez le soldat l'image type de l'ennemi, créature hideuse, à détruire sans délai. On s'attachera donc à empêcher la diffusion de toute information qui pourrait laisser croire que le combattant adverse a des sentiments, des élans du cœur, des croyances religieuses, de la pitié, des doutes, du découragement, comme chacun de nous.

Ainsi protégé, immunisé, le soldat peut continuer la lutte. Son esprit est libre. Sa tête est vide. Son imagination est éteinte. Sa réflexion est défunte. Il ne sait pas et il ne faut jamais qu'il sache qu'au moment même où il écrit une lettre à sa mère, à sa femme ou à sa fiancée, des centaines d'autres hommes, de toutes les races, sous tous les climats, revêtus de tous les uniformes, tracent sur du papier à peu près les mêmes mots…

MARC A GERMAINE :

« Les photos reçues ces derniers jours sont ma meilleure compagnie. Vingt fois par jour, je les tire de mon portefeuille, et je vous regarde. [449] * »

FRITZ A BARBARA :

« Une nouvelle fois, j'ai pris ta photo dans mes mains et je l'ai contemplée longuement. Je revois ce moment que nous avons vécu ensemble en ce beau soir d'été de la dernière année de paix, lorsque nous nous dirigions vers notre maison à travers le parterre de fleurs. [450] * »

KIYOSHI A SA FAMILLE :

« Toutes sortes de pensées traversent mon esprit. La vie d'étudiant chez moi à Tokyo, l'année dernière, à la même saison. Le lit chaud, la soupe fumante, mon bureau inondé de soleil, l'odeur d'encre d'imprimerie que dégagent les journaux posés sur la chaise… [451] * »

ERNST AUX SIENS :

« La paix ! Toute la nostalgie qui s'empare de nous quand

nous sommes séparés des nôtres si longtemps, tout ce que nous souhaitons pour nous-mêmes, tous les rêves d'avenir qui hantent nos abris, tout est renfermé dans ce seul mot si doux : la paix. [452] * »

MAURICE A SES PARENTS :

« J'ai vu trop de choses dégoûtantes pour être dupe encore de certains mots qui impressionnent les ignorants ou les niais. Pourquoi nous battons-nous, maintenant et de cette façon ? Pour sauver qui ? Défendre quoi ? Gagner quoi ? [453] »

LUDWIG A SA FAMILLE :

« On nous dit que nous combattons pour l'Allemagne, mais il y en a bien peu ici qui croient que ce sacrifice soit utile à notre patrie. [454] »

JOE A SA MÈRE :

« Maman chérie, je croyais que la guerre c'était une glorieuse aventure ; comme je me suis trompé ! C'est l'enfer… Dans quelle affreuse histoire me suis-je laissé entraîner ? Sûrement Dieu n'a jamais voulu que ses créatures vident leurs querelles de cette façon. Nous vivons, nous agissons comme des bêtes. C'est épouvantable !… Je suis jeune, mais je me sens vieux. J'ai vieilli d'un siècle en une semaine. [455] * »

KONRAD A SON PÈRE :

« J'ai cherché Dieu dans chaque trou d'obus, dans chaque maison détruite, à chaque coin de rue, auprès de chaque camarade, quand j'étais blotti dans un entonnoir, et je l'ai cherché même dans le ciel… Et Dieu ne s'est jamais montré, alors que tout mon cœur criait après lui… Non, père, Dieu n'existe pas ! Ou alors s'il y a un Dieu, il existe pour vous dans les missels et les cantiques, dans les sermons remplis de dévotion des curés et des pasteurs ; il existe peut-être dans le tintement des cloches et dans les vapeurs d'encens, mais il n'existe pas à Stalingrad. [456] »

ARTHUR A UN AMI :

« Envers le Boche, je n'ai pas d'autre sentiment que celui d'une fraternelle amitié, en pensant qu'il doit se tenir là-bas, exactement comme nous, et faire toutes les choses horribles et inutiles que nous faisons, alors qu'il pourrait être chez lui avec sa femme ou avec ses copains, selon ses préférences. [457] »

MARC A SON ÉPOUSE :

« On est venu me chercher… pour interroger des prisonniers boches… un lieutenant de vingt ans, vingt ans qui en paraissent dix-sept ! tout gosse, tout pâle, tout mince, avec des yeux de biche égarée dans un étroit visage blanc… Quand j'entre, ce regard se fixe sur moi et j'essaie d'y lire. Qu'y a-t-il au fond de ces yeux d'ennemi ? D'ennemi !… Il est émouvant, ce jeune marchand héroïque, cet enfant pacifique et peut-être tendre, cet enfant docile qui retient les leçons de sacrifice patriotique, comme il devait, de toute sa conscience de bon élève, retenir celles de mathématiques ou d'histoire. [458] »

KARL A SA FAMILLE :

« J'ai fait enterrer deux Français… et j'ai pris leurs papiers. Il y a des lettres de famille… Celles d'une femme se terminent régulièrement par ces mots : “Petit-petit est toujours bien sage.” Une sœur écrit à son frère qu'elle lui envoie deux livres de chocolat ; elle lui promet en outre des gants qui ne prennent pas l'humidité du brouillard et un capuchon pour la pluie. Tout comme chez nous, et en lisant cela, on sent s'éteindre la dernière étincelle de haine contre les Français, à supposer qu'il en subsiste une. [459] »

ROBERT A SA FEMME :

« Cet Allemand qui tombe, la tête fracassée, à cent mètres de moi, par une balle, sans qu'il ait pu esquisser un geste de défense, c'est un ennemi de moins, mais que de larmes couleront peut-être demain, que de cœurs brisés, parce qu'un être cher ne vivra jamais plus !... Il faut aimer son pays, mais ce n'est pas une raison pour haïr les autres, et ne rêver que massacres... Devant les souffrances physiques, comme on oublie ces haines factices de la guerre, et comme on sent que nous sommes tous faits de la même chair périssable ! [460] * »

BERNHARD A SA FAMILLE :

« Un pilote américain descend en parachute, car son appareil est en flammes. Il se casse la jambe droite et reste immobilisé dans un champ de neige. Je suis le premier près de lui. Il craint d'être abattu. Tant bien que mal, nous lui mettons des éclisses, puis nous le faisons transporter... *It's a long way home, my fellow.* Plein de grâce, il me serre la main. Comme c'est vrai, que nous pourrions nous comprendre. Nous devons être ennemis, seulement parce que nous habitons deux patries différentes. [461] »

PIERRE A LOUISE :

« La nuit, je me réveillais brusquement, et il me semblait voir sauter en l'air cet Allemand que j'ai tué l'autre jour et il me semblait encore l'entendre crier... Je me disais que ce pauvre malheureux avait peut-être une femme comme moi, et que cette femme ne le reverra plus ; que peut-être il avait un petit Émile et une petite Marguerite comme moi ; et moi qui n'ai pas tremblé quand les balles et les obus me sont passés dessus la tête, j'en ai pleuré de tristesse. [462] »

RENÉ A SA MÈRE :

« Ma bien chère maman, si cette lettre te parvient, c'est que j'aurai été tué... Je serai mort en faisant tout mon devoir, ce devoir que tu m'as enseigné depuis mon plus jeune âge... La vie me plaisait et je l'aurais vécue volontiers. La destinée n'en aura pas voulu ainsi... Du moins, je voudrais que ma mort soit utile... Je voudrais que la victoire des Alliés délivre à jamais l'humanité du fléau de la guerre... Il n'y a que les poètes, les historiens et les journalistes qui trouvent de la beauté à la guerre. [463] »

FRIEDRICH A SA SŒUR :

« Hermann vient de recevoir la lettre dans laquelle tu nous apprends la mort de papa et de maman… C'est au fond très bien que papa et maman ne puissent jamais savoir qu'Hermann et moi ne reviendrons pas… J'aurais voulu être théologien, papa désirait une petite maison et Hermann voulait forer des puits. Rien de tout cela ne s'est accompli… Les parents gisent sous les décombres de leur maison, et nous, aussi dur que cela puisse paraître, nous sommes enterrés en compagnie d'une centaine de gars, dans un ravin… D'ici peu la neige comblera ce ravin… [464] »

WILFRID A SES PARENTS :

« Personne ne pourra plus me persuader que les camarades tombent en prononçant les mots "Allemagne" ou "Heil Hitler"… Leur dernière parole fut pour leur maman, pour un être qu'ils aimaient, ou pour appeler à l'aide. [465] »

ICHIZO A SA MÈRE :

« Maman, le temps est venu où je dois vous annoncer une bien triste nouvelle… Car aujourd'hui, c'est l'avant-veille de mon départ, l'avant-veille de ma mort… Maman, vous rêviez pour moi d'un avenir brillant, et je vais vous décevoir. Je n'oublierai jamais le souci que vous vous faisiez lorsque je passais mes examens. Je suis entré dans ce groupe (des pilotes-suicides) malgré votre opposition… Au fond, je vous l'avoue maintenant, j'aurais mieux fait de suivre vos conseils… Quand je pense que je ne vous reverrai jamais, je deviens fou de tristesse. [466] »

GEORG A SON PÈRE :

« Demain, je franchirai le dernier pont, ce qui est une image littéraire pour désigner la mort… Donne-moi la main, pour que le chemin soit moins dur… C'est le bout du rouleau. Je pense qu'on pourra tenir encore environ huit jours et ce sera la fin… Tu peux compter que tout se terminera très convenablement. C'est un peu tôt pour mes trente ans, je sais. Pas de sentiments.

Serre la main à Lydia et à Hélène. Baisers à maman (sois prudent, pense à sa maladie de cœur). Baisers à Gerda. Salutations de principe à tout le reste. La main à la visière du casque, Père, le lieutenant prend congé. [467] »

RUDOLPH A SON PÈRE, *général dans l'armée allemande :*

« Le moment vient où, en Allemagne, chaque homme conscient maudira la démence de cette guerre, et tu mesureras tout le creux de ce mot "drapeau" avec lequel je devais vaincre… Il n'y a pas de victoire, mon général. Il y a encore des drapeaux et des hommes qui tombent et, à la fin, il n'y aura plus ni drapeaux ni soldats. [468] »

HEINRICH A UN AMI :

« Qu'ai-je à voir avec tout cela ?… Oui, qu'avons-nous à faire, nous, les comparses de cette stupidité vivante ? Qu'avons-nous à foutre d'une mort héroïque ? La mort doit toujours être héroïque, enthousiaste ; on doit toujours mourir avec conviction et pour une grande chose. Et quelle est ici la vérité ?… Les hommes tombent comme des mouches : personne ne se penche sur eux et ne songe à les enterrer. Il y en a partout, sans bras, sans jambes, sans yeux, le bide plein de trous… On pourrait tourner un film extraordinaire, quelque chose comme : "La plus belle mort du monde". C'est la mort du bœuf à l'abattoir qui, plus tard, sur un socle de granit, se transformera en "Mort du guerrier", le front bandé ou le bras en écharpe… On écrira des romans, on entonnera des hymnes et des cantates, on célébrera des messes… [469] »

☆

Ce jeune Allemand, qui fut tué sur le front russe en 1943, était lucide en dépit de son amertume regrettable. Il n'est pas nécessaire d'accomplir des actions d'éclat pour recevoir le titre de héros. La guerre ressemble à ces jeux de société dans lesquels tous les joueurs gagnent un lot. La nation distribue généreusement le certificat d'héroïsme à tous les combattants, morts ou vivants. Les premiers, naturellement, ont la meilleure part : ce sont des héros complets, à titre définitif, qui ont droit à l'inscription de leur nom sur un monument, à des cérémonies du souvenir et à des Te Deum à gogo. Mais les survivants ne sont pas mal servis non plus. L'État, à peu de frais, leur prodigue citations et félicitations, les couvre de rubans et de médailles,[470]* organise pour eux des multitudes de rassemblements où ils ne cessent de raviver une flamme qui chaque jour menace de s'éteindre.

Ainsi, peu à peu, le modeste fantassin qui avait été propulsé au combat sans trop savoir de quoi il retournait finit par se persuader qu'il est un personnage d'épopée. Il montre le dimanche à ses petits enfants la baïonnette encore rougie de sang, qu'il garde, telle une relique sacrée, ce qui prouve bien que tuer son vis-à-vis à la guerre n'est pas un meurtre, sinon, comme l'assassin, il jetterait au plus vite l'arme du crime. Et les mois qu'il a passés, obscur, taraudé par la trouille et la répulsion, au fond d'une tranchée, dans la merde et dans la boue, se transmuent en une page de légende qu'il rabâchera jusqu'au soir de sa vie. [471] *

A force de s'empiffrer de gloire, il parviendra, par un processus inexorable, à la certitude réconfortante qu'il a servi une grande cause. Il ne lui viendrait pas à l'idée que les lauriers qu'on lui tresse, loin d'être destinés à sa modeste personne, servent en réalité à nourrir le feu du patriotisme. Il est sûr au contraire qu'il a délivré son pays du joug de l'étranger, qu'il a sauvé la liberté humaine, qu'il a contribué à empêcher de nouveaux conflits.

En réalité, comme il ne voit pas plus loin que le bout de son fusil, il ne s'aperçoit pas que la liberté humaine se porte plutôt plus mal qu'avant, que l'ennemi d'hier qu'il a tenté par deux fois d'anéantir est devenu un ami, que par contre l'allié dont il clamait les vertus sera vraisemblablement son ennemi de demain, et que la « der des ders » n'a rien été de plus qu'un slogan de première bourre.

Heureux homme ! Il continue son rêve. Ne le réveillons pas.

C'est peut-être aussi bien comme ça. C'est peut-être aussi bien qu'il n'ait pas compris que ses souffrances, ses espérances, ses sacrifices ont été totalement inutiles, et que tous ses bons copains sont morts pour la peau.[472] *

ÉPILOGUE

Il y a quelques années, en Amérique, l'administration de certains hôpitaux psychiatriques prit l'initiative de donner aux patients un rôle dans la gestion de leur établissement. Un professeur d'université mis au courant de cette expérience, fut autorisé à en étudier les résultats. [473] Le brave homme n'en crut pas ses yeux. On trouvait parmi ceux qui avaient brigué des postes de responsabilité et d'autorité quatre fois plus de maniaco-dépressifs ou de schizophrènes paranoïdes souffrant de délire de grandeur ou de persécution que parmi l'ensemble des malades.

Le professeur n'y alla pas par quatre chemins : il en conclut que les dirigeants du monde devaient tous avoir une coloration paranoïde. Et il crut expliquer ainsi pourquoi certaines tendances qu'on rencontrait communément dans ce type d'affection se retrouvaient massivement chez les grands chefs politiques et militaires : forte disposition à la sclérose, rigidité, suspicion, sérieuses difficultés à envisager des perspectives nouvelles. La suspicion, à son tour, se traduisait par le syndrome « de la paille et de la poutre », réaction typique de la paranoïa : chaque responsable a l'impression que son ennemi est plus hostile à son égard que lui-même ne l'est envers son ennemi, autrement dit il voit l'autre à travers une grille qui élimine toute hypothèse de bonne volonté ou de bonne foi. [474]

Confrontés à une crise internationale, les responsables

politiques et militaires seraient donc moins capables que les gens ordinaires d'évaluer les faits avec lucidité, d'en prévoir les conséquences, d'improviser des solutions originales, bref de prendre des décisions adéquates, étant donné qu'ils se trouveraient dominés par des réactions liées à leur état pathologique. * [475]

Si tout ce qui précède était vrai, on aurait sujet d'être anxieux. Savoir que les maniaco-dépressifs qui veillent à notre sécurité perdent les pédales à la moindre anicroche et que les gardiens du bouton atomique sont des mégalomanes intempestifs pourrait nous faire logiquement frémir.

Il n'en est rien, bien entendu. Au contraire, les hommes et les femmes qui président au destin des nations manifestent une largeur de vues, une souplesse, une créativité stupéfiantes. Dès qu'ils sont confrontés à une situation dramatique, ces novateurs, sortant délibérément des sentiers battus, bouleversent le monde par quelque initiative géniale, quelque proposition révolutionnaire capable de soulever l'enthousiasme, de rallier les plus pessimistes, de répondre à la soif d'idéal des jeunes générations. Enfin, voici un projet généreux, des perspectives vivifiantes, un langage nouveau ! Voici les paroles fortes que nous attendions ! « L'accroissement du budget militaire sera porté à 5 %. La production des nouveaux missiles sera accélérée. La recherche sur les plus récents types d'armes sera intensifiée. »

N'est-ce pas enivrant ?

☆

Nous ne voulons pas clore cette étude sans donner quelques précisions sur ce que l'avenir nous réserve. [476] Le lecteur a le droit de savoir à quelle sauce il risque d'être mangé. Disons tout de suite que la panoplie nucléaire, prestigieux fer de lance des armées modernes, ne doit pas nous faire oublier les autres armes moins en vogue, mais qui pourraient nous réserver des surprises.

Les gaz de combat n'ont pas trouvé de débouchés dans le dernier conflit mondial. Ce n'est évidemment pas pour des raisons humanitaires ou parce que les entrepôts étaient vides. Tous les belligérants, au contraire, étaient fin prêts pour la guerre chimique, et seules des considérations tactiques les ont empêchés de s'y livrer. Cela n'implique nullement qu'il faille s'abandonner au désespoir et penser que ce type d'arme est sans lendemain. D'ailleurs des agents chimiques ont été employés par les Italiens en 1936 pendant leur campagne d'Éthiopie, par les Japonais contre la Chine en 1941, par les Égyptiens au Yémen en 1966 et 1967, et par l'Irak tout récemment à l'encontre des populations kurdes qui encombrent une partie de son territoire. Enfin chacun sait que les Américains au Vietnam ont fait un généreux usage des herbicides et pesticides qui ont introduit un peu de variété dans le cycle monotone de la nature en culbutant l'équilibre écologique et en produisant des fœtus non viables ou des enfants anormaux. Ils ont d'autre part été très satisfaits des gaz vomitifs et des lacrymogènes qui non seulement font pleurer les adversaires, mais parfois leurs veuves : c'est le cas du CN qui, à dose concentrée, provoque des lésions pulmonaires souvent mortelles. Selon toute vraisemblance, les Viet-congs leur ont rendu peu après la politesse – aidés à cela par la riche pharmacopée soviétique.

De sérieux progrès ont été accomplis depuis le bon vieux temps du phosgène et de l'ypérite qui n'avaient pas réussi, entre 1914 et 1918, à faire plus de huit cent mille morts. C'est en 1936 qu'un chimiste allemand, cherchant à se débarrasser de certains insectes, trouve une substance permettant de se débarrasser de l'animal humain. Le tabun, premier gaz paralysant, conduira à la découverte du sarin puis, dès 1944, du soman, trente fois plus toxique que le gaz chloré.

Les gaz paralysants, ou neurotoxiques, ont de nombreuses qualités. Inodores et incolores, ils sont aussi efficaces en pulvérisations que sous forme gazeuse. Ils pénètrent les vêtements, agissent très vite, et leurs effets sont spectaculaires : la vue s'affaiblit, le nez coule, la respiration devient difficile, les fonctions d'excrétion se dérèglent, puis les muscles se contractent, et c'est la mort par asphyxie. Quarante gouttes de sarin sur l'uniforme d'un soldat ont cinquante pour cent de chances de le tuer.

Le considérable pouvoir toxique de ces agents, qui fait la joie des techniciens, en rend malheureusement la manipulation dangereuse. Mais les chimistes ont plus d'un tour dans leur cornue. Ils ont découvert une astuce : les projectiles variés, obus, roquettes, munitions navales, missiles intercontinentaux, sont chargés de deux éléments séparément anodins, qui ne se transforment en gaz mortel que lorsqu'ils sont arrivés à bon port, à distance respectueuse du lanceur. Ces gaz, appelés binaires, qu'on peut envoyer sans risque dans le nez du voisin, ont redoublé l'intérêt des états-majors pour l'arme chimique – théoriquement interdite à tous. La production est en plein boom un peu partout, même si les laboratoires ont rarement pignon sur rue.

Bien entendu, les traités d'interdiction présents et futurs sont une fumisterie, puisque la technologie civile et militaire est exactement la même. Les stocks actuels des deux grandes puissances, qui ont heureusement survécu à la Guerre froide, se compteraient par dizaines de milliers de tonnes. On notera avec satisfaction que la France est la seule des nations d'Europe occidentale à posséder des réserves significatives. Quant à la recherche mondiale, elle dispose de crédits confortables. Elle trouve d'ailleurs, spécialement en Amérique, une aide de bon aloi de la part des universités et de l'industrie. Grâce à l'obstination de ses savants, elle a mis au point, presque en même temps, un système de détection et de parade... et de nouveaux gaz plus meurtriers encore !

La détection se fait grâce au LOPAIR, radar infrarouge à longue portée, qui permet d'identifier l'agent et d'évaluer sa concentration. La parade, c'est la belladone, et surtout l'atropine. Comme il faut agir très vite, les forces armées engagées dans les opérations où pourraient être utilisées des armes chimiques sont équipées d'un petit injecteur automatique d'atropine fixé contre la cuisse. Même groggy, l'homme a encore la force de presser sur le bouton pour s'injecter le produit. Les soldats israéliens portaient cet équipement pendant la guerre des Six Jours.

Mais la recherche a également ouvert des chemins encore inexplorés. Les Anglais ont fondé une dynastie redoutable, celle des agents V, dont le fameux VX, auprès duquel le cyanure est un poison de comédie. Les Américains ont peaufiné le BZ, dont les vapeurs vous envoient à l'instant dans les vapes : oblitération de la mémoire, hallucinations, perte du sens de l'orientation. Une épave. Les Français déclarent avoir isolé une substance complexe du groupe des aryl-carbonates, d'une toxicité dix fois plus grande que le sarin. Et partout les doses létales ne cessent de se miniaturiser : on parle de nouveaux organophosphores dont deux milligrammes sur la peau suffisent pour vous expédier dans l'au-delà. On en est à se demander si l'on ne va pas bientôt pouvoir se procurer dans toutes les bonnes drogueries le MANTOX, petite bombe aérosol d'emploi facile, garantie un an, se faisant en deux tailles : modèle sport ou modèle tuerie.

☆

La guerre biologique a ses quartiers de noblesse. En 600 avant J.-C., les ennemis de l'Athénien Solon durent se rendre non pas devant la supériorité de ses armes, mais aux arguments de l'effroyable diarrhée qui s'était emparée de leurs entrailles. Solon avait fait jeter des racines d'ellébore dans la rivière où ils s'abreuvaient. Quatre cents ans plus tard, un génial Carthaginois simule une déroute et abandonne son camp. Il avait eu la précaution d'y laisser un important stock de vin traité avec des mandragores. Ses adversaires en boivent et sont aussitôt terrassés par le sommeil; le général revient sur ses pas et n'a plus qu'à les massacrer posément. Durant les Croisades, il était courant d'introduire dans le camp adverse des cadavres infectés par la peste; ce procédé, toutefois, était rarement nécessaire. Il suffisait généralement de laisser faire la nature qui se chargeait de décimer les armées à l'aide d'épidémies beaucoup plus meurtrières que les armes. En 1763, sir Jeffrey Ambert, commandant en chef des forces anglaises en Amérique, envoya aux chefs indiens un présent de bon voisinage, dans la grande tradition chevaleresque. Il oublia seulement de leur signaler que les deux couvertures et le mouchoir, qu'il avait obtenus d'un hôpital britannique, étaient contaminés. L'épidémie de variole qui s'ensuivit lui épargna le désagrément de tuer les Indiens à coups de fusil. Quant à la pollution systématique des cours d'eau, des sources et des puits, on la trouve dans presque tous les conflits, depuis la plus haute antiquité. Ces pratiques, toutefois, ne sont que des esquisses timides de la véritable guerre biologique à laquelle pensent les états-majors et qui, malheureusement, n'a pas encore fait la preuve de son efficacité.

Si l'on en croit les experts, les maladies offrant les meilleures perspectives sont la peste, le choléra, la tuberculose et la mélioïdiose, affection intéressante qui conduit à la schizophrénie et au délire mental, et qui marque un point supplémentaire : elle semble résister à la plupart des antibiotiques. D'autres souches ne sont pas à négliger : c'est le cas de la fièvre de Malte, du charbon et de la morve, qui ont l'avantage d'agir aussi bien sur le bétail que sur les humains. Enfin il existe, à mi-chemin entre les substances chimiques et les bactéries, des toxines pleines de promesses, parmi lesquelles la célèbre botuline A. Dans des circonstances idéales, la dose létale, pour l'homme, est d'environ 0,12 microgramme, soit 1 200 millionièmes de gramme. On a calculé que 250 g de toxine botulique déposés dans le réseau d'adduction d'eau d'une ville de 250 000 habitants peut anéantir toute la population en vingt-quatre heures. De quoi rêver. Sans doute les circonstances sont-elles rarement idéales, et les quantités nécessaires probablement beaucoup plus importantes. Mais ne nous y trompons pas : si les avantages de l'arme biologique n'étaient pas réels, les militaires n'y prêteraient pas attention. Ce sont des gens pratiques, et bien qu'il leur arrive de gaspiller des sommes astronomiques sur des projets qui ne voient jamais le jour, ils ne s'embarquent pas sans de bonnes raisons.[477] * Or, les unités de fabrication, les cultures, les millions de germes qui ne demandent qu'à se reproduire sont des réalités.

La guerre biologique a de quoi tenter. Elle épargne les installations – usines, centrales, routes, ponts, voies ferrées – et ne détruit que le personnel. En ce qui concerne la fabrication des souches microbiennes et des toxines, le rapport prix-efficacité est très élevé. Enfin son emploi est ridiculement bon marché : pas de vecteurs sophistiqués, mais quelques réservoirs ou quelques boîtes qu'un avion largue et qui, soutenues par un parachute, descendent sans bruit dans la nuit, s'ouvrent automatiquement en arrivant au sol, et libèrent leur cargaison de rats pesteux, de moustiques à fièvre jaune ou de mouches porteuses de choléra.

Il ne serait pas honnête de prétendre qu'il n'y a aucun aléa. Les mammifères ou les insectes contaminés peuvent être caractériels, mal s'adapter à leur nouvel environnement, et péricliter. Inversement, la maladie peut se développer d'une manière incontrôlable et nettoyer à terme la terre de ses habitants. Enfin, si les appareils de détection, comme ceux qui utilisent la technique de l'anticorps fluorescent, sont encore au stade expérimental, l'ennemi, grâce à un espionnage intense, peut avoir flairé l'imminence d'une attaque et vacciné ses troupes contre les virus les plus probables. On possède aujourd'hui des pistolets injecteurs capables de vacciner un millier de personnes à l'heure.

« Nous devons convaincre la communauté scientifique que l'armement biologique et chimique n'est pas une sale affaire. Ce n'est pas pire que n'importe quel autre moyen de tuerie. [478] » Cet homme a raison. Seuls des préjugés tenaces nous font considérer ces armes comme inhumaines, ce qui est absurde. Quelle différence y a-t-il entre la mort par asphyxie, par radioactivité, par balle ou par la peste ? Aucune, et c'est si vrai que le passage de la guerre classique à la guerre bactériologique peut se faire en souplesse, par le jeu des représailles successives : on passe d'un innocent lacrymogène aux gaz paralysants, puis aux toxines, pour arriver aux bactéries et aux virus. Quant aux résultats, ils supportent facilement la comparaison avec ceux du nucléaire. Même si les autorités militaires sont moins généreuses en renseignements qu'à l'égard de l'arme atomique, on sait qu'un bombardier chargé de gaz neurotoxiques tuerait au moins un tiers de la population sur une zone de 250 km^2, et qu'une attaque par agent biologique en détruirait une bonne moitié.

☆

Il faut être bien naïf pour croire que des milliards de dollars et de roubles ont été dépensés rien que pour nous faire goûter la joie d'échapper à l'attraction terrestre, d'approfondir notre connaissance de l'ionosphère ou d'envoyer quelques gaillards se promener sur la surface de la Lune. Sur les mille Cosmos que les Soviétiques ont lancés entre 1962 et 1978, 782 avaient des missions militaires. La proportion est sensiblement la même pour les satellites américains.[479] Au fil des années, l'espace est devenu un des enjeux de l'affrontement international.

C'était prévisible. Après la terre, la mer et l'air, l'espace n'avait aucune raison d'échapper à la mainmise des états-majors. Et c'est ainsi que le ciel, synonyme de bonheur et de refuge, bourdonne aujourd'hui de fusées, de robots, de caméras dont l'œil nous espionne, d'antennes qui tendent vers nous l'oreille. Et la Lune, patrie des poètes, qui versait sur nos amours et sur nos rêves sa lumière argentée, pourrait un jour verser sur nous des torrents de fer et de feu.

Nous pensions que l'espace était neutre : erreur. Il est colonisé, découpé, répertorié, mis en fiches, transcrit sur bandes magnétiques. L'homme s'y installe. Il compte y faire de la bonne besogne. Ses satellites de navigation guident de loin ses missiles, ses bateaux et ses avions. D'autres sont chargés d'assurer la transmission des messages et des instructions secrètes qui, vingt-quatre heures sur vingt-quatre, s'entrecroisent dans l'éther. Les appareils de détection deviennent si fins qu'ils permettent aux satellites de reconnaissance d'évaluer la production d'une usine, de découvrir l'installation d'une machine nouvelle par l'auscultation des bruits, de distinguer depuis l'espace la marque et le modèle d'une voiture sur une route, de déchiffrer le gros titre d'un journal, ou de voir à travers plusieurs centimètres de terre ou de feuillage grâce au radar « en biais ». Bientôt des rayons indiscrets perceront les murs qui protègent encore nos alcôves.

Quant aux submersibles, ils pourraient bien ne plus pouvoir se tapir impunément au fond des océans. D'innombrables batteries d'hydrophones fixés sur le sol sous-marin captent la rumeur de l'eau, isolent les sons suspects des bruits familiers, rendent compte à des ordinateurs qui trient, comparent, interprètent les renseignements. D'autres éléments d'information sont fournis par des bouées de détection sonore larguées d'avion, des radars rasants OTH, des magnétomètres et des enroulements de câble électrique, ou encore à bord de satellites d'observation, de lasers à forte pénétration et de « senseurs » à infrarouges : ces derniers peuvent mesurer la minime élévation de température de la mer provoquée par le réacteur du navire en plongée. Mais les ingénieurs qui construisent les sous-marins ont plus d'un tour dans leur sac. Ils conçoivent à présent des moteurs qui ne font pas plus de bruit qu'un réfrigérateur.

On s'interroge avec angoisse : si un accord de désarmement mettait fin brusquement à cette surveillance planétaire, ininterrompue, qu'adviendrait-il de tous ces grands enfants qui écoutent, regardent, interrogent les écrans, parlent dans des microphones, actionnent des manettes, qui, en d'autres termes, s'adonnent passionnément, nuit et jour, au jeu de la guerre ?

Mais le risque est à peu près nul. La partie de cache-cache se poursuit et se perfectionne.[480]* Selon les experts, les progrès accomplis sont tels que la détection et la localisation des sous-marins est imminente, et l'on peut espérer (nous l'avons vu au chapitre VI) « que le concept de la destruction mutuelle assurée, avec toutes ses faiblesses, sera abandonné au profit d'une stratégie d'affrontement militaire et de recherche de la victoire [481] ».

☆

Les satellites ne sont pas forcément cantonnés dans un rôle passif. Rien n'empêche de les fourrer d'une bonne charge nucléaire, de les lancer dans l'espace et, avant qu'ils aient achevé leur révolution, de les faire descendre en piqué sur la cible choisie. Vous pensez bien que l'idée trotte depuis longtemps dans la tête de nos penseurs militaires. D'autant plus que le traité de 1967 n'a même pas besoin d'être violé, l'interdiction de transporter dans l'espace une arme atomique ne s'appliquant que dans le cas d'un vol orbital complet. Nuance.

Toutefois chacune des puissances adverses, prêtant à l'autre ses mauvaises intentions, la soupçonne de vouloir bafouer le traité. Elle ne prendra donc pas de risque. Qui dit que l'aimable Russie, où les hiérarques du fameux « complexe militaro-industriel » règnent toujours, ne rumine pas, en dépit de ses engagements, quelque projet démoniaque ? Il lui suffirait, par exemple, de lancer pendant un mois une flopée de satellites porteurs de charges nucléaires sur des orbites différentes, mais de manière qu'à un certain moment toutes les trajectoires passent simultanément à la verticale de cités ou de bases judicieusement sélectionnées. Pour parer à cette éventualité, un ordinateur de l'armée de l'Air américaine trace en permanence la trajectoire prévue de tous les satellites « ennemis ». Ce qui prouve que la guerre de l'espace n'est plus une élucubration des auteurs de science-fiction : on s'y prépare. Les scénarios fusent de toutes parts. On pourrait installer sur la Lune une somptueuse base stratégique télécommandée depuis la terre. On pourrait aussi emporter parmi les bagages de la navette une ou deux mégatonnes à tout hasard, au cas où l'on ferait une mauvaise rencontre. Une soute cylindrique est prévue à cet effet. Mais pourquoi ne pas nous laisser gagner par l'enthousiasme, et imaginer une arme thermonucléaire géante de mille mégatonnes mise en orbite géostationnaire et suspendue au-dessus de nos têtes pour nous rappeler à tout moment la précarité de notre existence ? La bombe de Damoclès.

Pour répondre à tous ces défis, l'extrême pointe de la science est mise à contribution. Des satellites sont conçus pour tenir le rôle du copain, de l'ami dévoué et même un peu obséquieux, pour ne pas dire collant, qui ne quitte pas d'une semelle le satellite ennemi dans sa course, et lui fait au besoin quelques blagues d'un goût douteux, aveugle ses caméras, vaporise de la peinture sur ses hublots, affole son ordinateur en émettant des signaux bidon, et, une fois renseigné sur sa mission, va jusqu'au sacrifice suprême en se faisant sauter avec lui.

Le laser à basse puissance a depuis longtemps de nombreuses applications, notamment dans le guidage des projectiles. A haute énergie, le laser devient une arme qui fait mouche à la vitesse de la lumière. Il y a beau temps qu'un laser au fluorure de deutérium a détruit avec succès un missile antitank à grande vitesse (lors d'essais effectués aux États-Unis [482]). Mais c'est surtout le satellite qui, en raison de ses missions de reconnaissance, de communication et de navigation, est en voie de devenir la cible numéro 1 dans un conflit futur.

Le canon à protons fait partie des armes qui utilisent les capacités hautement destructives des faisceaux de particules. On peut d'ailleurs faire appel, non seulement aux protons, mais encore à d'autres serviteurs zélés comme les neutrons, les ions lourds ou les électrons, obtenus à partir d'accélérateurs circulaires, linéaires ou combinés. Tout aussi expéditif que le laser dans ses déplacements, le faisceau de particules a l'avantage de ne pas se soucier des turbulences atmosphériques et de traverser le blindage le plus rébarbatif. Bien que tous les problèmes, en particulier celui de la maniabilité des installations, ne soient pas encore résolus, ces techniques sont étudiées très sérieusement. Un groupe de physiciens et ingénieurs a été formé dans ce but il y a quelque temps aux USA, et l'URSS au temps de sa gloire a procédé à plusieurs expériences réussies.[483]

La bombe à neutrons qui, il y a plus de vingt ans de cela, a fait l'objet de protestations indignées et de dénégations solennelles, poursuit son bonhomme de chemin. Elle revient de temps en temps sur le tapis, c'est bon signe. Il n'est pas concevable que l'on se passe des services de cette petite merveille. D'ailleurs la doctrine militaire n'a jamais varié sur ce point : aucune arme n'est abandonnée pour d'autres raisons que son inefficacité, soit qu'une parade absolue ait été trouvée, soit qu'une arme plus adéquate ait vu le jour. Ce n'est pas le cas de la bombe à neutrons, dont l'excellence n'est plus à démontrer. Imaginez une bombe H délicieusement miniaturisée, dont l'émission de chaleur est réduite, et dont le choc mécanique est donc faible, dont la pollution est légère, mais qui, en revanche, libère des flux de neutrons en surnombre, entraînant une décomposition chimique des tissus vivants, d'où son nom d'arme à effet de radiation renforcée. En termes moins galants, elle ratatine l'équipage d'un char d'assaut, le personnel d'un blockhaus ou d'une usine en laissant intacts le véhicule ou les installations. On tue l'animal sans endommager la coquille.

Il est une autre arme dont on parle moins mais qui n'en est pas pour autant négligée. Dans le cadre de la guerre météorologique, les experts s'interrogent sur les possibilités de susciter des pluies diluviennes, de provoquer des grêles désastreuses, de faire tomber la foudre à volonté ou de rallumer les volcans éteints. Un projet de convention pour interdire ces techniques a bien été déposé en août 1975, mais les rédacteurs du texte ont employé des termes suffisamment vagues pour que l'interdiction reste lettre morte.

Terminons sur un sourire, en mentionnant trois recherches de caractère nettement surréaliste. Ainsi les ultrasons paraissent capables de faire éclater à distance les globules du sang, mais dans des conditions qui recueilleraient les suffrages de tous ceux qui luttent contre le bruit, c'est-à-dire dans un silence total. Non moins discret, le rayon gamma, ce passe-muraille pour lequel une épaisseur de plomb d'un mètre est une feuille de papier, agirait également sur les globules sanguins, mais, pour faire bonne mesure, entraînerait en outre la paralysie de certaines fonctions vitales. Enfin, les grosses têtes cogitent sur l'émission d'un rayonnement électromagnétique possédant une caractéristique remarquable : sa fréquence est exactement la même que celle du cœur humain. Même avec un rayonnement de très faible intensité, le cœur ne pourrait se soustraire à la contagion de cette fréquence fraternelle, il entrerait en résonance, et serait « grillé » comme un vulgaire séchoir à cheveux.

☆

Le stock mondial des armes nucléaires (destinées, comme on le sait, à éviter l'holocauste), se compte par dizaines de milliers de mégatonnes. A l'époque où on l'évaluait à 100 000 mégatonnes (vers 1980), sa puissance équivalait à plus de vingt tonnes de T.N.T. par individu – homme, femme et enfant – vivant à la surface de la Terre. Or, il suffit d'une livre pour tuer un être humain. Nous disposons donc d'une très forte marge de sécurité. Si un conflit atomique général éclatait demain, ainsi qu'un nombre grandissant d'experts semblent l'espérer, quelles en seraient les conséquences ?

Ce genre de devinette obtient un grand succès dans les salles de rédaction et de réunion. On y joue les morts aux enchères. Postulat de départ : une attaque nucléaire lancée par une grande puissance sur les objectifs économiques et militaires d'une autre. Mise à prix : cent millions de morts. Qui dit mieux ? Cent cinquante millions de ce côté, deux cents millions ici. Une fois, deux fois, trois fois... adjugé pour deux cents millions de morts.[484] *

Bien que l'hypothèse la plus vraisemblable soit celle d'une guerre nucléaire totale déclenchée volontairement, soit à la suite d'une escalade, soit « pour en finir » et sortir d'une tension devenue intolérable, nous ne sommes pas complètement à l'abri d'un accident non voulu. Déjà dans le passé nous avons eu quelques alertes. Tout le monde se souvient de la bombe atomique qu'on eut tant de peine à repêcher au large des côtes d'Espagne. On a moins parlé d'une autre affaire. Le 24 janvier 1961, un bombardier B52 portant deux engins nucléaires de vingt-quatre mégatonnes chacun prit feu et percuta le sol. Une des bombes fut parachutée mais l'autre s'écrasa avec l'appareil. Un examen montra que deux mécanismes de sécurité sur quatre avaient sauté. Or vingt-quatre mégatonnes, c'est 1 330 fois Hiroshima... Et il faut bien se dire que ce type de mésaventure, relativement rare, devient mathématiquement plus probable à mesure que se multiplie le nombre des vecteurs équipés de leurs ogives.

Un autre aspect du problème a fait l'objet, vers la fin des années soixante-dix, d'une vive controverse dans les milieux scientifiques des États-Unis. Un professeur de l'université de Chicago[485] a prétendu qu'une bombe H de forte puissance qui exploserait à une grande profondeur pourrait, en raison de l'incompressibilité de l'eau et de la forte teneur des fonds marins en hydrogène, provoquer une réaction en chaîne que rien ne pourrait arrêter. Comme plusieurs sous-marins sont déjà tombés au fond de la mer avec leurs bombes, dont un américain en Atlantique Sud et un soviétique au milieu du Pacifique – sans oublier le *Koursk*, renfloué à si grand-peine dans la Baltique –, on peut se poser des questions.

Mais nous avons peut-être mieux à faire que d'attendre un accident dont la probabilité demeure faible, bien qu'elle ne soit pas nulle. Dans son livre sur la guerre thermonucléaire, le spécialiste américain Herman Kahn[486] nous montre la voie. Nous possédons en effet non seulement les connaissances théoriques mais l'outil industriel qui nous permettrait, si nous le voulions, d'avancer l'heure du destin. Désormais, il est en notre pouvoir de construire une machine qui constituerait le point culminant de la course aux armements, l'aboutissement de la logique dissuasive. Son action ne comporte aucune parade, il ne peut exister aucun missile, aucun satellite d'interception, aucun rayon de la mort qui ait la moindre emprise sur elle, pour la bonne raison qu'elle est au-delà de tout marchandage, de toute menace de représailles, qu'elle représente l'engagement suprême, irrévocable : le pays qui en dispose se suicide sur place, détruisant avec lui le reste du monde. Les Américains l'ont plaisamment baptisée « la machine du jugement dernier ». Elle coûterait au bas mot une centaine de millions de dollars – une bagatelle ! Ce serait le dernier mot de la science.

☆

Que ce soit par le jeu de la guerre, par accident [487] *, ou volontairement, en un geste suicidaire et grandiose, la disparition subite de l'humanité n'est plus désormais du domaine de l'utopie.

D'aucuns s'en affligent, demandant qu'on leur donne un répit, une rallonge, arguant que tout cela est un peu tôt, qu'ils avaient encore de magnifiques projets pour le bonheur de l'homme.

Qui les croira ? Si nous n'avons rien fait de positif sur un parcours de quatre mille ans, est-il raisonnable de penser que nous allons mieux faire si l'on nous donne une seconde chance ? Entre nous, le bilan est piteux. Nous ne sommes pas venus à bout de l'injustice, de la violence, de la pauvreté. Nous n'avons fait triompher ni la fraternité, ni la tolérance, ni l'amour. Nous n'avons même pas réussi à donner suffisamment à manger aux habitants de la terre, dont plusieurs milliers meurent de faim chaque jour. Et nous voudrions qu'on nous fasse une fois de plus crédit !

Prenons plutôt la mesure à la fois de notre orgueil et de notre insignifiance. Nous n'avons eu, face à la nature, qu'une obsession, celle de la dominer. N'ayant pas d'armes naturelles pour parvenir à cette fin, nous en avons inventé. Une fois les animaux asservis, nous avons commencé à combattre nos semblables, oubliant que nous ne possédions aucun mécanisme pour nous opposer à la destruction de notre espèce. A présent nous sommes pris dans l'engrenage. Il semble que rien ne puisse plus nous sauver. Notre chemin s'arrête. Et c'est peut-être justement parce que nous sommes arrivés au bout de nous-mêmes qu'il nous a été donné de découvrir le secret de notre anéantissement. [488] *

Quoi qu'il en soit, c'est un spectacle à ne pas rater. La location est ouverte. Voici la soirée d'adieu, la grande parade avec le traditionnel défilé de tous les artistes, chanteurs, bateleurs, acrobates, pitres, funambules, jongleurs et diseurs de bonne aventure qui viennent faire leur ultime révérence.

Un prodigieux coup de projecteur éclaire une dernière fois la scène, un formidable coup de tonnerre ébranle les décors, et la grande aventure humaine, sa sanglante histoire, ses illusions et ses espoirs, notre planète avec ses villes, ses rues, ses autos, ses jardins, ses usines, ses maisons de pygmées et les hommes minuscules qui grouillent à l'intérieur, tout cela, en quelques secondes, saute, pète, brûle, se volatilise, et n'est bientôt plus qu'une petite nuée, une vapeur sans importance qui tournoie encore quelques années sur elle-même et peu à peu se dissipe et se perd dans le silence des étoiles.

ANNEXE I

PETITE CHRONOLOGIE DES PRINCIPALES GUERRES QUI ONT EU LIEU DANS LE MONDE DEPUIS LE XXVIIe SIÈCLE AVANT J.-C. JUSQU'A NOS JOURS.

2730 avant J.-C. : le roi Oudimou (Ire Dynastie d'Égypte) se dérouille les jambes en allant faire une incursion de l'autre côté du delta. 2690 : le roi Smerket va voir de plus près le Sinaï. 2200 : la Chaldée est envahie par les rois d'Élam. Aux alentours de 1800, les Hittites se déversent dans la Cappadoce. Puis ce sont les Hyksos qui se battent contre les Égyptiens, les Égyptiens contre les Libyens, les Philistins contre les Hébreux, les Hébreux contre les Araméens, les Assyriens contre les Syriens. On a du mal à s'y retrouver.

770 avant J.-C. : les Chinois occidentaux terrassent les barbares de Mongolie. 732 : le royaume de Damas est détruit par Téglath-Phalasar. 721 : le royaume d'Israël est anéanti par Salmanasar V et Sargon. 650 : Babylone est mise à sac. Ce n'est ni la première ni la dernière fois.

Scythes, Spartiates, Mèdes, Phocéens, Cimmériens, Macédoniens se disputent chaque mètre carré de territoire, s'arrachent et se reprennent diverses villes, se trucident infatigablement. Les conflits succèdent aux conflits, les batailles aux batailles.

600 avant J.-C. : première guerre sacrée. 480 : bataille des Thermopyles. 457 : bataille de Tanagra. 406 : bataille des Argimuses. 331 : bataille d'Arbèles. Puis ce sont les guerres puniques qui mettent aux prises Carthaginois et Romains et se terminent en 149, lorsque Carthage est définitivement broyée.

Rome n'a guère le loisir de souffler : elle est maintenant en guerre avec Mithridate, qui vient de décimer les Scythes. En 66 avant J.-C., Pompée jugule ce dernier et, sur sa lancée, s'empare de Jérusalem. 58 avant J.-C. : César guerroie en Gaule contre les Helvètes, et fait mordre à Vercingétorix la poussière d'Alésia.

C'est en 238 que les Goths franchissent le Danube pour la première fois, donnant le signal des invasions barbares qui, pendant trois cents ans, ne vont pas cesser. Burgondes, Suèves, Wisigoths, Ostrogoths, Vandales, Huns déferlent sur l'Europe et le Moyen-Orient, égorgent, violent, brûlent, saccagent et pillent.

En 638 les Arabes prennent Jérusalem et Antioche. C'est le début de l'expansion de l'Islam. Ils sont successivement en Égypte, en Tripolitaine, sur l'Indus, aux Baléares, et finissent par occuper presque toute l'Espagne. En 736, ils s'allient aux Tibétains contre les Chinois. 751 : ils sont vainqueurs des Chinois. 798 : ils s'allient aux Chinois contre les Tibétains. Mais à partir de 800 commence leur déclin, au profit des Francs, qui bataillent successivement avec les Saxons, les Sarrasins, les Grecs, les Avars.

Bientôt ce sont les Normands – Norvégiens et Danois – qui font parler d'eux, tandis que les Slaves combattent l'Allemagne, que les Hongrois dévastent l'Italie, que les Karmates occupent l'Irak, et que le pape Jean X pulvérise les Sarrasins sur le Garigliano. Mais le chef de l'Église se doit de donner l'exemple : il est assassiné en 928, illustrant ainsi la parole de l'Évangile selon laquelle celui qui combat avec l'épée est destiné à périr par l'épée.

La grande peur de l'an Mil ne ralentit pas l'ardeur guerrière de l'humanité. Les premières années du nouveau siècle sont marquées par les sanglants conflits entre les Seldjoukides et les Ghaznévides. En 1066, la bataille de Hastings ouvre à Guillaume le Conquérant les portes de l'Angleterre.

Les pieuses croisades vont ensuite permettre aux chrétiens d'en découdre saintement avec les infidèles : en 1095 ils sont à Constantinople, en 1099 ils pénètrent à Jérusalem. Ils ne sont pas d'ailleurs les seuls à guerroyer sur la planète : les Karakitais font la guerre au sultan Sandjar, les Sumatranais envahissent Madagascar, Angkor est pillé par les Tchams, et Simon de Montfort porte le fer et le feu dans le Languedoc.

Les empires se font et se défont comme châteaux de cartes : après l'empire romain, l'empire chrétien de Rome, l'empire byzantin, celui des Khalifes, celui des Francs, voici le tour des Mongols. Ils viennent d'achever la conquête de la Chine du Nord, en 1241 ils sont en Hongrie, et la fin du siècle les trouve au Tonkin, en Annam et jusqu'en Birmanie.

De son côté Louis IX, le futur Saint Louis, trouve le temps, entre deux offices, de prendre les armes contre Henri III d'Angleterre, de remporter la bataille de Saintes, de diriger la septième croisade, d'être battu et pris en Égypte, d'en sortir, et tandis que Houlagou le Mongol extermine les Assassins, d'entreprendre la huitième croisade et de mourir devant Tunis.

L'an de grâce 1337 marque le commencement de la guerre de Cent Ans. On en connaît les grandes péripéties : bataille de Crécy (1346), prise de Calais (1347), bataille de Poitiers (1356), sac de Limoges (1370), siège d'Orléans (1428), intervention puis supplice de Jeanne d'Arc (1428-1431), victoire de Formigny (1450) et de Castillon (1453).

Pendant ce temps, un peu partout, d'autres princes, ducs, prélats, maréchaux, généraux, conquistadores, capitaines, chefs de bande, ferraillent à qui mieux mieux. On se bat en Arménie, à Delhi, en Angleterre, en Hongrie, en Pologne, au Siam. 1485 : les Russes et les Suédois s'empoignent en Finlande. 1494 : le roi de France Charles VIII combat en Italie. 1515 : bataille de Marignan. Paix perpétuelle. 1521 : fin de la Paix perpétuelle. François Ier et Charles Quint se font la guerre à outrance. 24 février 1525 : désastre de Pavie.

Par ailleurs, les Portugais se sont découvert un formidable appétit, et envahissent tour à tour les Açores, la Guinée,

Madagascar, Sumatra, la Malaisie et le Bengale. Les Espagnols ne veulent pas être en reste. Ils sont bientôt aux Antilles, au Yucatan, au Pérou, au Chili et en Floride.

1562 : la première guerre de Religion éclate avec le massacre de Vassy, la deuxième est marquée par la bataille de Saint-Denis (1567), la troisième, menée par Henri d'Aragon, se termine en 1569 par la bataille de Moncontour.

1570 : les Turcs attaquent Chypre (déjà). 7 octobre 1571 : bataille de Lépante, la Méditerranée est délivrée des Turcs. 24 août 1572 : massacre de la Saint-Barthélemy. 1588 : l'Invincible Armada est vaincue.

1592 : les Japonais envahissent la Corée. 1603 : les Hollandais débarquent au Japon. 1613 : les Polonais prennent le Kremlin et les Mandchous apparaissent en Chine. 1618 : guerre de Trente Ans. 1650 : Cromwell soumet l'Écosse et l'Irlande. 1656 : les Turcs refont surface en Méditerranée, s'agrippent avec les Vénitiens, et en 1683 assiègent Vienne.

L'année 1664 marque le début de l'hégémonie française. Cette période abonde en batailles : Blenheim, Ramillies, Malplaquet, Denain, Fontenoy. Elle s'achève en 1748 par la paix d'Aix-la-Chapelle. Huit ans plus tard éclate la guerre de Sept Ans. La paix de Paris, en 1763, consacre la perte des colonies françaises. Les Anglais vont assurer la relève.

1789 : la Révolution française appelle ses enfants aux armes pour faire face à l'Autriche, à la Prusse et à l'Angleterre. 1795 : Bonaparte, après s'être fait la main contre les royalistes de Paris, culbute le Piémont (1796), étrangle l'Égypte (1798), disloque l'Italie (1800), signe la paix d'Amiens en 1802 pour la rompre en 1803, écrase l'Autriche en 1805, manque son coup avec la Russie en 1812, se fait battre par la coalition des Alliés une première fois en 1814, et définitivement en 1815.

1818 : Méhémet Ali taille en pièces les Wahabites en Arabie. 1821 : les Russes et les Turcs sont de nouveau à couteaux tirés. 1849 : guerre entre les États-Unis et le Mexique. 1854-1855 : guerre de Crimée. 1858 : l'Espagne se bat avec le Pérou et le Chili. 1861 : guerre de Sécession en Amérique. 1864 : la Prusse et l'Autriche contre le Danemark. 1866 : la Prusse contre l'Autriche. 1870-1871 : guerre franco-allemande. 1876 la Bulgarie, la Serbie et le Montenegro aux prises avec les Turcs. 1877 guerre russo-turque. 1885 : les Bulgares volatilisent les Serbes. 1894 guerre sino-japonaise. Premiers massacres d'Arméniens. 1899-1902 guerre des Boers. 1904 : les Japonais attaquent Port-Arthur. 1911 : guerre italo-turque. 1912 : les États balkaniques s'expliquent avec la Turquie.

En 1914 commence la « Grande Guerre » ou Première Guerre mondiale. Elle va durer quatre ans. Deux ans à peine après la fin des hostilités, en 1920, un nouveau conflit éclate, cette fois entre la Grèce et la Turquie. 1928 : pacte Kellog, la guerre hors la loi. 1931 : invasion de la Chine par les Japonais. 1935 : l'Italie attaque l'Éthiopie. 1936-1938 : guerre d'Espagne. 1937 : guerre sino-japonaise. 1939-1945 : Deuxième Guerre mondiale. 1946-1954 : première partie (française) de la guerre du Vietnam. 1947 : début des affrontements en Palestine. 1950-1953 : guerre de Corée. 1955-1962 : guerre d'Algérie. 1956 : guerre israélo-arabe, crise de Suez. 1959 : guerre du Tibet entre la Chine et l'Inde. 1962-1973 : deuxième partie (américaine) de la guerre du Vietnam. 1963 : à Chypre, Grecs et Turcs se pourfendent. 1965 : guerre indo-pakistanaise. 5-11 juin 1967 : nouvelle guerre israélo-arabe (dite des Six Jours). 1967-1970 : guerre du Biafra. 1969 : commencement des troubles en Irlande du Nord. 1971-1972 : nouvelle guerre entre l'Inde et le Pakistan. Massacres au Burundi. 6-12 octobre 1973 : nouvelle guerre israélo-arabe (celle du Kippour). 1975-1976 : guerre au Liban, intervention de la Syrie. Début en Angola d'une guerre civile qui durera plus de vingt ans. Arrivée au pouvoir des Khmers rouges qui font passer de vie à trépas un million de Cambodgiens. Juillet 1977 : conflit entre la Somalie et l'Éthiopie. Janvier 1979 : conflit entre le Vietnam et le Cambodge. Janvier 1980 : intervention militaire soviétique en Afghanistan. Septembre 1980 : guerre entre l'Irak et l'Iran. 1982 : guerre des Malouines. 1983 : au Sri Lanka, l'Inde se collette avec les Tamouls. 1990-1991 : guerre du Golfe. 1992 : l'Azerbaïdjan et l'Arménie s'empoignent. 1994 : Massacres à grande échelle au Rwanda, dont les suites mettront à feu et à sang une large part de l'Afrique centrale. 1998 : la guerre de l'Érythrée avec l'Éthiopie renaît de ses cendres. 1999 : conflit au Kosovo. 2000 : reprise des tensions entre Israël et les Palestiniens. 2001 : intervention américaine en Afghanistan. A suivre.

ANNEXE II

Le massacre de Song My, une des « bavures » de la guerre du Vietnam, fut rapporté par tous les journaux et magazines de l'époque. Il a fait d'autre part l'objet de plusieurs ouvrages, dont celui de S. Hersh, publié en français par les Éditions Gallimard en 1970 (cf. notre bibliographie).

Voici les faits. Le 10 mars 1968 au matin, des hélicoptères débarquaient, à proximité d'un hameau vietnamien où apparemment ne se trouvait aucun combattant vietcong, une compagnie de G.I. américains sous les ordres du capitaine Medina. La première section était commandée par le sous-lieutenant Calley. Les habitants du hameau, des vieillards, des femmes et des enfants, déjeunaient sur le pas de leur porte, ou se tenaient dans leurs maisons. Ils furent invités sans ménagement à se rassembler sur la place, et presque aussitôt, sans avertissement, comme un feu qui éclate et se propage avec une rapidité foudroyante, la tuerie commença, au milieu des cris, des gémissements, des implorations. Les soldats, qui semblaient tout à coup survoltés, tiraient sur les gens, sur le bétail, à l'intérieur des huttes. D'autres mettaient le feu aux habitations. Tout ce qui bougeait devenait une cible. D'après les témoignages rapportés par Hersh, les gars avaient l'air de s'amuser, comme s'ils étaient à la foire. « Certains riaient et plaisantaient à propos de ce qu'ils étaient en train de faire [...] Un G.I. avait dit : "Hé, j'en ai eu un autre !" Et un autre : "Marque-m'en un de plus" (p. 75) ». Le capitaine Medina et le sous-lieutenant Calley semblent avoir payé de leur personne et donné l'exemple. Plusieurs témoins les virent participer activement au massacre, pousser les gens dans un fossé, tirer dans le tas, achever les blessés, encourager leurs hommes. Hersh raconte : « Herb Carter et Harry Stanley avaient ôté leur équipement et prenaient un peu de repos au poste de commandement. Il y avait près d'eux un jeune garçon vietnamien qui pleurait ; il avait une balle dans l'estomac. Stanley vit l'un des trois opérateurs radio de Medina qui venait vers eux par un sentier ; il [...] se dirigea vers Carter et lui dit : "Montre-moi ton pistolet." Carter le lui tendit. L'opérateur radio s'approcha alors à moins d'un mètre du jeune garçon et lui tira dans le cou avec le pistolet. Le sang jaillit du cou de l'enfant. Il essaya de s'enfuir mais ne put faire que quelques pas. Il tomba à terre. Il demeura couché là, prit trois ou quatre profondes inspirations, puis cessa de respirer. L'opérateur radio se tourna vers Stanley et dit : "Tu as vu comment j'ai descendu cet enfant de putain ?" (pp. 88-89) »

Vers onze heures du matin, le hameau n'existait plus. Le fossé était entièrement rempli de cadavres. Entre 450 et 500 civils vietnamiens avaient été massacrés. Du côté américain, on ne déplorait ni mort ni blessé. Du travail propre.

ANNEXE III

« Prière au Führer » publiée par l'organe des SS *Das Schwurze Korps* à l'occasion du cinquantième anniversaire de Hitler, le 20 avril 1939 :

« En ce jour je m'approche de ton image. Cette image est de grandeur surnaturelle, sans limites, formidable. Elle est dure, magnifique et sublime. Elle est, en une personne, notre père, notre mère, notre frère.

» Tu es le Führer sans avoir besoin d'ordonner. Tu vis et tu es là. Tu es l'amour et la force. Tu es la liberté, car tu as donné un sens au devoir qui rend tout travail joyeux, fort et substantiel. Tu as délivré ce peuple de la malédiction du travail pénible et des sueurs, ce peuple qui, dans un silence craintif, suspend ses pas et se tient auprès de toi. Ainsi, tu te tiens dans la basilique de l'amour de millions d'êtres, basilique dont la coupole lumineuse monte vers le ciel. En ce jour de fête de ton existence, des millions de cœurs battent plus vite et plus fort, et parce que ta vie nous est consacrée, c'est un jour de fête pour les Allemands ! »

ANNEXE IV

« Je crois en la Rome éternelle et intangible, mère de ma patrie, centre éclairé et dominateur de la civilisation de l'Europe et du monde ; et en l'Italie, sa fille aînée et très glorieuse, laquelle naquit par l'opération merveilleuse de Dieu, du sein vierge et fécond du génie, de la sagesse, de la science et de l'art ; souffrit sous le barbare envahisseur, fut crucifiée, démembrée, ensevelie ; descendit dans la tombe de ses pères d'autrefois pour en reprendre l'âme et le cœur, le sentiment et la pensée, et par eux ressusciter au XIXe siècle, remonter au ciel de sa gloire en 1918 et en 1922 par le triomphe de Vittorio Veneto et la victoire libératrice du fascisme ; est assise à la droite de sa mère Rome, intangible et éternelle ; de là, juge les vivants et les morts ; je crois au génie restaurateur de Mussolini, et en l'esprit bon, valeureux, actif du peuple italien ; au Saint-Père le fascisme, à la communion des martyrs des Alpes, de la mer, des rues et des places avec ses partisans ; à la conversion des Italiens égarés et traîtres, soit de leur propre mouvement, soit par la grâce des lois sévères ; à la résurrection de l'Empire romain et à sa vie immortelle et glorieuse. Amen ! » (« Catéchisme de Balila », destiné aux enfants de huit à douze ans, cité par J. Teppe, *L'Idole Patrie*, op. cit., p. 158.)

NOTES

PROLOGUE

1. Henri Sérouya, *Le Problème philosophique de la guerre et de la paix*, Paris, Marcel Rivière, 1932.

2. Victor Hugo, « Booz endormi », *La Légende des siècles.*

3. Voir Jean Louveaux, *Plantes carnivores et végétaux hostiles*, Paris, Hachette, 1965.

4. Konrad Lorenz, *L'Agression, une histoire naturelle du mal*, Paris, Flammarion, 1968.

5. Gaston Bouthoul, *Les Guerres, éléments de polémologie*, Paris, Payot, 1951.

6. Max Jähns, *Ueber Krieg, Frieden und Kultur.* – D'après une étude du Brookings Institute de Washington citée par *Die Welt*, le conflit Irak-Iran serait le 127e depuis 1945. Voir l'article d'André Fontaine dans *Le Monde* du 11 octobre 1980. – Le lieutenant-colonel Fielding L. Greaves a recensé, pour la période s'étendant de 3600 avant J.-C. à 1962 de notre ère, 14 542 guerres (Robin Clarke, *La Course à la mort ou la Technocratie de la guerre*, Paris, Le Seuil, 1972, p. 277.) – Le lecteur désireux d'avoir une vue d'ensemble de l'activité belliqueuse de l'humanité trouvera en annexe une petite chronologie que nous avons établie en nous aidant, entre autres, de la *Chronologie de l'histoire mondiale*, par E. Cavaignac, de la *Chronologie des civilisations*, de Jean Delorme, ainsi que des collections de *L'Année politique*, de *L'Année dans le monde* et du *Journal de l'année.*

7. « Le fait subsiste qu'il y a des guerres inévitables et cela suffit pour qu'on puisse considérer la guerre comme une des nécessités inhérentes à la vie des

peuples et que l'on soit autorisé à dire qu'elle a commencé avec le monde et qu'elle ne finira qu'avec lui. » (Alessandri, *La Guerre et son droit*, Paris, Éditions de Boccard, 1936, p. 74.) – « La guerre ne disparaîtra jamais. Elle résulte de la nature des choses. » (Paul Mabille, *La Guerre, ses lois, son influence civilisatrice, sa perpétuité*, Paris, A. Fourneau, 1884, p. 265.)

CHAPITRE I : DU MUSCLE A LA LOI

8. « Je ne peux reconnaître d'autres sources du droit que la force », Ostwald. « La force est en même temps le droit suprême », général von Bernhardi. Ces deux phrases sont citées par Arsène Alexandre, *Les Monuments français détruits par l'Allemagne*, Paris et Nancy, Berger-Levrault, 1918, pp. 3 et 4.

9. Pierre Joseph Proudhon, *La Guerre et la Paix, recherches sur le principe et la constitution du droit des gens*, Paris, Michel-Lévy frères, 1861.

10. J. Novikow, *Les Luttes entre les sociétés humaines*, Paris, Félix Alcan, 1893, p. 509. Cf. « Celui-là triomphe qui devait triompher » (Steinmetz, *Der Krieg als sociologisches Problem*, Leipzig, J. A. Barth, 1907, pp. 11-26). – « Le vainqueur est toujours celui qui a mérité de l'être [...] Il est nécessairement, non seulement le plus civilisé, mais le meilleur, le plus moral, et c'est pour cela qu'il est vainqueur [...] Toute la vertu d'un peuple comparaît sur le champ de bataille ; il est là tout entier, avec tout ce qui est de lui. » (Victor Cousin, *Cours d'histoire de la philosophie*, 9e leçon, Paris, Pichon et Didier, 1828.)

11. « Les armes, les engins ont été inventés par le peuple, choisis par ses soldats, ils résultent du caractère et du génie de la nation [...] La guerre est ainsi une justice armée, un tribunal dont l'arrêt se fonde sur la valeur exacte des nations belligérantes. » (Paul Mabille, *La Guerre, ses lois, son influence civilisatrice, sa perpétuité*, op. cit., pp. 175 et 181.)

12. La guerre par champions interposés a existé chez certaines peuplades comme les Massaï d'Afrique noire, où l'on voyait les adversaires déterminer, d'un commun accord, l'enjeu de la bataille et le lieu du combat, puis nommer un certain nombre de champions qui devaient s'affronter, en présence de la foule, aux acclamations de leurs supporters. Les vainqueurs devenaient propriétaires du bétail en litige et expulsaient les vaincus. (Cf. Ch. Letourneau, *La Guerre dans les diverses races humaines*, Paris, L. Bataille, 1895, p. 92.) – Peu avant d'être destitué, le maréchal Amin Dada, chef de l'État ougandais, avait invité son collègue tanzanien à régler le différend qui les opposait par un match de boxe (*Le Monde*, 5-6 novembre 1978).

13. Général Douglas MacArthur, *News Chronicle*, 27 janvier 1955. – James Cameron, *News Chronicle*, 14 mars 1955.

14. Cf. P. Seabury, *The Rise and Decline of the Cold War*, New York, Basic Books, 1967, p. 40.

15. De l'aveu même de ses dirigeants, l'Allemagne en 1914 luttait pour sa survie. « Vous avez l'honneur de combattre pour le droit à l'existence d'une nation. » (Guillaume II, proclamation du 3 décembre 1914 au front oriental.) Sauf erreur, elle fut battue en 1918. Vingt ans plus tard, la morte se portait assez bien.

16. Dans un livre publié en 1634 et dédié au roi de France, M. Bezian Arroy, théologal de l'église de Dijon, écrit : « Du temps que les Français ont tenu l'Empire, il contenait toutes les Gaules, l'Italie entière, à prendre depuis Augsbourg jusqu'à la Calabre inférieure, l'Allemagne, la Hongrie, la Pologne, la Russie, la Prussie, la Livonie, la Lithuanie, la Moscovie, la Sclavanie, la Podolie, l'Alberussie, la Valachie, etc. Tout cela appartient légitimement aux rois de France, et s'il en est, en fait, autrement, c'est que les possesseurs actuels sont des usurpateurs. » – Jacques de Cassan, Pierre Dupuy écrivent des traités du même genre. (Voir notre bibliographie.) Von Strautz énumère (en 1912) les pays qui doivent revenir à l'Allemagne. Et la *Pravda* du 13 juin 1978 donne une liste impressionnante des revendications territoriales dont elle gratifie la Chine (*Le Monde* du 5 juin 1978).

17. Machiavel, *Décades*, III, 42.

18. Max Jähns, *Ueber Krieg, Frieden und Kultur*, op. cit., p. 83 ; cité par G. Valbert, « La guerre et la paix perpétuelle », *Revue des Deux Mondes*, 1894, vol. 2, livraison du 1er avril, p. 692.

19. Cf. « Soyez sans inquiétude pour votre avenir militaire. La paix que nous avons vous assure dix ans de conflits dans l'Europe centrale. » Discours de Clemenceau à des officiers supérieurs, *L'Humanité* du 21 juillet 1919 – cité par Ermenonville (*Le Collier de Bellone*, Paris, Société mutuelle d'édition, 1924, p. 105).

20. « Einstein ne voyait pas d'autre moyen pour éliminer le danger le plus terrible qui ait jamais confronté l'homme… que la création d'un gouvernement mondial. » (Antoine Valentin, *Einstein, a Biography*.) – « Si une organisation de gouvernement mondial ne peut être établie à temps par la persuasion et le consentement, aucun miracle diplomatique n'empêchera l'explosion. » (Emery Reves, *Anatomie de la paix*, Paris, Tallandier, 1946, p. 306.) – « Le seul moyen d'éviter l'anéantissement de l'espèce humaine est de constituer (…) les États-Unis du monde. » (Bertrand Russell, causerie sur la bombe H faite sur les ondes du Service français de la BBC et reproduite dans l'hebdomadaire *Ici Londres* du 20 août 1954.) – « Le gouvernement mondial doit s'instaurer et s'instaurera. Il ne subsiste à cet égard aucun doute dans mon esprit, car c'est

là le seul remède à la maladie dont souffre le monde. » (Jawâharlâl Nehru, Premier ministre de l'Inde, Radio de New Delhi, 3 avril 1948.) – « A moins que la civilisation moderne ne cesse d'exister, nous serons obligés d'avoir un gouvernement mondial, tôt ou tard, que nous le voulions ou non ! » (Henrik Kauffmann, ministre plénipotentiaire du Danemark aux États-Unis, 12 mars 1947 – cité par Hector Ghilini, *La Troisième Guerre mondiale durera six heures*, Paris, R. Seban, 1950, p. 97.)

21. « C'est le système actuel des États-nations souverains – accepté et soutenu aujourd'hui par les capitalistes et les socialistes, les individualistes et les collectivistes, tous les groupes nationaux et religieux ensemble – qui constitue l'obstacle insurmontable à tout progrès, tout effort social et économique, qui s'oppose à tous les progrès humains dans n'importe quel domaine. » (Émery Reves, *Anatomie de la paix*, op. cit. p. 276.) – « La voie qui mène à la sécurité internationale impose aux États l'abandon sans condition de leur souveraineté, et il est hors de doute qu'on ne saurait trouver d'autre chemin vers cette sécurité. » (Déclaration faite par Albert Einstein le 13 avril 1955, cinq jours avant sa mort.)

22. Certains commentateurs font remarquer, non sans malice, que ce sont les plus farouches partisans de la souveraineté nationale qui sont souvent les plus prompts à réduire la liberté des citoyens.

23. Cf. cette déclaration du général de Gaulle : « L'ONU est un utile forum, mais nous n'accepterions pas qu'elle s'érige en un super-État qui prétendrait nous imposer quoi que ce soit qui nous concerne. » (Cité par Julien Teppe, *L'Idole Patrie*, Paris, Éditions du Centre, 1967, p. 91.)

24. Deux chercheurs, J. D. Singer et M. Small, après avoir étudié quelque 112 alliances conclues entre 1815 et 1939, ont trouvé qu'il existait une corrélation positive et directe entre le nombre d'alliances et de pactes conclus par les grandes puissances et le nombre des guerres. (Cf. Robin Clarke, *La Course à la mort*, op. cit., p. 355.)

25. Gaston Bouthoul, *Les Guerres, éléments de polémologie*, op. cit. pp. 17 et 400.

26. Citation d'un éditorial de la *Pravda (Le Monde*, 24 août 1968).

27. Article paru dans *Le Monde* du 8 septembre 1962, reprenant une dépêche de l'A.F.P. du 7 septembre.

CHAPITRE II : LE GLAIVE ET LA BALANCE

28. Sur l'aspect juridique de la guerre, voir Gaston Bouthoul, *Les Guerres, éléments de polémologie*, op. cit., pp. 52 *sqq*, 73 à 89, 482 *sq*.

29. Giuseppe Salvioli, *Le Concept de la guerre juste d'après les écrivains antérieurs à Grotius*, Paris, Bossard, 1918, p. 10.

30. En ce qui concerne le problème général des rapports entre la guerre et la religion, se reporter au chap. IV.

31. Cf. cette affirmation du lieutenant-colonel Montaigne : « Seule est juste la guerre faite par un peuple fort. » *Étude sur la guerre*, p. 340.

32. *Quella guerra e giusta che è necessaria*, Machiavel. – « Bellum justum quia necessarium », Bodin, *De Republica*, Livres III et V, pp. 340, 573.

33. Cf. Salvioli, *Le Concept de la guerre juste*, op. cit., pp. 80 *sq*.

34. Le grand administrateur anglais Cecil Rhodes, fondateur de la Rhodésie, se serait un jour écrié : « Cette guerre est juste, car elle est utile à la nation et augmente la puissance de mon pays. » Cité par Ysiad, *L'Allemagne et son enfant terrible, Maximilien Harden*, Paris, Berger-Levrault, 1918, p. 95.

35. Cité par Gaston Bouthoul, *Les Guerres, éléments de polémologie*, op. cit., p. 79.

36. Cité par Henri Sérouya, *Le Problème philosophique de la guerre et de la paix*, op. cit., p. 63.

37. Cité par Ysiad, *L'Allemagne et son enfant terrible, Maximilien Harden*, op. cit., p. 39.

38. Joseph Goebbels, Discours du 10 août 1942.

39. R. Von Jhering, *L'Esprit du droit romain*, 3e éd., tome I, p. 7, Paris, A. Maresq aîné, 1880. – Cf. aussi Roessler, *System der Staatslehre*, p. 547 : « Lorsque des peuples incapables, improductifs, occupent des terres riches en forces naturelles, alors on doit leur prendre leur pays, les en chasser, les anéantir, ou les contraindre à servir. »

40. Tite-Live, XLV, 22.

41. J. Novikow, *Les Luttes entre les sociétés humaines*, op. cit., pp. 525-526.

42. Napoléon Ier : « M'accusera-t-on d'avoir trop aimé la guerre ? Mais il (l'historien) montrera que j'ai toujours été attaqué. » – Hitler, dans son testament, a déclaré que personne en Allemagne n'a voulu la guerre qui a éclaté en 1939, et dont il rejette l'entière responsabilité sur l'Angleterre, la France et les Juifs *(Daily Telegraph*, 31 décembre 1945).

43. Frédéric II, *Anti-Machiavel*.

44. Montesquieu, *L'Esprit des lois*, X, 2.

45. Extrait du journal intime du général Grow, attaché militaire des États-Unis à Moscou, publié par le *Washington Post.*

46. « Depuis qu'il y a des nations et des guerres, quelle est donc la nation qui, jamais, a prétendu faire une guerre qui ne fût pas simplement défensive ?... Une nation qui veut faire la guerre est toujours en état de légitime défense. » Georges Clemenceau, *Grandeurs et misères d'une victoire*, cité par René Gérin, *Les Causes psychologiques des guerres*, Paris, Ligue internationale des Combattants de la Paix, 1935, p. 147.

47. Dès le 19 mai 1967, le gouvernement syrien affirme que tout est prêt pour « entreprendre la destruction de l'entité sioniste » *(Le Monde* des 21-22 mai 1967). Dans un communiqué, le Conseil de la Révolution algérien évoque « la liquidation de l'État d'Israël » *(Le Monde*, 28-29 mai 1967). Le président Nasser, s'adressant au comité central de l'Union internationale des ouvriers arabes, le vendredi 26 mai 1967, s'écrie : « La lutte contre ce pays (Israël) sera une lutte totale... La bataille ne sera pas limitée à la Syrie ou à la R.A.U. et notre objectif essentiel sera la destruction d'Israël *(Le Monde*, 29 mai 1967). Enfin M. Choukeiri, président de l'OLP, prophétise qu'« en cas de conflit, il ne resterait pratiquement pas de survivants juifs » *(Le Monde*, 2 juin 1967).

48. « Le véritable agresseur, ce n'est pas le belligérant qui, le premier, ouvre les hostilités, mais bien celui qui les a rendues nécessaires à l'autre État. » (Giuseppe Salvioli, *Le Concept de la guerre juste*, op. cit., p. 7.) Le général de Gaulle, par contre, avait affirmé avant la guerre des Six Jours que celui des États du Moyen-Orient « qui le premier et où que ce soit emploierait les armes n'aurait ni son approbation ni, à plus forte raison, son appui » *(Le Monde*, 4-5 juin 1967).

49. Voir la presse de l'époque, en particulier *Le Monde* des 9 et 10 octobre 1973.

50. Intervention de l'ambassadeur de Hanoi à l'Organisation des Nations unies, séance du 15 janvier 1979. – Cf. également *Le Monde* du 20 février 1979 où Chinois et Vietnamiens affirment, chacun de leur côté, qu'après avoir fait preuve de la plus grande modération, ils ont été contraints de riposter à l'agresseur.

51. Pierre Joseph Proudhon, *La Guerre et la Paix*, op. cit., p. 31.

52. Voir Mangenot, *Dictionnaire de théologie catholique*, 1903-1927.

53. Voici les références des phrases dont est composé le « Discours-type » : L'heure de la bataille a sonné (Anouar el-Sadate, Radio du Caire, 21 novembre 1971). Nous adressons à nos forces maritimes, aériennes et terrestres, qui, à tous les postes de combat, sont prêtes à entrer en action, un message fraternel (Sir Winston Churchill, allocution radiodiffusée, 11 septembre 1940 ; extrait de *Into Battle*, Londres, 1947). Que chacun accepte son sacrifice, que chacun

serve à son rang, selon ses moyens (Adolf Hitler, proclamation au peuple allemand, Grand Quartier général du Führer, 31 décembre 1941). Le tour viendra de tous, le plus faible aura sa part de gloire (Georges Clemenceau, 5 août 1914). Les populations de l'intérieur, elles aussi, accomplissent tout leur devoir. Fermeté d'âme, discipline, espoir, voilà qui les anime au plus profond d'elles-mêmes (Albert Lebrun, président de la République française, session extraordinaire du Parlement, 2 septembre 1939). La nation aborde le péril la tête haute, la conscience pure. Fidèle à la vieille devise, elle est sans reproche. Elle est sans peur (Édouard Herriot, président de la Chambre des députés, session extraordinaire du 2 septembre 1939).

Quelle n'est pas notre consolation de pouvoir aujourd'hui nous rappeler tous les efforts que nous avons déployés en faveur de la paix ! (Sir Winston Churchill, Chambre des Communes, 3 septembre 1939). Nous sommes dans une guerre que nous n'avons pas voulue (Adolf Hitler, Palais des Sports de Berlin, 30 janvier 1941). Nous avons tout dit, tout fait pour l'éviter (Georges Clemenceau, proclamation parue dans *L'homme libre* 26-28 août 1914). Elle nous a été imposée (Édouard Daladier, président du Conseil de la République française, Chambre des députés, 30 novembre 1939). De quel côté est le droit, il n'y a pas de doute à ce sujet (Guillaume II, empereur d'Allemagne, allocution prononcée à l'occasion d'une revue des troupes, 22 mai 1917). Nous sommes entrés en campagne pour aider la justice à triompher (Joseph Goebbels, ministre de la Propagande du Reich, discours du 17 février 1944). Ce pourquoi nous avons aujourd'hui à lutter, c'est l'existence même de notre peuple (Adolf Hitler, *Mein Kampf*). C'est sa vie et son indépendance (Édouard Daladier, séance du 2 septembre 1939). Nos soldats protègent en ce moment tout ce que nous possédons. Ils combattent pour la défense de la nation, comme pour celle de l'art et de l'esprit (Joseph Goebbels, discours à la Maison de l'Art allemand, 26 juillet 1941). Pour la sauvegarde de notre intégrité territoriale et de notre honneur national (Mme Indira Gandhi, chef du gouvernement de l'Inde en guerre avec le Pakistan, discours devant le Parlement, session extraordinaire du 4 décembre 1971). Oui, nous combattons pour l'intégrité et l'honneur de notre pays ! (Général Yahuya Kahn, chef du gouvernement du Pakistan en guerre avec l'Inde, allocution du 4 décembre 1971.)

Jamais les raisons de se battre n'ont été plus claires que dans les circonstances présentes (...) Nous sentons que nous ne nous battons pas seulement (Paul Reynaud, président du Conseil de la République française, allocution radiodiffusée du 26 mars 1940) pour la sauvegarde, la liberté et l'indépendance de notre patrie (maréchal Joseph Staline, discours et ordres du jour, année 1941), mais pour tous les hommes, non seulement pour notre génération, mais pour toutes les générations à venir (Franklin D. Roosevelt, président des États-Unis d'Amérique, 6 janvier 1942). La cause qui nous tient à cœur : c'est celle de la justice, de la prospérité, du progrès et de la paix de la communauté humaine tout entière (Adolf Hitler, discours au Reichstag, 28 avril 1939).

Nous avons le bonheur de combattre pour que règne enfin la paix dans le monde (Thomas Woodrow Wilson, président des États-Unis d'Amérique, au Congrès américain, avril 1917). Une paix juste et durable (Sir Anthony Eden, ministre des Affaires étrangères de Grande-Bretagne, 26 mars 1943). Notre objectif fondamental : travailler pour un monde équitable et pacifique (Harry S. Truman, président des États-Unis d'Amérique, discours prononcé devant 6 000 délégués d'un congrès de jeunes, le 5 décembre 1950), pour une longue paix future (Guillaume II, empereur d'Allemagne, proclamation au front oriental, 3 décembre 1914).

Nous sommes calmes et résolus (Édouard Daladier, discours radiodiffusé du 21 septembre 1939). Nous ne doutons pas un seul instant de notre victoire (Mme Golda Meir, chef du gouvernement de l'État d'Israël, allocution radiodiffusée le 6 octobre 1973). Elle sera le prix de la force morale et de la persévérance. La défaite définitive de l'ennemi (Raymond Poincaré, discours aux Invalides, 14 juillet 1915), voilà le seul but vers lequel doivent se tendre toutes nos énergies (Édouard Daladier, Chambre des députés, 30 novembre 1939). Le devoir, c'est la guerre ; l'avenir, c'est la victoire (Charles de Gaulle, Londres, 23 janvier 1941).

Nous avons confiance dans la Toute-Puissance éternelle (Guillaume II, discours au Reichstag, 4 août 1914). Dieu est avec nous (communiqué des autorités grecques au moment des événements de Chypre, 21 juillet 1974), avec notre juste cause (Guillaume Ier, roi de Prusse, proclamation à l'armée allemande, 2 août 1870). Qu'Il bénisse notre armée ! (déclaration des autorités chypriotes turques diffusée par la station de Radio-Bayrak, 21 juillet 1974). Qu'Il nous protège et dirige le succès de nos armes ! (gouverneur général Chatel, appel radiodiffusé aux populations algériennes, 1942). Qu'Il donne à notre peuple et à nos soldats la force d'accomplir avec endurance et vaillance ce qui sera nécessaire pour conserver notre liberté (Adolf Hitler, discours prononcé devant le personnel d'une fabrique d'armes berlinoise, 10 décembre 1940). Il faut que nous soyons unis, il faut que nous soyons intrépides, il faut que nous soyons inflexibles (Sir Winston Churchill, Chambre des Communes, 8 octobre 1940. *Into Battle*, Londres, 1947). Nous pouvons vaincre, nous devons vaincre et nous vaincrons (Joseph Goebbels, discours à l'université de Berlin, 1er décembre 1941).

CHAPITRE III : COURTE ET BONNE

54. Carl von Clausewitz, *De la guerre*, Paris, Éditions de Minuit, 1955, chap. I, p. 53.

55. Extrait de la doctrine du grand état-major allemand. Cité par le major général Sir George Aston : *Secret Service, espionnage et contre-espionnage anglais pendant la guerre 14-18*, Paris, Payot, 1931, p. 167.

56. Colonel von Rüstow, *Kriegspolitik und Kriegsgebrauch,* VIII ; de La Barre Duparcq, *Commentaires*, Paris, J. Corréard, 1855*;* Frédéric Guillaume III, *Ordonnance sur le Landsturm,* promulguée en 1813. Descartes, de son côté, écrivait : « Au regard des ennemis, on a quasi permission de tout faire, pourvu qu'on en retire quelque avantage pour soi et pour ses sujets. »

57. Extrait d'une directive du maréchal Keitel, 16 décembre 1942.

58. Cicéron, *De officiis libris,* III.

59. Aristote, *Politica,* I.

60. *Deutéronome,* XX, 14.

61. Beaucoup de propriétés appartenant aujourd'hui aux grandes familles du Royaume-Uni viennent des terres arrachées aux Anglais par Guillaume après Hastings et distribuées à ses chevaliers.

62. Lombroso (cité par Lagorgette, *Le Rôle de la guerre*, Paris, V. Giard & E. Brière, 1906, p. 126).

63. Brandat, *Mers de Chine*, Paris, Pichon et Cie, 1872, p. 164.

64. Bonaparte, *Correspondance inédite*, II.

65. Rotterdam, mai 1940, 30 000 victimes. Du 14 juillet au 31 août 1943, Hambourg, 40 000 morts. Du 13 au 15 février 1945, Dresde, 135 000 morts. Le 9 mars 1945, Tokyo, 83 000 tués, 100 000 blessés.

66. La guerre de 1939 a provoqué la disparition, en France seulement, de quelque deux millions de volumes, dont certains irremplaçables. Voir *Les Nouvelles littéraires* 1er août 1946.

67. Benoît Rey, *Les Égorgeurs*, Paris, Éditions de Minuit, 1961, p. 19.

68. Cf. Hafid Keramane, *La Pacification*, Lausanne, La Cité, 1960, pp. 216 à 221.

69. Déclaration de John Snail, membre de la Compagnie Charlie, à propos des viols commis au cours du massacre de Song-My.

70. Extrait d'un article de Daniel Lang, dans le *New Yorker.*

71. Voir la note 77, conseil 4.

72. Un jeune Américain qui a combattu au Vietnam a très bien décrit ce processus : « C'est étonnant comme on peut arriver à battre un homme ; on lui donne une gifle dans la figure pour le rendre attentif et on le gifle à nouveau. Puis on se met un peu plus en colère. On le fait encore, et encore, et encore, et bientôt on commence à le frapper avec rage, sans plus réaliser ce qu'on est en

train de faire et ça dégénère en une sorte de bestialité difficile à décrire. » Mark Lane, *Les Soldats américains accusent*, Paris, Maspero, 1972, p. 144.

73. Général de Lacaze-Duthiers, *La Torture à travers les âges*, Herblay, L'Idée libre, 1956. – J. C. Lauret et R. Lasierra, *La Torture et les pouvoirs*, Paris, Balland, 1973. – Mellor, *La Torture*, Paris, Les Horizons littéraires, 1949. – Fernand Mitton, *Tortures et supplices à travers les âges*, traité chronologique et descriptif, Paris, H. Daragnon, 1908.

74. *Historia* : « Notre guerre d'Indochine », extrait d'un article du colonel Romain Desfossés. Hors série, n° 24, p. 98.

75. On prétend que ce sont les Français qui, sous le commandement du maréchal de Lattre de Tassigny, ont utilisé le napalm pour la première fois le 16 janvier 1951.

76. *Historia*, n° 25, p. 13.

77. Voici quelques-uns des conseils du capitaine L. aux élèves du « Centre d'entraînement à la guerre subversive » de Philippeville, en Algérie (camp Jeanne d'Arc) : 1) Il faut que la torture soit propre. 2) Qu'elle ne se passe pas en présence de jeunes. 3) Ni en présence de sadiques. 4) Qu'elle soit faite par un officier ou par quelqu'un de responsable. 5) Qu'elle soit humaine, c'est-à-dire qu'elle cesse dès que le torturé a parlé, *et surtout qu'elle ne laisse pas de traces.* Déclaration faite par un prêtre rappelé, officier en Algérie, et publiée dans *Témoignage chrétien*, n° du 18 décembre 1959.

78. Général Massu, *La Vraie Bataille d'Alger*, Paris, Plon, 1971, pp. 165-168. Pour un autre son de cloche, voir les ouvrages de Hafid Keramane et Henri Alleg.

79. Voici quelles sont ces cinq techniques. 1) Encapuchonner les détenus. 2) Les exposer dans cet état à des sifflements bruyants et continus. 3) Réduire au minimum leur alimentation. 4) Les priver de sommeil. 5) Les laisser debout contre un mur, pendant de longues heures, dans une position pénible. *(Le Monde*, n° du 20 janvier 1978, p. 5).

80. Selon Fawzia al-Rubaci *(Terrorism and Concentration Camps in Israël*, Bagdad, 1970), dès que le patient commence à donner des renseignements on lui fait boire une drogue qui contrebalance l'effet de la piqûre. S'il refuse de parler, on le menace de le laisser en état de démence.

81. Cf. Grotius, *Le Droit de la guerre et de la paix*, Paris, A. Seneuze, 1687.

82. Les peuplades de Nouvelle-Zélande avaient coutume de manger les ennemis tués. Cf. Letourneau, *La Sociologie d'après l'ethnographie.*

83. *Les Lois de la guerre continentale*, pp. 116-117.

84. Jean Lagorgette, *Le Rôle de la guerre*, op. cit., p. 602.

85. François Laurent, *Études sur l'histoire de l'humanité*, t. X, pp. 378-383. Ils pensaient probablement à cette belle et sage parole du commandant Hugues : « Qu'est-ce que quelques vies d'hommes ? Tuer un homme, le plus souvent, c'est lui rendre service. » (Cité par Brandat, *Mers de Chine*, op. cit., pp. 161-162.)

86. Lombroso, *L'Homme criminel-né*, Paris, Félix Alcan, 1887, tome II, p. 291.

87. Extrait du *Journal d'un marin* de M. Victé d'Octon (cité par Urbain Gohier, *L'Armée contre la nation*, Paris, Éditions de la « Revue Blanche », 1898, p. 126).

88. Instruction de Guillaume II à ses troupes, le 27 juillet 1900, lors de leur embarquement à Bremerhaven. Cité par Florent Matter, *Diplomatie et duplicité prussiennes*, Nancy, Paris, Strasbourg, Berger-Levrault, 1926, pp. 70-71.

89. Lettres adressées à leurs parents par des soldats allemands, citées par A. Charpentier (*La Guerre et la patrie*, Paris, A. Delpeuch, 1926, p. 66), ou extraites de *La Guerre de Chine* d'Urbain Gohier.

90. Faits rapportés par Christina Liliestierna, journaliste suédoise.

91. Benoît Rey, *Les Égorgeurs*, op. cit., pp. 23 et 28. – Chaque fois que des prisonniers sont exécutés en violation des conventions de Genève, ils deviennent, dans le communiqué, « des rebelles abattus au cours d'une tentative d'évasion ».

92. Voir en annexe le récit de ce massacre.

93. *Le Monde* du 6 janvier 1970. Il y a eu d'ailleurs, depuis Song My, dans d'autres parties du monde, de nombreux autres massacres très bien supportés par l'opinion publique.

94. En ce qui concerne les Tsiganes, il faut avouer qu'ils jouent de malheur. Après avoir été en partie massacrés par les Allemands, ceux qui restaient ont été persécutés par les autorités communistes tchèques. Un document de la Charte 77 (voir *Le Monde* du 20 décembre 1978) fait état de discrimination dans la recherche d'un travail, de limitations à leurs déplacements, de séparation autoritaire des parents et des enfants, de stérilisation des femmes. Pour certains peuples, la roue de la Fortune a beau tourner, elle ne cesse de les écraser.

95. Hitler, cité par H. Rauschning, *The Voice of Destruction*, p. 138.

96. Hitler, *Mein Kampf*.

97. Goebbels, discours du 5 juin 1943.

98. Hitler, *Mein Kampf*.

99. Il s'agit bien entendu de conversations imaginaires; on ne possède pas d'enregistrement sonore de ces rencontres, ni de compte rendu sténographique. En revanche, le texte de Becker est authentique. Il est cité par J. Delarue, *Histoire de la Gestapo*, Paris, Fayard, 1962, pp. 368-369.

100. « La solution finale du problème juif en Europe sera appliquée à onze millions de personnes environ. » Procès-verbal de la conférence qui eut lieu près de Berlin (Wannsee) le 20 janvier 1942 sous la présidence de Reinhard Heydrich, adjoint de Himmler.

101. J. Delarue, *Histoire de la Gestapo*, op. cit., p. 348.

102. Voir, entre autres, les ouvrages d'Aziz, Béard, Bernadac, Dvorjecki, Menkès, Reiner (cf. notre bibliographie).

103. Lettre de Himmler au docteur Pokorny, cité par J. Delarue, *Histoire de la Gestapo*, op. cit., V[e] partie, chap. III.

104. *Le Monde*, 12 octobre 1973.

105. Cité par Goodheart, *What Acts of War are Justifiable*, Oxford, Clarendon Press, 1941, p. 23. – Cf. aussi Beach Lawrence *(Revue de droit international*, p. 450) qui pense qu'il faut que la guerre soit « la plus courte possible », et qu'on doit, par conséquent, « autoriser tous les moyens ». – « Plus impitoyable et plus cruelle est la guerre, et plus elle est humaine, parce que de cette façon elle aboutit plus vite à une fin satisfaisante. » (M. Erzberger, député catholique allemand; article publié dans le *Tag*, mars 1915.)

CHAPITRE IV : LES DIEUX CASQUÉS

106. Joseph de Maistre, *Soirées de Saint-Pétersbourg*, 7e entretien.

107. Cf. « Bénis soient les canons si, dans les brèches qu'ils ouvrent, fleurit l'Évangile » (cité par E. Paris, *Le Vatican contre l'Europe*, Paris, Fischbacher, 1959, p. 105). – Rappelons qu'un aumônier militaire américain, le 6 août 1945, a invoqué le Ciel pour que l'équipage de l'*Enola-Gay* mène à bien sa mission au-dessus de Hiroshima (voir l'article de Jean Toulat, « Dieu et la bombe », *Le Monde*, 8 novembre 1978).

108. Le maréchal Douglas Haig, commandant en chef de l'armée britannique en France (1915-1918) écrit dans ses carnets : « Je sens que chacune des mesures prises dans le cadre de mon plan l'a été avec l'aide de Dieu. »

109. Voir Gaston Bouthoul, *Les Guerres, éléments de polémologie*, op. cit., pp. 38 à 43.

110. *Râmâyana*.

111. « Nous avons souffert et sacrifié beaucoup de sang en France. Il en fallait pour expier. » René Bazin, de l'Académie française, 15 juillet 1915 (cité par J. Lépine, *Hommes 40, chevaux (en long) 8*, Paris, R. Hilsum (Au sans pareil), 1933, p. 113. – « Osons le dire : heureuses malgré leur deuil, les familles dont le sang coule dans ce grand travail de la patrie. » Louis Veuillot, *La Guerre et l'Homme de guerre*, Paris, L. Vivès, 1855, pp. 373-374.

112. Joseph de Maistre, *Considérations sur la France*.

113. Si au contraire la défaite s'est abattue sur la nation, le sacrifice devient expiatoire. Parfois on persécute les minorités religieuses, les francs-maçons, les prostituées, les homosexuels. Parfois, c'est le pays tout entier qui expie. En France, après la défaite de 1871, il y a « l'ordre moral » du maréchal Mac Mahon ; après l'effondrement de 1940, il y a « l'ordre nouveau » du maréchal Pétain.

114. Voir Gaston Bouthoul, *Les Guerres, éléments de polémologie*, op. cit., p. 375.

115. Isaïe, 66, 16 – Deutéronome, 7, 16 – Psaumes, 137, 8-9 – Joël, 4, 9-10.

116. 2 Rois, 6, 28-29.

117. Psaumes, 2, 9 ; 18, 38-39.

118. Deutéronome, 20, 13-14.

119. Matthieu, 26, 52, 5, 44 – Marc, 9, 50 – Luc, 2, 14.

120. Exode, 20, 13.

121. Hexameron VI, 8,48 – *Contra Celsum*, VIII, 73 – *De corona militare*, 11 – *Epist. ad Amphil*, 8 (voir également Clément d'Alexandrie, Lactance, saint Jérôme, saint Martin de Tours).

122. *Opus tripartum*, écrit par le général des Dominicains, sur l'ordre de Grégoire XI – apud J. Peyronnard, *Des causes de la guerre*, Montpellier, Imp. Delord-Boehm de Martial, 1901.

123. Saint Paul, Épître aux Romains, 13.

124. Saint Augustin, Ép. 277.

125. Luther, *Ob Kriegsleute auch in seligem sein Können*, Luthers Werke, XIX.

126. Cité par G. J. Heering, *Dieu et César*, Paris, Société commerciale d'édition et de librairie, 1933, p. 107.

127. Cf. cette consigne émanant de saint Louis : « Le laïque, quand il entend médire de la loi chrétienne, ne la doit défendre que de l'épée, dont il doit donner dans le ventre, tant comme elle peut entrer. » (Lavisse, *Histoire de France.)*

128. Tavernier, *Relation du Japon.*

129. Raymond d'Argiles, chanoine de la cathédrale du Puy, décrit ainsi la prise de Jérusalem : « On vit des choses admirables [...] on voyait dans les rues et sur les places de la ville des monceaux de têtes, de mains, de pieds. Dans le Temple et dans le portique, on marchait à cheval dans le sang jusqu'aux genoux du cavalier et jusqu'à la bride du cheval [...] Spectacles célestes [...] dans l'église et dans toute la ville, le peuple rendait grâces à l'Éternel. » (Crozals, *Histoire de la civilisation*, Paris, Delagrave, 1885, p. 278.)

130. Cité par Edmond Paris, *Le Vatican contre l'Europe*, op. cit., p. 265.

131. Les musulmans n'étaient pas en reste. Et leurs textes sacrés exaltent aussi la pieuse tuerie : « Quand vous rencontrerez les infidèles, tuez-les jusqu'à en faire un grand carnage, tuez-les partout où vous les trouverez, abattez-les jusqu'à ce qu'il n'y ait plus de désaccords et que seul subsiste le culte d'Allah. » Sourate 9, verset 29. Ne nous faisons pas d'illusions. Derrière les appels à la guerre sainte se cache le rêve de tous les conquérants : dominer le monde.

132. Bossuet, *Oraison de Michel Le Tellier.*

133. Matthieu, 5, 9.

134. Matthieu, 5, 43-44.

135. Th. Birt, *Ein Wort der Beruhigung in Kriegszeiten.*

136. Abbé Étienne Giran, *L'Évangile et la guerre*, Carrière-sous-Poissy, « La Cause », 1939, pp. 15 à 18.

137. Matthieu, 8, 5-13.

138. Abbé Étienne Giran, *L'Évangile et la guerre*, op. cit., p. 101.

139. Matthieu, 2, 51-52.

140. Abbé Étienne Giran, *L'Évangile et la guerre*, op. cit., p. 33.

141. Révérend Père F. M. J. Ollivier, sermon prononcé en l'église de la Madeleine, à Paris, le 17 avril 1896.

142. Le catéchisme du 10 mars 1908 contenait encore la 1re rédaction. Celui du 2 juillet 1914 comportait la seconde. Voir A. Charpentier, *Dieu et la Guerre.*

143. Les trois phrases du pape Benoît XV citées dans ce passage sont extraites de son *Adresse aux chrétiens* du 30 juillet 1915.

144. Les phrases du cardinal Sevin et de Mgr de Cabrières sont tirées du *Collier de Bellone* (Ermenonville, op. cit., p. 81).

145. Mgr Baudrillart, 16 août 1914. Cité par J. Lépine, *Hommes 40, chevaux (en long) 8*, op. cit., p. 161.

146. Cité par Ermenonville *(Le Collier de Bellone*, op. cit., p. 82). Notons que les Allemands n'ont pas de doutes non plus sur la sainteté de leur cause. « L'esprit chrétien, écrit Thümmler, indissolublement lié à l'esprit allemand, mène le bon combat contre l'esprit du diable, le mercantilisme et le mensonge ! Dans cette guerre, la cause de l'Allemagne est celle du Royaume de Dieu. » (Th. XXIV.)

147. Révérend Père A. D. Sertillanges, sermon prononcé dans l'église de la Madeleine le 9 mai 1915 (cité par Ermenonville, op. cit., p. 80).

148. E. Ménégoz, professeur à la faculté de théologie protestante de Paris, dans *Évangile et liberté*, 30 janvier 1915.

149. Schetter, aumônier de division dans l'armée allemande, *Au nom de Dieu – jusqu'au bout* (cité par Ermenonville, *Le Collier de Bellone*, op. cit., p. 83).

150. Thellier de Poncheville, *Notre petite sœur Thérèse et nous en guerre*, Paris, Alsatia, 1940.

151. Évêque de Chalons, sermon du 19 octobre 1919 en l'église du Sacré-Cœur de Montmartre.

152. *La Croix*, 6 juin 1929.

153. Cité par André Lorulot, *L'Église et la guerre*, Paris, L'Idée libre, 1932, p. 200.

154. Cité par Edmond Paris, *Le Vatican contre l'Europe*, op. cit., p. 158.

155. Déclaration de Mgr Orsenigo à von Ribbentrop, ministre des Affaires étrangères du Reich (cité par Ed. Paris, op. cit., p. 152).

156. Ces différents appels sont extraits de *La Hiérarchie catholique et la guerre*, Paris, La Bonne Presse, 1940.

157. Appel radiodiffusé pour promouvoir les bons d'armement, 4 janvier 1940 *(Le Cardinal parle à la France)*.

158. Extraits de *La Hiérarchie catholique et la guerre*, op. cit.

159. *La Croix*, 2 octobre 1940.

160. Déclaration du 23 janvier 1941.

161. *La Croix*, 24 juin 1941.

162. Déclaration du cardinal Baudrillart adressée à l'agence Interfrance, 22 novembre 1940.

163. Cardinal Baudrillart, 30 juillet 1941, cité par Edmond Paris, *Le Vatican contre l'Europe*, op. cit., p. 343.

164. *L'Émancipation nationale*, 12 décembre 1941.

165. Cf. Jean Cotereau, *L'Église a-t-elle collaboré?*, Paris, L'Idée libre, 1946.

166. Joseph Rovan, *Le Catholicisme politique en Allemagne*, Paris, Le Seuil, 1956, p. 231.

167. Von Papen, journal *L'Aube*, 3 octobre 1946.

168. Hermann Rauschning, *Hitler m'a dit*, Paris, Coopération, 1939.

169. Edmond Paris, *Le Vatican contre l'Europe*, op. cit., p. 163.

170. Radio vaticane, juin 1940 (cité par Edmond Paris, *Le Vatican contre l'Europe*, op. cit., p. 170).

171. Déclaration de Victor Cutić, 30 mai 1941 (cité par *L'Ordre de Paris*, 8 février 1947). – A rapprocher de cette injonction d'un patriote de la Grande Guerre : « Tue ! Tue ! Au nom du Dieu des chrétiens, nous vous absolvons, nous vous glorifions de tuer des chrétiens. » (Urbain Gohier, *Vieille France* : l'auteur était passé en cour d'assises le 28 décembre 1905 pour crime d'antimilitarisme. On change.)

172. Père Coughlin (jésuite), chef du « Front Chrétien », 7 juillet 1941 (cité par Ed. Paris, *Le Vatican contre l'Europe*, op. cit., p. 140.

173. Mgr Gröeber, *Une guerre juste* (cité par Lorulot).

174. Extrait d'une lettre pastorale publiée par Mgr Markoaski, aumônier général catholique de la Wehrmacht, le 6 octobre 1940. Notons qu'un organisme spécial de la Sûreté était animé par des prêtres catholiques, sous l'uniforme noir des officiers SS.

175. Hans Kerll, ministre allemand des Affaires ecclésiastiques (cité par André Guerber, *Himmler et ses crimes*, Paris, Fournier, 1946, p. 91). On peut rapprocher de cette citation la « prière au Führer), que l'on trouvera en annexe III.

176. Abbé Lemerle, *Tombés au champ d'honneur*, Paris, Lethielleux, p. 143.

177. « La guerre, loin de ralentir le mouvement des pèlerinages, en a accru

l'influence. » (Chanoine Thellier de Poncheville, *Notre petite sœur Thérèse et nous en guerre*, op. cit., p. 62.)

178. Redier-Hénocque, *Les Aumôniers militaires français*, Paris, Flammarion, 1940, p. 237.

179. Abbé Lemerle, *Tombés au champ d'honneur*, op. cit., p. 141.

180. Redier-Hénocque, *Les Aumôniers militaires français*, op. cit., p. 213.

181. *Gazette de Lausanne*, 15 novembre 1945, interview du pape Pie XII par le docteur Nerin F. Gun, ancien déporté.

182. Avro Manhattan, *Der Vatikan und das XX Jahrhundert.*

183. Paul Duclos, *Le Vatican et la Deuxième Guerre mondiale*, Paris, A. Pedone, 1955, p. 43.

184. Camille Cianfarra, *La Guerre et le Vatican*, Paris, Le Portulan, 1947, p. 408.

185. Paul Duclos, *Le Vatican et la Deuxième Guerre mondiale*, op. cit., p. 222.

186. Paul Duclos, op. cit., p. 41.

187. Communication de von Weizsäcker, ambassadeur du IIIe Reich auprès du Saint-Siège (NG 5027) datée du 28 octobre 1943 (cité par L. Poliakof, *Bréviaire de la haine*, Paris, Le Livre de poche, 1974, p. 343.

188. Léon Poliakof, *Le Monde juif* (cité par Paul Duclos, op. cit., p. 12).

189. Réflexion faite à un jeune séminariste par le général D. (cité par Ermenonville, op. cit., p. 22).

190. Général Massu, *La Vraie Bataille d'Alger*, op. cit., p. 161.

191. Vatican II, *Gaudium et Spes*, 81, 3 et 4, cité par Robert Bosc, *Évangile, violence et paix*, Paris, Le Centurion, 1975, p. 59.

192. Paul VI, *Documentation catholique*, 6 janvier 1974.

193. Citons entre autres Mgr Pierre Boillon, évêque de Verdun *(Doc. cath.* 1469, 17 avril 1906) ; Mgr Delarue, évêque de Nanterre ; Mgr Jacques Guilhem, évêque de Laval *(D.C.* n° 1423, 3 mai 1964).

194. *L'Express*, 23-29 juillet 1973.

195. *Le Monde*, 17 juillet 1973.

196. *Le Monde*, 22-23 juillet 1973.

197. *L'Express*, 23-29 juillet 1973.

198. *Le Monde*, 22-23 juillet 1973. Sous l'égide de ce même vicariat, un groupe d'officiers chrétiens publiera, quelques mois plus tard, des réflexions sur la défense, où l'arme nucléaire est justifiée : « Un moyen qui permet ou semble permettre le maintien de la paix ne saurait être considéré aujourd'hui comme un mal inacceptable. »

199. Déclaration de l'amiral de Joybert à Antenne 2, 14 juillet 1973 (citée par *Le Monde* du 17 juillet 1973).

CHAPITRE V : LA PANACÉE

200. Pierre Joseph Proudhon, *La Guerre et la Paix*, op. cit., chap. V, 13, p. 109.

201. « Prendre Metz, Strasbourg, la Franche-Comté, la Navarre, mais sans brusquer les choses et avec discrétion. » Richelieu, *Mémoires*.

202. Adolf Lasson, *Ib. Prob. Syst. des Rechtsphil*, 1881, p. 81. Voir aussi Adolf Hitler, *Mein Kampf* (apud Mc Innis, *The War*, London, Oxford University Press, 1940) *:* « Si nous parlons de terre en Europe aujourd'hui, on ne peut prendre en considération des peuples sans valeur comme les Polonais, les Tchèques, etc. Il faut faire place nette au paysan allemand. »

203. Napoléon Bonaparte, lettre à l'archiduc Charles, datée du 31 mai 1797.

204. Montaigne, *Essais*, 1. II, chap. XXI. – Cf. aussi cette phrase de Prévost-Paradol : « L'armée a besoin de se battre, comme les locomotives de rouler, sous peine de devenir du vieux fer. » – Cf. aussi la formule du général américain Patton : « Une armée doit s'entraîner pour la guerre ; tout le reste, c'est de la merde. » *(Le Monde*, 12 novembre 1979.)

205. Jean de Bueil, « Le Jouvencel introduit aux armes », cité in *L'Armée à travers les âges*.

206. Cité par Moritz Adler, in *L'Humanité nouvelle*, « Enquête sur la guerre », 1907. Cf. aussi Guillaume Ier au général Oldwig von Natzner, 1825 : « Nous avons eu une paix de dix ans, c'est bien long. » Cf. encore Nietzsche : « Vous devez aimer la paix comme un moyen de guerres nouvelles. Et la courte paix plus que la longue. » *(Ainsi parlait Zarathoustra.)*

207. Cf. *La Paix indésirable*, pp. 103 à 106.

208. Cf. Gaston Bouthoul, *Les Guerres, éléments de polémologie*, op. cit., p. 359.

209. Cf. L. Gumplovicz, *La Lutte des races*, Paris, Guillaumin, 1893, pp. 175, 217.

210. P. Ellero, *La Tirranida borghese*, Bologne, 1879, p. 31.

211. L. Gumplovicz, *La Lutte des races*, op. cit., pp. 216, 233.

212. Le trophée-phallus était pratique courante dans certaines régions d'Éthiopie, de Somalie, et chez les anciens Égyptiens. Les membres virils salés ou desséchés des ennemis étaient dénombrés pour l'attribution des récompenses.

213. Herbert Spencer, *Principes de sociologie*, Paris, G. Baillière, 1878-1883, 4e partie, Institutions cérémonielles, pp. 177, 275.

214. Pour tout ce passage, voyez Gaston Bouthoul, *Les Guerres, éléments de polémologie*, op. cit., pp. 101-107.

215. Même si nos experts n'osent pas le dire à haute voix (les temps ne sont pas mûrs), il est certain qu'ils pensent tous que la guerre sera l'ultime solution à la crise actuelle de l'emploi.

216. Cf. Hegel : « Les guerres heureuses empêchent les troubles intérieurs et fortifient la puissance de l'État. » (Cité par Victor Basch, *Les Doctrines politiques des philosophes classiques de l'Allemagne*, Paris, Félix Alcan, 1927, p. 241.)

217. Aldous Huxley, *Ends and Means*, London, Chatto & Windus, 1937, chap. IX, p. 98.

218. Doctrine de l'Action Française – cité par Julien Teppe, *L'Idole Patrie*, Paris, Éditions du Centre, 1967, p. 161. Dans le même ouvrage (pp. 146, 162) : « La patrie française a quelque chose de vénérable [...] Son image apparaît comme une sorte de demi-divinité sur un piédestal... » (Maurras) – « Non seulement, je ne conçois pas le monde sans la France, mais encore je ne conçois pas que le monde puisse être mené par une autre nation » (Jean Dutourd).

219. « La race anglaise est prédestinée par Dieu à transformer la terre et elle ne peut le faire qu'en étendant le plus possible sa domination. » Chamberlain, cité par Malet et Isaac, *Histoire contemporaine*.

220. Président Carter, Message sur l'état de l'Union, *Le Monde*, 23 janvier 1980.

221. « L'Allemagne, protection et pilier de la civilisation européenne », Karl Gothard Lamprecht.

222. Gioberti, cité par Julien Teppe, *L'Idole Patrie*, op. cit., p. 156.

223. Citation prise dans l'hebdomadaire britannique l'*Observer* du 24 août 1947.

224. Devise des clubs patriotiques japonais qui ont proliféré dans tout le pays entre 1881 et 1945. – Cf. aussi cette affirmation du général Araki : « Nous sommes les descendants des dieux, nous devons régner sur le monde » (article paru dans la revue *Kai Kosha,* n° d'août 1932).

225. Ces expressions charmantes et romantiques sont dues à la plume de Pierre Loti, le chantre des marins bretons et des amours turques.

226. Léon Bloy, cité par Julien Teppe, *L'Idole Patrie,* op. cit., p. 247. Cf. aussi Pierre d'Arc, prêtre, *Le Bréviaire anti-prussien* : « Je professe hautement que la Haine contre la Prusse est sainte, et que cette Haine est le revers obligé de l'Amour Sacré pour la France. »

227. Henri Lavedan, de l'Académie française, journal *L'Intransigeant* du 12 mars 1915.

228. Alfred Rosenberg (apud P. Grosclaude, *Alfred Rosenberg et le « Mythe du XXe siècle »*, Paris, F. Sorlot, 1938, pp. 21, 79). Il est amusant de rapprocher ce passage de celui où Adler affirme que « les Allemands, d'après Nietzsche, sont, de tous les peuples, le plus impur de race » (Moritz Adler, in *L'Humanité nouvelle,* « Enquête sur la guerre », op. cit.).

229. Hitler, *Mein Kampf.*

230. Hitler, *Mein Kampf.*

231. Voir entre autres les travaux de E. Mayr et D. Dobzhansky.

232. Extrait de : « Enseignement sur les questions raciales », édité par la Centrale S.S. (cité dans *Le National-socialisme par les textes* de Walther Hofer, Paris, Plon, 1962. – Edward Long, dans son *Histoire de la Jamaïque* (1774), partageait la race humaine en trois espèces : Européens et apparentés, nègres et orangs-outans. Mais les nègres paraissaient, du point de vue mental, beaucoup plus proches des orangs-outans que des hommes. – De nos jours, le racisme a toujours de nombreux adeptes. Il se publie encore, un peu partout, des ouvrages qui prônent « la révolution raciste », la nouvelle conception du monde « basée sur la hiérarchie des races » et la nécessité de « briser par la violence tout ce qui s'opposerait au pouvoir de la race supérieure » (René Binet, *Théorie du racisme*, Paris, chez l'Auteur, 1950).

233. Alfred Rosenberg (apud P. Grosclaude, *Alfred Rosenberg et le « Mythe du XXe siècle »*, op. cit., p. 43).

234. « Il ne peut y avoir place dans le cœur humain, à la fois, pour la patrie et pour l'humanité » (lieutenant-colonel Montaigne, *Études sur la guerre).*

235. Michel Debré, cité par Bernard de Fallois dans un article intitulé « Contre le racisme » *(Le Monde*, 19 janvier 1979).

236. Jules Lemaître, in *L'Écho de Paris*, 21 janvier 1899.

237. Pour les déclarations d'Édouard Vaillant, Marcel Sembat, Albert Thomas, voir Julien Teppe, *L'Idole Patrie*, op. cit., pp. 110-111.

238. Abbé Lemerle, *Tombés au champ d'honneur*, op. cit., p. 114.

239. Jules Lemaître (cité par Julien Teppe, *L'Idole Patrie*, op. cit., p. 143).

240. Louis-Désiré Legrand, *L'Idée de patrie*, Paris, Hachette, 1897.

241. Armand Charpentier, *La Guerre et la patrie*, op. cit., p. 123.

242. Dans le « Hammeltanz », ou danse du coq, chaque couple danse à son tour en se passant un bouquet, tandis qu'au milieu de la salle a été disposée une chandelle allumée, entourée d'un fil auquel est suspendu un verre d'eau. Le coq, enjeu de cette danse, appartient au couple qui détient le bouquet au moment où la flamme de la chandelle, brûlant le fil, fait tomber le verre d'eau par terre (A. Lauzel, *Costumes et coutumes d'Alsace)*.

243. On raconte qu'autrefois les moines de l'abbaye de Saint-Claude, dans le Jura, se munissaient de soufflets le jour des Cendres et parcouraient la ville, et surtout les quartiers mal famés, pour en chasser les diables en faisant fonctionner leur instrument. Un jour, un moine eut l'idée de souffler ainsi sur le passage d'une femme de mauvaise renommée, ce qui provoqua l'hilarité générale. Depuis lors, chaque mercredi des Cendres, des masques vêtus de blanc, armés de soufflets, parodient la cérémonie des bons moines et courent après les femmes en soufflant sous leurs jupes. Il existe même une *Marche des soufflacus* qui se chante sur l'air de *La Soupe aux choux* (cf. Thuriet, *Traditions populaires de la Haute-Saône et du Jura*, Paris, E. Lechevalier, 1892, p. 390).

244. C'est une cérémonie qui a lieu à l'occasion d'un mariage. Elle consiste à ramasser, devant chaque maison du village, les balais que les habitants ont volontairement laissés à leur porte, de les casser et d'en faire un grand feu que le marié, la mariée et toutes les jeunes filles doivent sauter trois fois (cf. Claude Seignolle, *Le Folklore de la Provence*, Paris, Maisonneuve & Larose, 1967, pp. 219 à 225).

CHAPITRE VI : GAI, GAI, ARMONS-NOUS !

245. Valéry Giscard d'Estaing, à l'occasion d'une conférence de presse *(Le Monde*, 13 novembre 1975).

246. « La poussée vers la sécurité est la principale cause de l'impérialisme. » Emery Reves, *Anatomie de la paix* (op. cit.), cité par Gaston Bouthoul, *Les Guerres, éléments de polémologie*, op. cit., p. 463.

247. Henry Kissinger, *Les Chemins de la paix*, Introduction. – « C'est l'ironie suprême de la course à la sécurité par les armes qu'elle a seulement réussi à réduire la sécurité pour tous. » *World Military and Social Expenditures*, Leesburg (Virginia), 1978, p. 9. – « La recherche de la sécurité nationale au moyen de la puissance nucléaire n'aura jamais de fin. Elle gaspillera les fruits de la terre et rendra inutile et vain le travail des hommes. Elle augmentera, chez les jeunes, l'impression d'absurde et de futilité. Car, avec toute notre technologie, il suffirait d'un instant pour nous réduire, nous et aussi les Soviétiques, en poussière [...] Voilà ce qu'est, actuellement, notre sécurité (Sénateur John Sherman Cooper, discours au Sénat américain, août 1969, cité par Robin Clarke, *La Course à la mort...*, op. cit., p. 107). La plupart des psycho-sociologues considèrent aujourd'hui que la dissuasion d'une éventuelle agression par l'accumulation frénétique des moyens de défense est typiquement une réaction d'angoisse – laquelle obtient en général un effet inverse de celui qui était recherché. Un exemple est celui d'Ariel Sharon, qui, en prenant le pouvoir, avait promis la sécurité aux Israëliens, et qui, malgré une politique « musclée » et le recours à la force, n'a fait qu'augmenter l'insécurité de son peuple, et sera tôt ou tard contraint à négocier, ou entraîné dans la guerre – ou démis de ses fonctions.

248. Instituée par le concile de Toulouse en 1041, la trêve devait concerner la deuxième moitié de chaque semaine, les dimanches et jours de fête, l'Avent et le Carême, assurant ainsi 240 jours de paix contre 125 jours de guerre. Elle ne fut jamais appliquée.

249. Discours prononcé par le président Roosevelt le 6 janvier 1941.

250. Article 26 de la Charte des Nations unies.

251. Dépêche de l'A.F.P., n° 67 du 25 janvier 1946.

252. *News Chronicle*, 22 juillet 1955.

253. Dr Donald Soper, *News Chronicle*, 10 mars 1955.

254. Interview télévisée du président de la République, 11 février 1978. On trouve un raisonnement quelque peu analogue chez le général Lewal, *La Chimère du désarmement*, Paris, L. Baudouin, 1897, p. 63. Dire que le militarisme pousse à la guerre, écrit cet auteur, cela revient à dire que les pompiers sont la cause des incendies. « Le désarmement [...] équivaut à la diminution, sinon à la suppression des pompiers [...] Tant que le feu est à redouter, évitons de supprimer les pompiers. Perfectionnons-les au contraire. » Ici l'amalgame

est fait entre les pompiers et les armées d'une part, l'incendie et la guerre d'autre part. Or, les pompiers combattent l'incendie ; les armées, au contraire, ne combattent pas la guerre, mais la font. Sans les pompiers, l'incendie redouble. Sans les armées, la guerre s'arrête. On voit tout de suite combien la comparaison est juste et la pensée rigoureuse.

255. « L'histoire montre [...] que l'accumulation des moyens de combat engendre, presque toujours, la bataille. » (Pierre Lefranc, *Le Monde*, 4-5 mai 1975.) – « Aujourd'hui, il n'y a pire utopie que la politique qui consiste à accumuler les armes de destruction massive et à croire que l'on ne s'en servira jamais. » (Bernard Boudouresques, *Le Monde*, 23 juin 1978.)

256. En mai 1948, l'URSS propose aux USA l'ouverture de discussions pour régler les litiges en suspens. Aussitôt la presse américaine parle d'une « manœuvre de propagande » et d'un moyen « de porter atteinte à l'unité antisoviétique des puissances occidentales ». En 1950, les États arabes et asiatiques proposent un plan pour mettre fin au conflit de Corée. Aussitôt la Russie parle « d'un camouflage hypocrite pour permettre aux troupes de souffler » (*Observer*, 30 mai 1974 ; *Manchester Guardian*, 14 décembre 1950).

257. Interview publiée dans le quotidien israélien *Yedioth Ahranoth*.

258. Bismarck, discours au Reichstag, 11 janvier 1887.

259. Président Truman, cité dans l'éditorial du *Times*, 9 novembre 1951.

260. *Le Temps*, 2 août 1919.

261. *Colliers Magazine* (tirage 3 900 000 exemplaires), semaine du 29 octobre au 3 novembre 1951.

262. Mentionnons entre autres : Hector Ghilini, *La Troisième Guerre mondiale durera six heures*, 1950, op. cit. ; Pierre Péan, *La Troisième Guerre mondiale : Pétrole*, Paris, Calmann-Lévy, 1974 ; général Werner, *La Grande Peur, la Troisième Guerre mondiale ?*, Bruxelles, Roussel, 1976 ; général Sir John Hackett, *La Troisième Guerre mondiale*, Paris, Belfond, 1979 ; Philippe Engelhard, *La Troisième Guerre mondiale est commencée*, Paris, Arléa, 1997.

263. D. Acheson, secrétaire d'État américain à la Guerre, discours à l'Assemblée des Nations unies à Paris, 8 novembre 1951.

264. Discours de Bismarck au Reichstag, 11 janvier 1887.

265. Sir Winston Churchill, *Discours à la Chambre des Communes*, 30 mars 1954 (*News Chronicle* du 31 mars 1954).

266. Clement Attlee, ex-ministre travailliste (*News Chronicle*, 2 février 1955).

267. Déclaration conjointe faite par Eisenhower et Churchill (*News Chronicle* du 30 juin 1954).

268. Président Carter, discours prononcé le 21 août 1980 au Congrès de l'American Legion à Boston (*Le Monde*, 23 août 1980).

269. Les dépenses militaires de la France absorbent d'ordinaire 15 % environ du budget national. Encore faut-il compter, pour être exact, les sommes qui figurent dans divers autres budgets ou qui sont à la charge des départements et des communes : entretien des bases, dette publique, cartes d'état-major, maisons d'invalides, décorations, etc.

270. Ces éléments sont tirés de l'annuaire du SIPRI, 1979, pp. 136-137.

271. Ruth Leger Sivard, *World Military and Social Exp.*, 1980, Leesburg (Virginia), pp. 21-23.

272. *World Military and Social Expenditures*, 1978, op. cit., p. 14.

273. L'écrivain français Paul Adam (1862-1920) dans la préface de son ouvrage d'anticipation, *La Cité prochaine* (Bibl. des Auteurs Modernes, 1908), écrivait : « Le seul moyen de conserver la paix, c'est de s'armer jusqu'aux dents et de paraître si redoutable qu'on n'ose point nous attaquer. Toute autre opinion n'est que littérature. » – En 1866, Alfred Nobel inventa la dynamite. Il confiera plus tard à la baronne Von Stuttner : « Peut-être que mes usines mettront fin à la guerre avant tous vos parlements : le jour où deux armées auront la possibilité de s'anéantir mutuellement en l'espace d'une seconde, toutes les nations civilisées du monde reculeront devant une telle horreur et démobiliseront leurs troupes. » C'était avant la lettre la doctrine de la dissuasion. (Cité par Robin Clarke, *La Course à la mort*, op. cit., p. 12.) – Dans le *Parisien libéré* du 15 mars 1970, on pouvait lire, en gros caractères : « Le Rayon de la Mort va assurer, grâce à ses fantastiques possibilités, la paix entre tous les hommes. » Et en sous-titre : « Le laser à gaz est devenu une "arme absolue" terrifiante qui fera reculer tous les risques de conflits. » La naïveté est de toutes les époques.

274. Cité par Henri Le Wita, *Autour de la guerre chimique*, Paris, J. Tallandier, 1928, p. 17.

275. En plus des séquelles physiques, beaucoup de survivants eurent des troubles psychologiques persistants. Ils avaient l'impression d'être morts, tout en éprouvant des remords d'avoir survécu. Ils avaient été « touchés par la mort ». On fuyait leur compagnie. Leur réintégration professionnelle et sociale fut très difficile.

276. Médecin-colonel Tessmer, chef de la Commission d'enquête américaine (Atomic Casualty Commission) ; cf. le journal *Picture Post* du 6 août 1945. Dans le même journal, on peut également lire : « C'est la première leçon de

Hiroshima : une cité peut, en 1945, être un désert atomique, ses ruines peuvent être jonchées de 100 000 cadavres pelés et, dix ans plus tard, elle peut être plus grande, plus brillante, plus belle qu'elle ne le fut jamais. »

277. « La question brutale, terrible et inévitable qui se pose est la suivante : allons-nous faire périr la race humaine, ou bien l'humanité va-t-elle renoncer à la guerre ? » (déclaration faite le 9 juillet 1955 par lord Russell et plusieurs autres savants éminents). – « L'homme se trouve placé devant l'alternative suivante : mettre fin à la course aux armements, ou périr. » (document final adopté par l'Assemblée des Nations unies, le 1er janvier 1979).

278. « Une nouvelle guerre [...] rejetterait pour le moins l'Europe, peut-être la terre entière, dans l'état le plus terrible de barbarie physique et morale [...] excluant même la possibilité d'un relèvement des ruines » (Lammasch, *Voelkermord oder Voelkerbund*, La Haye, 1920, p. 119.) – « La prochaine guerre, la guerre scientifique... sera la dernière guerre, nous le savons tous [...] L'histoire du monde sera achevée. » (Dr Gertrud Wolker, *Der Kommende Giftgaskrieg*, Leipzig, 1925, p. 8.) La guerre a eu lieu ; l'histoire du monde n'est pas achevée.

279. *Le Figaro*, 27 juin 1946.

280. On annonçait naguère que le fameux système américain Safeguard, destiné à être vite dépassé, devait coûter aux environs de cinquante milliards de dollars. Une bagatelle.

281. *Multiple Independantly Targetable Reentry Vehicle.*

282. En réalité, dès 1951, Mr Gordon Dean, président de la Commission atomique américaine, exprimait des idées similaires.

283. « La bombe atomique n'est qu'une arme de plus » (General Sir Frederick Pile *(The Star*, 9 avril 1951). – « Une bombe atomique [...] n'est pas du tout synonyme de désastre. Dans une guerre future [...] vous verrez que vous encaisserez les bombes atomiques tout comme vous avez encaissé les autres bombes. Il n'y aura qu'une différence de degré. » (Millard Caldwell, chef de l'Administration de la Défense civile des États-Unis – *Sunday Dispatch*, février 1951.)

284. Dans un article du *Bulletin of Atomic Scientists* de juin 1977 intitulé « Il est temps d'enterrer la dissuasion », William Epstein explique que cette doctrine n'a plus de valeur dès que coexistent dans le monde de nombreuses puissances nucléaires très différentes les unes des autres. Si l'on imagine toutes les combinaisons « dont le jeu pourrait provoquer le déclenchement involontaire d'une guerre nucléaire, un tel conflit n'apparaît plus seulement comme probable à plus ou moins brève échéance mais devient une quasi-certitude. La dissuasion n'a jamais fonctionné longtemps à l'époque des armes conventionnelles

et a toujours fini par s'écrouler. Il n'y a aucune raison de penser qu'elle fonctionnera indéfiniment à l'âge atomique ».

285. Mentionnons entre autres le coûteux « bouclier anti-missiles », qui risque d'être un piètre obstacle en cas de *vrai* conflit. Par ailleurs, il est inopérant si un avion-suicide, détourné par des terroristes, est jeté sur un immeuble, un monument ou un site industriel.

286. Alors que les dépenses mondiales de recherche s'élèvent à près de 10 % du produit mondial, le personnel scientifique employé dans la recherche militaire représente plus de 20 % du personnel scientifique total de la planète, soit près d'un demi-million de savants et d'ingénieurs. Cette inflation démesurée explique en partie la course aux armements, et l'impossibilité d'y mettre un terme... « Le progrès technologique est emporté par son propre élan. » (Cf. Dr C. F. Barnaby, *Preventing the Spread of Nuclear Weapons*, London, Souvenir Press, 1969.)

CHAPITRE VII : TABLE RASE

287. Adolf Hitler, Congrès de Nuremberg, septembre 1936.

288. Cf. M. A. Vaccaro, *La lotta per l'esistenza e suoi effetti sull'umanita*, Roma, 1886, p. 73.

289. Paroles de Windham à la Chambre des Communes et lettre ouverte de Cook à Castelreagh, citées par A. Constantin, *Guerre et Démographie*, Lyon, J. Desvignes & Fils, 1929, p. 12.

290. Cf. J. Sageret, *Philosophie de la guerre et de la paix*, Paris, Félix Alcan, 1919, pp. 265-266. – Voir également A. Loria, *Les Bases économiques de la constitution sociale*, et René Gérin, *Les Causes psychologiques des guerres*, op. cit.

291. Voir l'article intitulé « Les rouges et les noirs », par André Fontaine, publié dans *Le Monde* du 31 mai 1978.

292. Voir Gaston Bouthoul, *Les Guerres, éléments de polémologie*, op. cit., p. 201.

293. Préface d'Henri Barbusse au livre d'Armand Charpentier, *La Guerre et la patrie*, op. cit.

294. Pour ne pas frustrer néanmoins les amateurs de comparaisons, disons seulement que le prix d'un avion de chasse équivaut à 15 000 tonnes de blé, celui d'un destroyer à un ensemble immobilier capable de loger 8 000 personnes, et que le coût d'un bombardier représente trente écoles, ou deux centrales alimentant chacune une ville de 60 000 habitants, ou deux hôpitaux entièrement équipés, ou 80 km de route à grand gabarit.

295. Général de Lacroix (journal *Le Temps*, 2 août 1919).

296. « Aux enfants » de Jean Richepin, Sorbonne, 2 août 1919.

297. Discours du président Raymond Poincaré aux enfants, Sorbonne, 2 août 1919.

298. *The Economist*, 7 juillet 1951.

299. *New York Times*, 20 mars 1951.

300. *Daily Telegraph*, 3 août 1951.

301. Pour plus de détails concernant la production industrielle et agricole au cours du dernier conflit mondial, se reporter à Jean Chardonnet, *Les Conséquences économiques de la guerre 1939-1945*, Paris, Hachette, 1947.

302. En 1980, notre industrie aéronautique, militarisée à 80 %, employait 20 à 30 % des crédits et des ingénieurs de recherche de toute l'industrie française, pour un chiffre d'affaires et un volume de main-d'œuvre qui ne représentent que 3 % à 4 % ; tandis que 60 % de l'aide gouvernementale à l'innovation allait dans ce secteur (voir *Le Monde* du 12 avril 1978).

303. Cf. « Techniques nées de la guerre », revue *Réalités*, n° 1, février 1946.

304. Général Dragomirof, *La Guerre est un mal inévitable*, Paris, Lavauzelle, 1897, p. 6.

305. Ces chiffres sont extraits du discours prononcé par M. Molotov en 1945 à l'occasion du 28e anniversaire de la Révolution soviétique.

306. A peine la guerre du Vietnam fut-elle achevée que les Américains, les Japonais, les Allemands de l'Ouest et les Soviétiques offrirent leurs services (voir *Le Monde*, « Dossiers et Documents n° 1 », mars 1973).

307. *World Military and Social Expenditures.*

308. Cf. cette citation de l'ouvrage de George Orwell, *1984* : « Même lorsque les armes de guerre ne sont pas détruites, leur fabrication est une façon commode de dépenser la force de travail sans rien produire qui puisse être consommé. Une forteresse volante, par exemple, représente une somme de travail qui permettrait de construire plusieurs centaines de cargos. Elle finit par être démodée et envoyée à la casse sans avoir apporté à quiconque aucun bénéfice matériel, et au prix d'une nouvelle somme énorme de travail, une autre forteresse est construite. »

309. Pour la seule décennie 1969-1979, la progression des ventes d'armes françaises en direction de l'étranger a été deux fois plus rapide que le progrès des exportations en général pendant la même période – et tout indique que cette tendance, dans les années qui ont suivi, n'a pas été à la baisse.

310. Cf. Pierre Toulat, *Des évêques face au problème des armes*, Paris, Le Centurion, p. 9; voir également *Documentation catholique*, n° 1635, 1er juillet 1973.

311. Entre autres par le général Beauvallet, secrétaire général de la Défense nationale, dans le n° 3 de *Forces Armées françaises*, qui déclare par exemple que « du point de vue chrétien [...] être pacifiste représente une déviation fâcheuse sur le plan idéologique et dangereuse sur le plan pratique [...] L'amour véritable de la paix non seulement peut se concilier avec l'acceptation généreuse de l'effort de défense mais, en l'état actuel du monde, le suppose même [...] Si l'industrie d'armement se trouve ainsi justifiée, par là même aussi l'exportation d'armements [...] Les exportations d'armes ne sont donc pas condamnables » *(Le Monde*, 7 octobre 1972.)

312. « Le refus de vendre des armements n'aurait d'autre résultat que d'amener l'acheteur à se tourner vers un autre producteur. Le refus de vente peut même être considéré comme inamical et influer sur les relations entre les deux nations. » (Général Beauvallet, *Le Monde*, 7 octobre 1972).

313. *Le Monde*, 27 octobre 1978.

314. *Le Monde*, 8-9 octobre 1978.

315. Yvon Bourges, ministre de la Défense, *Le Monde*, 21-22 octobre 1978.

316. Il s'agit du *Tarbatness*, qui contient des salles où sont exposés les différents matériels de guerre à vendre, et des petits salons destinés aux tractations.

317. Voir l'article de Nicolas Vichney, « Une bombe qui ne veut pas dire son nom » *(Le Monde*, 4-5 mai 1975).

318. Voir chapitre précédent.

319. Ainsi dans *Le Monde* du 24 août 1978, on peut lire que le Pakistan déclare être « opposé à la prolifération nucléaire » mais en même temps « déterminé à acquérir la technologie qui lui est nécessaire » – et il ne tardera pas à l'obtenir.

320. Du type de celles qui furent faites à l'Inde par le Canada, et dont le résultat fut la bombe que l'on sait.

321. *Le Monde* du 6 octobre 1977.

322. *Le Monde*, 22 juillet 1978. Dans le numéro du 10 juillet 1974 du même journal, l'auteur d'un article intitulé « La vague nucléaire et la non-prolifération » notait déjà : « Aucune garantie n'est absolue et toutes paraissent assez aisées à tourner. »

323. *Le Monde* du 2 mars 1978.

324. Dès 1975, les pays nucléaires «potentiels» étaient : L'Afrique du Sud, l'Argentine, l'Australie, la Belgique, le Canada, l'Espagne, la Grèce, Israël, l'Italie, le Japon, les Pays-Bas, la Pologne, le Portugal, L'Allemagne (entendre, à l'époque, les «deux» Allemagnes), la Roumanie, la Tchécoslovaquie, la Suède et la Yougoslavie. Tous ces pays, loin s'en faut, ne sont pas encore parvenus, en ce tout début du XXIe siècle, au résultat escompté, mais quelques outsiders auxquels nul ne songeait sérieusement ont créé la surprise (ainsi la Corée du Nord).

325. Article paru dans *L'Étoile belge*, n° du 27 octobre 1931. Voyez également, dans *Le Monde* du 18 septembre 1979, l'article de Pierre Pascallon intitulé : «La guerre pour sortir de la crise actuelle ? »

CHAPITRE VIII : LA GRANDE TRIEUSE

326. Paul Ehrlich, *La Bombe P*, Paris, Éditions «J'ai lu», 1973, p. 11.

327. Alfred Sauvy, *La Population, sa mesure, ses mouvements, ses lois*, Paris, P.U.F., coll. « Que sais-je ? », 1979.

328. Voir J. H. Fremlin, «*How many people can the world support*», *New Scientist*, 29 octobre 1969.

329. Voir Gaston Bouthoul, *Les Guerres, éléments de polémologie*, op. cit., p. 298. – Et aussi : «Si l'on veut la sécurité, il faut faire des enfants.» (Jules Cambon, apud L. Naudeau, *La Guerre et la Paix*, Paris, Flammarion, 1926, p. 91.) – «Pour assurer la sécurité de la France, que faut-il faire ? Bien des choses sans doute, mais avant tout des enfants.» (L. Naudeau, op. cit.). – «Il faut favoriser une forte natalité afin de développer une génération saine et procréatrice qui donnera à l'armée de nombreuses recrues vigoureuses, capables de mener et de supporter la guerre totale.» (Ludendorff, *La Guerre totale*, Paris, Flammarion, 1936, p. 48.)

330. «La multiplication des hommes en temps de paix prépare fatalement des guerres prochaines.» (Félix Le Dantec, *L'Égoïsme, seule base de toute société*, Paris, Flammarion, 1911, pp. 217-218.) – «La surpopulation est la cause primordiale de la guerre.» (M. Devaldès, *Croître et multiplier, c'est la guerre*, Paris, G. Mignolet & Storz, 1933, p. 228.)

331. Gaston Bouthoul, *Les Guerres, éléments de polémologie*, op. cit., p. 295.

332. Cf. à ce propos la déclaration de Mussolini à un collaborateur de la

Nouvelle Presse Libre de Vienne (citée par le capitaine A. Constantin, *Guerre et démographie*, Lyon, J. Desvignes & Fils, 1929, p. 13).

333. « Peut-être l'agressivité est-elle fonction du nombre des hommes ou des hommes jeunes ? » Raymond Aron, *Paix et guerre entre les nations*, Paris, Calmann-Lévy, 1962, chap. III, p. 97.

334. Gaston Bouthoul, *Les Guerres, éléments de polémologie*, op. cit., p. 262.

335. *Le Temps*, 4 août 1914.

336. Cf. Jean Lagorgette, *Le Rôle de la guerre*, op. cit., pp. 570 à 573.

337. G. Bodart, dans son étude *Losses of Life in Modern Wars* (Oxford, 1916), affirme qu'entre 1614 et 1914, la France, que nous aimons à définir comme la nation pacifique par excellence, a été engagée dans 63,5 % des actions militaires (guerres coloniales exclues) qui ont agité l'Europe, et que des 1 079 batailles importantes qu'elle a livrées, elle en a gagné 584 et perdu 495. – Pour l'évaluation des pertes militaires et civiles au cours des âges, outre l'ouvrage de G. Bodard, nous avons consulté : Gaston Bouthoul, *Les Guerres, éléments de polémologie*, op. cit., pp. 252 à 324.

338. C'est l'avis de L. Hersch, dans *Effets démographiques de la guerre moderne* (Paris, 1934).

339. Cf. Gaston Bouthoul, *Les Guerres, éléments de polémologie*, op. cit., p. 258. La plupart des statistiques font état de 17 à 20 millions de tués (civils et militaires) en URSS, 6 millions en Pologne, 2 millions en Yougoslavie, 4 610 000 en Allemagne, 536 000 en France, etc.

340. La projection statistique des pertes dues à la guerre donne les chiffres suivants (à l'échelle de la planète) :

entre 1820 et 1859 : 92 guerres, 800 000 morts sur une population d'un milliard d'hommes (0, 1 %) ;

entre 1860 et 1899 : 106 guerres, 4 600 000 morts sur 1 milliard 300 millions d'hommes (0,4 %) ;

entre 1900 et 1949 : 117 guerres, 42 millions de morts sur 2 milliards d'hommes (2,1 %)... mais on a vu que la réalité avait dû dépasser cette timide évaluation) ;

entre 1950 et 1999 : 120 guerres, 406 millions de morts (dont 360 millions dans une guerre atomique) sur 4 milliards (10,1 %) ; (mais le conflit nucléaire attendu n'a pas eu lieu) ;

de 2000 à 2050 : 120 guerres, 4 milliards 50 millions de morts, dont 3 milliards 600 millions dans une guerre atomique (40,5 %).

(D'après Ivan A. Getting, *Halting the Inflationary Spiral of Death, Air-Force Space Digest*, avril 1963.)

Si la courbe ne s'infléchit pas, dans une centaine d'années, le problème démographique sera réglé : la population sera détruite à 100 %.

341. La population de la France, qui était de 41 194 000 habitants en 1939 et qui était tombée à 40 125 000 en 1946, avait déjà dépassé le chiffre d'avant-guerre en 1950 (41 647 000). Le Japon, malgré les lourdes pertes subies de 1939 à 1945, n'a même pas connu de fléchissement pendant le conflit. Sa population s'est régulièrement accrue, passant de 70 850 000 en 1939 à 72 200 000 en 1946 pour atteindre 83 200 000 en 1950.

342. René Quinton, *Maximes sur la guerre*, Paris, Grasset, 1930, p. 133.

343. Général von Bernhardi, *Britain as Germany's Vassal*, London, 1914 (cité par P. C. Mitchell, *Le Darwinisme et la guerre*, Paris, F. Alcan, 1916, p. 165). Le Hollandais Steinmetz déclare de son côté que la guerre est le principal procédé de sélection pour l'humanité (cité par J. Lagorgette, *Le Rôle de la guerre*, op. cit., p. 516). Cf. également : « La guerre a été le véhicule le plus puissant de la civilisation et du progrès. C'est un effet de la sélection naturelle : les forts détruisent les faibles » (Général Lewal, *La Chimère du désarmement*, op. cit., p. 10). – « La guerre améliore les races, élimine les faibles » (Mabille, *Philosophie de la guerre)*. – « Le combat est une condition indispensable du perfectionnement ultérieur de l'humanité, grâce à la sélection ininterrompue et parfaite qu'il assure » (Général von Reichenau, *Einfluss der Kultur auf Krieg und Kriegsrüstung*, Berlin, 1897, p. 25).

344. La sélection naturelle résulte de la « conservation des races favorisées plutôt que de l'extermination d'une race par une autre » (P. C. Mitchell, *Le Darwinisme et la guerre*, op. cit., p. 53).

345. *To struggle* correspond à l'allemand *sich anstrengen* (voir Émile Boutroux, préface à l'ouvrage de P. C. Mitchell, op. cit.).

346. Charles Darwin, *De l'origine des espèces*, chap. III.

347. Charles Darwin, *La Descendance de l'homme*, tome I.

348. *Idem*, passage ajouté à la deuxième édition, chap. I.

349. Cf. V. L. Kellog, *Military Selection and Race Deterioration* (Oxford, Clarendon Press, 1916).

350. Cité par Lagorgette, *Le Rôle de la guerre*, op. cit., p. 523.

CHAPITRE IX : LA MUSE AU COMBAT

351. Anna Schneider, « La Guerre », *Fleurs de sang*, Lille, Impr. Desclée De Brouwer, 1923.

352. *Le long des plaines de la Meuse, / Dans le soleil et dans le vent, / Crie aux soldats, douce entraîneuse :/ Chargez!.. Tout est nôtre... En avant!* » (Jean Vézère, « A Jeanne d'Arc », *Chants des enfants de France*, Paris, Maison de la Bonne Presse, 1915.)

353. Lucie Delarue-Mardrus, « Pour nos blessés », poème dit par Mlle Madeleine Roch de la Comédie-Française (*Cinquante poèmes à dire).*

354. « Tricoti... Tricota... » Dédié aux tricoteuses de France (Ch. Moreau-Vauthier, *Vivent les poilus !*, Paris, Jouve, s.d.).

355. Jean Castier, « La lettre de la maman » (*Les Heures guerrières*, Paris, 1920).

356. Lucie Delarue-Mardrus, « A ma sœur douloureuse » *(Cinquante poèmes à dire*, op. cit.).

357. Auguste Mailles, chanoine honoraire de N.- D. de Paris, « France pour toi », *Pour Dieu, pour la France*, Paris, Jouve, 1916.

358. Galipaux, *Petits vers sur de grands mots* (Paris, s.d.).

359. Maxime Rasteil, « Les écoliers et le poilu » (*L'Épopée théâtrale 1914-1918*, Paris, Société Mutuelle d'Édition, 1924).

360. Guerz in *Pro Patria (Chants guerriers du Druide*, 1914).

361. Joseph Serre, « Pour les mutilés » (*Deuils et gloires, chants patriotiques*, Lyon, E. Vitte, 1916).

362. Amiral Servan, « La course au bonheur » (*Aux combattants et aux morts pour la patrie*, Montpellier, Imprimerie de la Manufacture de la Charité, 1914).

363. Mme H. Cloquié, « Nos chers blessés » *(Les Soldats de France de 1914-1915*, Paris, Maloine, 1915).

364. Henri de Régnier, de l'Académie française, « Salut » (*Les Sonnets de la guerre*, in *Poésies*, Paris, Mercure de France, 1918).

365. Martin de Condé, « Vieille chanson » (*Chants de guerre*, 1907).

366. Nos historiens l'ont dit et répété : personne en France ne voulait la guerre. On voulait seulement la revanche :

Ô mon charmant pays, ma tout aimable France,
Tu ne sauras jamais ce qu'il en a coûté
A nos grands généraux, de longue patience,
D'espoir en l'avenir et de ténacité,
Pour préparer le jour si beau de la revanche!

Parmi ces grands revanchards, notre auteur cite avec admiration le général Pau, héros légendaire :

Sans se lasser jamais, il rêva la revanche,
Ardemment sur le but il tint fixés ses yeux…
Pas un de ses instants qui ne fût consacré
A disposer, prévoir cette nouvelle guerre,
Et moyens comme but, tout lui devint sacré !

(Alice Poncet : « Le Sauveur de Nancy ; un héros légendaire » (*Fleur d'héroïsme, le poème national de la Grande Guerre, chanté par le coq gaulois et l'alouette française*, Lamalou-les-Bains (Hérault), Éditions de la Revue du Languedoc et des Jeux Floraux, 1916).

367. Abbé J. Bellouard, « Le vrai poilu » (*Un chant de consolation*, avec une préface de Maurice Barrès, Niort, H. Boulord, 1916).

368. A. H. Vanel, « Le poilu » (*Fleurs sanglantes*, Delle, Imp. V. Petitjean, 1916).

369. J. Vassivière, *L'Ame française : Ode à la France*, Paris, A. Lemerre, 1918.

370. P. J. de Moloy, *Le Front*, Saïgon, Imprimerie Saïgonnaise, 1915.

371. Jean Rameau, « Les canons fleuris » *(Les Poètes de la guerre)* ; Maxime Rasteil, *Le Canon de 75*, pièce dramatique en un acte et en vers *(L'Épopée théâtrale 1914-1918)*.

372. Paul Costel, « Au canon » (*Chants de la guerre*, Paris, E. Figuière, 1915).

373. Antoine Jaillet, « la Chanson de la mitrailleuse » (*Aux jeunes de 1914-1918)*.

374. Ferdinand Delsol, *Chants de la Grande Guerre*, Paris, P. Bossuet, 1928.

375. Jacques Redelsperger, « Souvenez-vous » (*Au frisson des drapeaux*, Paris, Ligne « Souvenez-vous ».

376. Claude-Henri Hirsch, « Rêves allemands » (*Les Poètes de la guerre)*.

377. Jean Destrains, *La France victorieuse, poème national*, préface d'Émile Faguet, Paris, A. Lemerre, 1915.

378. Général Bruneau, « A Guillaume II » *(Vers héroïques*, Paris, Berger-Levrault, 1916).

379. Jean-Marie Lacombe, « Les Allemands » *(Amours et trophées*, Paris, Éditions de la Librairie montmartroise, 1916).

380. Henri Thiéry (commissaire de police à Paris), « Au peuple allemand » *(Glanes de guerre*, Paris, H. Baragon, 1916).

381. J. Vassivière, « L'âme boche » (*A fleur de sang, poésies de guerre).*

382. L. D. de Sénescau, « Ses héros » (*Surmufles et bourreaux : le Kaiser, la Kultur, les Boches et leurs amis*, Bordeaux, Impr. de Gounouilhou, 1916).

383. L. D. de Sénescau, « La surmufliade » (*Surmufles et bourreaux*, op. cit.).

384. J. Paterni, « Le pioupiou français » (*Accents d'épopée 1914-1918*, Nice, Impr. J. Gasparini, 1917).

385. Général Bruneau, op. cit.

386. Voir, entre autres, Henry Chayer, *Les Crimes des Boches*, Paris, 1917.

387. Jules Pech, « Histoire naturelle » (*Dans les boues sanglantes).*

388. Hippolyte Daguet, « La Brute germanique » (*Sonnets sur la guerre*, Impr. de Monnoyer, 1915).

389. Jules de Marthold, *Chant de Haine, réponse à Berlin* (Paris, Libr. anglo-française, 1915).

390. Henri Thiéry, « Chanson de troupier » (*Glanes de guerre*, op. cit.).

391. « Le Joug » (Guerz, *Chants guerriers du Druide*, op. cit.).

392. Félix Champion, « Jusqu'à Berlin, chanson de marche » (*Ne pereant : Rimes et souvenirs illustrés 1914-1918*, Vire, Impr. J. Beaufils, 1930).

393. Ch. Moreau-Vauthier, *Vivent les poilus !*, op. cit.

394. Général Bruneau, « Le sabre » (*La Gerbe d'or, sonnets et poèmes*, Paris, Perrin, 1924). Bien entendu, la haine n'est pas à sens unique. Voici la traduction d'un extrait d'un poème allemand de Henrich Vierordt, Conseiller de Cour (cité par G. Trouillot, *Gavroche et Flambeau)* :

Ô toi, Allemagne, maintenant, hais !
Avec un cœur de fer, égorge des milliers de cette race diabolique
Et que, jusqu'au ciel, plus haut que les monts,
S'entassent sa chair qui fume et ses os fracassés.
Ne fais pas de prisonniers et, pour chaque ennemi, baïonnette au cœur !

395. Louis Sarrazin, « Sursum Corda » *(Les Vengeresses*, Toulouse, 1915).

396. Abbé Achille Meuley, « Réponse du soldat de 1915 » (*Les Boches*, odes guerrières, Sceaux, Impr. Choraire, 1915).

397. Pierre Brégeault, « Décision » (*Heures mortes, poèmes de guerre*, Paris, Jouve, 1918).

398. Gustave Rivet, « Le Héros » *(L'Épopée*, Paris, E. Figuière, 1918).

399. Auguste Van der Verren, *France! Hommage au peuple souverain*, Paris, 1915.

400. Gustave Rivet, « Le Monstre » *(L'Épopée*, op. cit.). Il va sans dire que l'étranger nous considère avec moins d'indulgence et porte sur nous des jugements nettement différents. Ainsi l'historien anglais Alison déclare : « Dans tous les siècles, les Français ont été le peuple le plus belliqueux d'Europe. » *(History of Europe.)*

CHAPITRE X : LE HÉROS ET L'INFINI

401. Lewis Mumford, *Technique et civilisation*, Paris, Le Seuil, 1976, p. 267. – « La guerre, pour nous, a été ce magnifique prétexte qui nous a permis de sortir de nos maisons, de nos familles, de nous-mêmes. » (Pierre Blanchet, « Les jeunes hommes et la guerre », journal *Combat*, 23 octobre 1947.) – « Devant les événements de cette lutte gigantesque [la guerre de 14-18], tout le passé se réduisit à un néant insipide. » (Hitler, *Mein Kampf.)*

402. « Il y a une grande paix à la guerre ; c'est d'y être sans femme. » (R. Quinton, *Maximes sur la guerre*, p. 65.)

403. René Quinton, *Maximes sur la guerre*, Paris, Grasset, 1930, p. 64.

404. Joseph Folliet, *Pour comprendre les prisonniers*, Paris, Le Seuil, 1943, p. 14.

405. Paul Bourget, de l'Académie française, sous le pseudonyme de Junius, *L'Écho de Paris*, 7 septembre 1913. – « C'est dans la guerre que se déploient, avec le courage, toutes les autres vertus. » (Hegel, cité par Victor Basch, op. cit., p. 155.) – « La paix est pour toutes les nations une épreuve redoutable ; on s'y amollit, on y prend l'amour du bien-être et de la richesse, on est tout prêt de perdre sa force et son énergie et de laisser à d'autres l'éternelle lutte de la vie. Mais vient la guerre comme un orage salutaire ! Elle avertit à temps des périls que l'on courait ; elle commande l'effort, elle oblige à retrouver soudain les mâles vertus dont on commençait à être déshabitué [...] Elle retrempe les nations dans un bain sanglant. » (Ch. Bigot, *Le Petit Français*, livre destiné aux classes primaires, Paris, E. Weil et G. Maurice, 1883, p. 170.) – « Que Dieu nous délivre de l'inertie des peuples européens et nous fasse présent d'une bonne guerre, fraîche et joyeuse, qui traverse l'Europe avec fureur, passe la population au crible et nous débarrasse de la canaille scrofuleuse qui emplit l'espace et le rend trop étroit pour les autres, afin que l'on puisse encore mener une vie humaine convenable

dans cet air méphitique où l'on suffoque. » (Heinrich Leo, in *Volksblatt für Stadt und Land*, n° 61, juin 1863.)

406. Joseph de Maistre, *Soirées de Saint-Pétersbourg*. – Cf. aussi : « Le goût de la rapine et du sang est ce qu'il y a de plus grand dans la guerre. » (Prévost-Paradol, *Essais de politique et de littérature*, Paris, Michel-Lévy frères, 1861, p. 377.)

407. Testament de Hitler, *Daily Telegraph* du 31 décembre 1945.

408. « Les mâles de la même espèce ont une ivresse à s'entre-déchirer [...] La joie de tuer est profonde. » (René Quinton, *Maximes sur la guerre*, op. cit., pp. 22-26.) – « Ils partent à l'assaut, nos chers enfants, nos frères. Ils bondissent, ils courent, ils tuent, ils tuent, ils tuent ! » (Eugène Tardieu, *L'Écho de Paris*, 21 août 1914.)

409. « Il y a, dans le meurtre, une volupté de l'âme ! L'ivresse de la guerre est une ivresse de l'amour [...] La guerre est une passion de l'âme [...] La béatitude [...] tu vas la sentir ! La guerre apporte la paix du cœur. » (René Quinton, *Maximes sur la guerre*, op. cit., p. 26, note ; p. 22 ; p. 56 ; p. 127 ; p. 152.)

410. « Le véritable esprit de la guerre est l'esprit de destruction, de meurtre. Le but immédiat du combat, ce n'est pas la victoire, c'est tuer, et l'on ne marche que pour tuer, et l'on ne tire que pour tuer, et l'on ne saute à la gorge de l'ennemi que pour tuer ; et l'on tue jusqu'à ce qu'il n'y ait plus rien à tuer. » (Lieutenant-colonel Montaigne, *Études sur la guerre*, op. cit., pp. 342- 343. – Cf. également : « Tuer du Boche, battre le Boche, nettoyer la tranchée à la grenade, au couteau, au revolver – cela vaut la peine [...] L'idéal national rayonne dans les âmes. » (*L'Illustration*, 12 août 1916, p. 148.)

411. René Quinton, *Maximes sur la guerre*, op. cit., p. 22.

412. Cité par Alexis Tolstoï, *Écrits sur la guerre*, Paris, Nagel, 1945, p. 18.

413. René Quinton, *Maximes sur la guerre*, op. cit., p. 70.

414. Maurice Barrès, in *L'Écho de Paris*, 16 janvier 1915.

415. J. Lépine, *Hommes 40, chevaux (en long) 8*, op. cit., pp. 121-122.

416. Herbert Spencer, *De l'éducation*, Paris, G. Baillière, 1880.

417. Voir M. Devaldès, *Croître et multiplier, c'est la guerre*, Paris, Mignolet & Storz, pp. 14 et suiv. – R. D. Gillespie, *Psychological Effects of War on Citizen and Soldier*, London, Chapman & Hall, 1942, K. O. Newman, *Mind, Sex and War*, Oxford, Pelagos Press, 1941, pp. 54 et suiv.

418. Sigmund Freud, *Trois essais sur la théorie de la sexualité*, Paris, Gallimard, 1949, pp. 49-50.

419. *Truppenführung*, 17 octobre 1933 (traduction française publiée à Paris en 1936).

420. *Truppenführung*, op. cit., p. 164.

421. *Idem*, p. 178.

422. *Idem*, p. 201.

423. *Idem*, p. 173.

424. *Idem*, p. 232.

425. *Idem*, p. 173.

426. *Idem*, p. 132.

427. *Idem*, p. 174.

428. *Idem*, p. 130.

429. *Idem*, p. 157.

430. « Il n'y a pas de troupes fatiguées » (René Quinton, *Maximes sur la guerre*, op. cit., p. 94).

431. J. Lépine, *Hommes 40, chevaux (en long) 8*, op. cit., pp. 166, 213-214.

432. René Quinton, *Maximes sur la guerre*, op. cit., pp. 54-55.

433. « L'ironie ni le scepticisme n'ont de place aux armées. » (René Quinton, op. cit., p. 104.)

434. Le général de Gallifet, près de dix ans avant que n'éclate la Grande Guerre, prévenait déjà la France : « Chacun de ses enfants saura qu'il n'y a à choisir qu'entre une mort glorieuse et la cour martiale. » (Lettre au capitaine Henri Choppin, 25 décembre 1905 – cité par H. Choppin dans *Patrie et guerre*, Paris, Berger-Levrault, 1915, pp. 188-189.)

435. « La mort au combat est la fin naturelle des mâles. » (René Quinton, *Maximes sur la guerre*, op. cit., p. 33.)

436. Maurice Barrès, in *L'Écho de Paris*, 17 février 1915 ; Gustave Hervé, in *La Victoire*, 2 novembre 1916.

437. Abbé Lemerle, *Tombés au champ d'honneur*, op. cit., p. 151.

438. Louis Barthou, discours à la Sorbonne, 7 mars 1917.

439. Maurice Genevoix, *Le Figaro littéraire*, 30 juillet-3 août 1964. – Cf. du même auteur : *Au seuil des guitounes*, Paris, Flammarion, 1918, p. 181 ; *Les Éparges*, Paris, Flammarion, 1923.

440. Henri Lavedan, in *L'Intransigeant*, 31 octobre 1914.

441. René Quinton, *Maximes sur la guerre*, op. cit., p. 155.

442. « La guerre me semble une opération poétique. » (Novalis, *Henri d'Ofterdingen.)*

443. Il s'agit du colonel Didier qui commandait le régiment auquel appartenait le sous-lieutenant Chapelant, qui fut passé par les armes après une parodie de justice.

444. Le 5 septembre 1914, au cours d'une retraite, sept hommes se retrouvent par erreur dans une unité voisine. Ils sont arrêtés et fusillés sur ordre de la division.

445. Alain Scoff, *Le Pantalon*, Paris, Éditions J.C. Lattès, 1982.

446. Pour tous ces faits, se reporter au livre de H. Andraud, *Quand on fusillait les innocents*, Paris, Gallimard, 1935.

447. Voir Père A. D. Sertillanges, *Le Bréviaire du combattant*, Paris, Flammarion, 1940, pp. 42 à 45.

448. Liddell Hart, *Thoughts on War*, London, Faber & Faber, 1944, p. 9. – Cf. aussi ce passage de *Soldat du Reich* de Odon de Horvath : « Arrête-toi ! Cesse de réfléchir ! C'est en réfléchissant qu'on tombe sur de mauvaises pensées [...] Nos chefs sauront voir clair. »

449. Marc Boasson, *Au soir d'un monde, lettres de guerre*, Paris, Plon, 1926. Le sergent Marc Boasson fut tué le 29 avril 1918 entre Locre et le Kemmel.

450. *Lettres de Stalingrad*, Paris, Buchet-Chastel, 1974, p. 21. Ces lettres furent saisies par le commandement allemand qui désirait se renseigner sur le moral de l'armée. Elles révélèrent que près de 60 % des combattants de Stalingrad étaient contre la guerre. Les noms des expéditeurs ayant été volontairement effacés, nous avons pris la liberté de leur donner des prénoms fictifs. A cette réserve près, aucun mot n'a été changé.

451. Kiyoshi Takeda, étudiant en littérature japonaise à la Faculté des Lettres de l'université de Tokyo, tué en avril 1945 à l'âge de vingt-deux ans (Jean Lartéguy, *Ces voix qui nous viennent de la mer*, Paris, Gallimard, 1954).

452. Ernst Hieber, étudiant en théologie, tué le 11 avril 1915 en Argonne, cinq jours après avoir écrit cette lettre.

453. Maurice Genevoix, *Les Éparges*, op. cit., p. 225. Lettre à sa famille du 22 mars 1915.

454. *Lettres de Stalingrad*, op. cit., 2e lettre.

455. Bombardier X., *So this was war!* Londres, Hutchinson and C°, s.d. Il est intéressant de rapprocher de ce passage les toutes premières lettres que le jeune brigadier d'artillerie, engagé volontaire, écrivait trois mois plus tôt à sa mère, avant de partir pour le front de France.

(Écosse, janvier 1915.) « Voilà, je suis enfin dans l'Armée, ma chère Maman et je me sens tellement heureux… Le colonel nous a fait un magnifique discours quand il est venu demander des volontaires. Il nous a dit que le sort de l'Angleterre était entre nos mains. Nous, les jeunes Anglais, nous devons nous avancer et offrir à notre pays ce dont il a besoin. J'étais si fier quand il m'a serré la main pour me remercier. Il m'a dit qu'il enviait ma jeunesse, et la chance que j'avais de pouvoir me couvrir de gloire. N'importe quel gars serait fier qu'un Colonel lui parle comme ça. Mon cœur chante, mon corps vibre. Enfin, je vais connaître la vie et l'aventure.

« Mon pays m'appelle. Après tout, j'ai seize ans. Comme tu seras fière quand ton fils prendra sa place sur la ligne de combat !… Comme il me tarde de voir les gros canons cracher le feu, de les sentir trembler sous ma main tandis qu'ils lancent la mort sur mes ennemis ! »

(Le Havre, avril 1915.) « La France n'est plus un rêve. Me voici sur le seuil du champ de bataille. Je me frotte à des hommes qui hier encore étaient dans les tranchées… Ils parlent de choses horribles. Ça ne peut être vrai. Il faut que j'aille vite là-bas, pour me rendre compte par moi-même. »

Quelques jours plus tard, il savait.

456. *Lettres de Stalingrad*, op. cit., 17e lettre.

457. Capitaine Arthur Graeme West, tué en France le 3 avril 1917 à l'âge de vingt-six ans. Lettre du 12 février 1916. (*War letters of fallen Englishmen*, publiées par Laurence Housman, London, Victor Gollancz, 1930).

458. Voir note 449.

459. Karl Iosenhans, étudiant en théologie, tué en Argonne le 25 janvier 1915. (*Lettres d'étudiants allemands tués à la guerre 1914-1918*, Paris, Gallimard, 1932.)

460. Robert Dubarle, capitaine au 68e Bataillon de chasseurs alpins, quatre fois cité, chevalier de la Légion d'honneur, tué le 15 juin 1915 en menant sa compagnie à l'assaut (R. Dubarle, *Lettres de guerre*, Paris, Perrin, 1918).

461. Bernhard Beckering, assesseur à Berlin, tué le 25 janvier 1945 (Jean Lartéguy, *Ces voix qui nous viennent de la mer*, op. cit.).

462. Pierre Castagné, agriculteur, tué à Capy (Somme) le 4 février 1916.

(L'Ame française, lettres de soldats morts pour la France, Montauban, Impr. coopérative Barrier, 1922, p. 84.)

463. René Carbonnel, ingénieur civil, lieutenant au 2e génie, tué à Berry-au-Bac le 16 avril 1917 *(L'Ame française*, op. cit., pp. 79-80).

464. *Lettres de Stalingrad*, op. cit., 32e lettre.

465. *Lettres de Stalingrad*, op. cit., 12e lettre.

466. Ichizo Hayashi, étudiant en économie politique à l'université de Tokyo, tué à Okinawa comme pilote-suicide à l'âge de vingt-trois ans (J. Lartéguy, *Ces voix qui nous viennent de la mer*, op. cit.).

467. *Lettres de Stalingrad*, op. cit., 38e lettre.

468. *Lettres de Stalingrad*, op. cit., 30e lettre.

469. *Lettres de Stalingrad*, op. cit., 10e lettre.

470. Cf. Maître Chenu dans *Le Gaulois* du 9 novembre 1914 : « Comment reconnaître et acquitter la dette contractée par la patrie envers ses enfants ? Le seul moyen : la décoration. »

471. « Il se souvient qu'autrefois, là-bas, dans un pays qu'il aurait peine à retrouver sur la carte, il a ressenti des émotions qu'il n'avait jamais éprouvées... qu'il y a dans son passé une page qui ressemble à une légende... cent fois, mille fois contée... jusqu'à son dernier jour. » (G. Valbert, *Revue des Deux Mondes*, mars-avril 1894, p. 697.)

472. « Le maximum de l'idéalisme est de se sacrifier pour la guerre, sans nulle autre idée. » (Paul Souday, *Paris-Midi*, 11 mai 1917.) – « En vérité, nous faisons la guerre pour la guerre, sans nulle autre idée. » (Ernest Psichari, cité par Julien Teppe, *L'Idole Patrie*, op. cit., p. 217.) – « Mourir pour une erreur est aussi noble [...] Ce qui importe, ce n'est pas le but pour quoi nous combattons, c'est que nous combattions. » (Ernst Jünger, *La Guerre, notre mère*, Paris, Albin Michel, 1934.)

ÉPILOGUE

473. Dr Brent N. Rutherford, *Psychopathology, Decision-Making and Political Involvement, Journal of Conflict Resolution*, décembre 1966.

474. Cf. Robin Clarke, *La Course à la mort ou la Technocratie de la guerre*, op. cit., p. 297. Se reporter également à notre chap. IV.

475. Professeur Holsti, « Crise, tension et décision », *Revue internationale des sciences sociales*, vol. XXIII, pp. 61 et suiv., (1971), cité par Werner, *La Grande Peur*, op. cit., p. 213.

De son côté, le professeur J. R. Raser pense qu'un individu ayant à sa disposition des machines à la puissance illimitée peut avoir un comportement tout à fait imprévu en cas de crise. « Il se peut que l'homme, même au cœur de la guerre, ne soit plus qu'un inadapté uniquement capable de sa propre destruction. » (John R. Raser, « The Failure of Fail-Safe », *Transaction*, janvier 1969, cité par Robin Clarke, *La Course à la mort ou la Technocratie de la guerre*, op. cit., p. 41.)

Les psychologues prétendent avoir découvert que Nabuchodonosor souffrait de lycanthropie (il se prenait pour un loup), que Saül était un maniaque dépressif, que Cromwell avait des hallucinations paranoïdes, que Napoléon était un hypomaniaque. Ils assurent aussi que Staline, Hitler et Mussolini avaient de fortes tendances paranoïdes. (R. Clarke, *La Course à la mort...* op. cit., p. 296.)

476. La place nous manque pour décrire en détail toutes les armes faisant partie de l'arsenal non nucléaire, mais qui n'en ont pas, pour cela, moins d'intérêt. Contentons-nous de citer : la bombe-gerbe qui éparpille un grand nombre de têtes explosives équipées chacune d'un dispositif de guidage terminal ; la « jelly-bomb » qui appuie l'attaque aérienne des troupes au sol en recouvrant les combattants ennemis d'une substance adhésive enflammée qui les brûle jusqu'à l'os ; la bombe à fragmentation qui transperce les chairs d'une multitude de petites billes ou de lames métalliques, ce qui oblige neuf fois sur dix à amputer le membre atteint, etc.

477. Il va de soi que le secret le plus absolu entoure ce genre de travaux. De temps en temps, toutefois, on parle à mots couverts d'un accident inexpliqué, de techniciens américains victimes d'un virus mystérieux, d'une étrange épidémie d'anthrax en URSS. Puis le silence retombe et l'on n'y pense plus.

478. Amiral américain Mahan, cité par Henri Le Wita, *Autour de la Guerre chimique*, op. cit., p. 17.

479. « Environ 60 % des satellites soviétiques et américains sont militaires. » (*Outer Space, Battlefield of the Future ?*)

480. Des projets grandioses prennent forme : stations faites de modules sphériques en céramique de verre, installées à 6 000 m de profondeur, équipées de leur propre centrale nucléaire et abritant une équipe permanente de techniciens ; bases mobiles de missiles capables de ramper sur le sol sous-marin ; centrales nucléaires autonomes, alimentées en oxygène par l'électrolyse de l'eau de mer, suspendues dans la masse des eaux, qu'on pourrait amener au niveau désiré comme un ascenseur... L'homme poursuit son rêve angoissé ; trouver au fond des océans la sécurité qu'il n'a trouvée ni sur terre ni dans l'espace.

481. *SIPRI Year Book*, 1979, p. 449.

482. P. J. Klass, «*Laser Destroys Missile in Test*», *Aviation Week and Space Technology*, vol. 103, n° 10, 8 septembre 1975, pp. 53-59.

483. *L'Express*, 31 mai-6 juin 1980.

484. Cf. général Werner, *La Grande Peur...*, op. cit., pp. 13 et suiv. – M. Jacques Cressard, député R.P.R. de l'Ille-et-Vilaine, dans le rapport qu'il a consacré au projet de budget de la Défense pour 1981, déclare placidement que la force nucléaire française, actuellement capable de provoquer vingt millions de morts et autant de blessés, sera bientôt en mesure de porter ce chiffre à soixante millions (voir *Le Monde* des 26-27 octobre 1980).

485. H. C. Dudley, «*The Ultimate Catastrophe*», in *The Bulletin of the Atomic Scientists*, septembre 1975, pp. 21-24. Voir aussi les numéros de janvier 1976 (pp. 2 et 3) et juin 1976 (pp. 36-38).

486. Herman Kahn, *On Thermonuclear War*, Princeton University Press, 1961, pp. 523-524.

487. L'apocalypse nucléaire pourrait également se déchaîner à la suite de la défaillance d'un des systèmes de surveillance radar. Il suffit d'une panne dans un circuit imprimé pour que l'on puisse croire à une attaque ennemie. Par trois fois dans la même brève période – le 9 novembre 1979 et les 3 et 6 juin 1980 – les États-Unis ont connu un accident de ce genre et ont mis leurs bases en état d'alerte renforcée. D'après les déclarations de M. Dinneen, secrétaire adjoint à la Défense, aucun programme d'entretien ne peut éliminer tous les risques d'erreur dans des systèmes aussi complexes (*Le Monde*, 3 septembre 1980).

488. Cf. Jean-Michel Vieillard, «Savoir-Thanatocratie», Faculté de Besançon, 1976.

BIBLIOGRAPHIE

ADAM (Paul), *La Cité prochaine, lettres de Malaisie,* Paris, Bibliothèque des auteurs modernes, 1908.

ADLER (Moritz), « Enquête sur la guerre » dans la revue *L'Humanité nouvelle,* 1907.

AGATHON (pseudonyme de Henri Massis et Alfred de Tarde), *Les Jeunes Gens d'aujourd'hui,* Paris, Plon, 1913.

AKERHIELM (pasteur Hans), *Le Glaive sous la Croix,* Genève, Éditions Labor, 1942.

ALESSANDRI (M.), *La Guerre et son droit,* Paris, Éditions de Boccard, 1936.

ALEXANDRE (Arsène), *Les Monuments français détruits par l'Allemagne*, Paris et Nancy, Berger-Levrault, 1918.

ALLARD (Paul), *La Guerre du mensonge : comment on nous a bourré le crâne,* Paris, Éditions de France, 1940. – *Les Provocateurs à la guerre*, Paris, Éditions de France, 1941.- *Ici, Londres !* Paris, Éditions de France, 1942.

ALLEC (Henri), *La Question,* Paris, Éditions de Minuit, 1958.

Ame française (L'), lettres de soldats morts pour la France, Montauban, Imprimerie coopérative Barrier & C°, 1922.

ANDLER (Charles), *Le Pangermanisme, ses plans d'expansion allemande dans le monde,* Paris, A. Colin, 1916.

ANDRAUD (Henry), *Quand on fusillait les innocents,* Paris, Gallimard, 1935.

ARC (Pierre d'), pseudonyme de Huot (abbé Pierre), *Le Bréviaire anti-prussien…, Pensées françaises, Versets vengeurs, Fragments et souvenirs,* Paris, P. Sevin, 1888.

ARON (Raymond), *Paix et guerre entre les nations*, Paris, Calmann-Lévy, 1962.

ARROY (Bezian), *Questions décidées sur la justice des armes des rois de France, sur les alliances avec les hérétiques ou infidèles et sur la conduite des gens de guerre*, Paris, G. Loison, 1634.

ASTON (Major general Sir George), *Secret Service, espionnage et contre-espionnage anglais pendant la guerre 14-18*, traduit de l'anglais par Henry de Courtois, Paris, Payot, 1931.

Aumônerie militaire (L'), 1870-1886, Paris, Imprimerie Lutier, s.d.

AZIZ (Philippe), *Les Médecins de la mort*, Genève, Famot, 1974.

BARBIER (abbé Paul), *Les Fruits de l'irréligion. L'irréligion et l'idée de patrie*, Paris, P. Lethielleux, s.d.

BARNABY (Dr C.F.), *Preventing the Spread of Nuclear Weapons*, Souvenir Press, Londres, 1969.

BARTH (Karl), *The Church and the War*, New York, Mac Millan, 1944.

BARTSCH (Rudolf Hans), *Das Deutsche Volk in Schwerer Zeit*, Berlin-Wien, Ullstein, 1916.

BASCH (Victor), *Les Doctrines politiques des philosophes classiques de l'Allemagne, Leibniz, Kant, Fichte, Hegel*, Paris, Félix Alcan, 1927.

BASTIAT (Frédéric), *Harmonies économiques*, Paris, Guillaumin, 1850.

BATAILLE (Georges), « La civilisation et la guerre », *Revue critique*, avril 1951.

BAZIN (René), *Pages religieuses, temps de paix, temps de guerre*, Tours, Mame et Fils, 1915.

BÉARD (Dr Roger), *Les Expériences humaines dans les camps de concentration nazis pendant la Deuxième Guerre mondiale*, Nice, Imprimerie Barma, 1966.

BELLOUARD (abbé J.), *Un chant de consolation*, avec une préface de Maurice Barrès, Niort, H. Boulord, 1916.

BERNADAC (Christian), *Les Médecins maudits*, Paris, Presses Pocket, 1977.

BERNHARDI (général Friedrich Adam Julius von), *Britain as Germany's Vassal (L'Angleterre, vassale de l'Allemagne)*, London, W. Dawson & Sons Ltd, 1914.

BESSIÈRES (Albert, S. J.), *L'Évangile et la guerre*, Paris, Spes, 1939.

BIGEARD (Marcel), *Pour une parcelle de gloire*, Paris, Plon, 1975.

BIGOT (Charles), *Le Petit Français*, livre destiné aux classes primaires, Paris, E. Weill & G. Maurice, 1883.

BILLIG (Joseph), *Les Camps de concentration dans l'économie du Reich hitlérien*, Paris, Presses Universitaires de France, 1973.

BINET (René), *Théorie du racisme*, Paris, chez l'Auteur, 1950.

BISMARCK (comte Otto de), *Lettres de Bismarck à sa femme pendant la guerre de 1870*, Paris, J. Tallandier, 1903. – *The Correspondance of William I & Bismarck*, London, Heinemann, 1903. – *Opinions et discours*, Paris, H. Gautier, s.d.

BLIGNIÈRES (Hervé de), *La Foi du centurion : le patriotisme principe d'action*, Paris, Éditions du Fuseau, 1966.

BLONDEL (Georges), *La Guerre et le problème de la population*, Paris, P. Lethielleux, 1916.

BOASSON (Marc), *Au soir d'un monde, lettres de guerre*, Paris, Plon, 1926.

BODART (Gaston), *Losses of Life in Modern Wars : Austria, Hungary, France*, Oxford, Clarendon Press, 1916.

BODIN (Jean), *Les Six Livres de la République (De Republica)*, Paris, J. Du Puys, 1576. En latin : *De Republica libri sex*, Paris, J. Du Puys, 1586.

BOGUSLAWSKI (Albrecht von), *Der Krieg in seiner wahren Bedeutung für Staat und Volk*, Berlin, E.S. Mittler, 1892.

BOMBARDIER X., *So this Was War!* Londres, Hutchinson & C° Ltd, s.d.

BOSC (Père Robert, S. J.), *Évangile, violence et paix*, Paris, Le Centurion, 1975.

BOUSQUET (Raymond), *Force et stratégie nucléaire du monde moderne*, Paris et Limoges, Lavauzelle, 1974.

BOUTHOUL (Gaston), *Cent millions de morts*, Paris, Le Sagittaire, 1946. – *Huit mille traités de paix*, Paris, Julliard, 1948. – *Les Guerres, éléments de polémologie*, Paris, Payot, 1951. – *Sauver la guerre*, Paris, Grasset, 1962.

BOUTHOUL (Gaston) et CARRÈRE (René), *Le Défi de la guerre*, Paris, Presses Universitaires de France, 1976.

BRANDAT (Paul), pseudonyme de Réveillère (amiral Paul-Émile Marie), *Mers de Chine*, Paris, Pichon & C°, 1872.

BRÉGEAULT (Pierre), *Heures mortes, poèmes de guerre*, Paris, Jouve, 1918.

BRISTOWE (William Syer), *A Book of Spiders*, New York, Penguin Books, 1947.

BROWN (William), *War and Peace*, Londres, Adam & Charles Black, 1939.

BRULÉ (Jean-Pierre), *L'Arsenal mondial,* Paris, Le Centurion, 1975.

BRUNEAU (général), *Vers héroïques, poèmes à lire et à dire,* Paris, Berger-Levrault, 1916. – *La Gerbe d'or : Sonnets et poèmes,* Paris, Perrin & C°, 1924.

CADOUX (Gaston), *Nos pertes de guerre,* Paris, Berger-Levrault, 1926.

CASSAN (Jacques de), *La recherche des droicts du roy et de la couronne de France, sur les royaumes, duchez, comtés, villes et pays occupez par les princes étrangers, appartenant aux rois très chrétiens, etc.*, Paris, F. Pomeray, 1632.

CASTIER (Jules), *Les Heures guerrières,* Paris, 1920.

CAVAIGNAC (Eugène), *Chronologie de l'histoire mondiale,* Paris, Payot, 1934.

CHAMBERLAIN (Houston Stewart), *Die Grundlagen des neunzehnten Jahrhunderts (Les Fondements du XIXe siècle)*, München, F. Bruckmann, 1899.

CHAMPION (Félix), *Ne pereant : rimes et souvenirs illustrés, 1914-1918,* Vire, Imprimerie de J. Beaufils, 1930.

CHAO-KUNG, *La Guerre peut-elle être abolie? Le problème de la vie,* Paris, Parisis Édition, 1934.

CHARDONNET (Jean), *Les Conséquences économiques de la guerre 1939-1945,* Paris, Hachette, 1947.

CHARPENTIER (Armand), *La Guerre et la patrie,* Paris, André Delpeuch, 1926.

CHASLES (Madeleine), *La Guerre et la Bible,* Paris, Éditions « Je sers », 1940.

CHAUVIN (Rémy), *Les Sociétés animales, de l'abeille au gorille,* Paris, Plon, 1963. – *Techniques de combat chez les animaux,* Paris, Hachette, 1965. – *Le Monde des fourmis,* Paris, Plon, 1969.

CHAYER (Henri), *Les Crimes des Boches,* Paris, 1917.

CHOPPIN (capitaine Henri), *Patrie et guerre,* Paris, Berger-Levrault, 1915

CHOSSAT (Marcel S. J.), *La Guerre et la Paix d'après le droit naturel chrétien,* Paris, Bloud & Gay, 1918.

CIANFARRA (Camille), *La Guerre et le Vatican (39-45),* Paris, Le Portulan, 1947.

CLARKE (Robin), *La Course à la mort ou la Technocratie de la guerre,* traduit de l'anglais par Georges Renard, Paris, Le Seuil, 1972. – *La Guerre biologique est-elle pour demain?* Paris, Fayard, 1972.

CLAUDE (Henri), *De la crise économique à la guerre mondiale*, Paris, Éditions O.C.I.A., 1945.

CLAUSEWITZ (Carl von), *De la guerre*, Paris, Éditions de Minuit, 1955.

CLEMENCEAU (Georges), *Grandeurs et misères d'une victoire*, Paris, Plon, 1930. – *Discours de guerre*, Paris, Plon, 1934.

CLOQUIÉ (Mme H.), *Les Soldats de France de 1914-1915*, Paris, Maloine, 1915.

COATES (John Rider), *War, What Does the Bible Say?* Londres, Sheldon Press, 1940.

COLLIGNON (Dr René), Résumé des travaux scientifiques de M. le docteur René Collignon, Cherbourg, Imprimerie de E. Le Maout, 1900.

COMBRIS (Andrée), *La Philosophie des races du comte de Gobineau et sa portée actuelle* (thèse), Paris, Alcan, 1937.

Conduite des troupes. Traduction du règlement allemand *(Trüppenführung)*, Paris, Berger-Levrault, 1936.

CONSENTINI (Francesco), « Le militarisme de l'avenir », in *Revue internationale sociale*, 1899.

CONSTANTIN (capitaine André), *Le Rôle sociologique de la guerre et le sentiment national*, suivi de *La Guerre, moyen de sélection collective*, traduit de l'ouvrage du Dr F. Steinmetz, *Der Krieg als sociologisches Problem*, paru à Amsterdam chez W. Wersluys en 1899; Paris, Félix Alcan, 1907. – *Guerre et démographie*, Lyon, J. Desvignes et ses fils, 1929.

COSTEL (Paul), *Chants de la guerre, poèmes*, Paris, E. Figuière, 1915.

COTEREAU (Jean), *L'Église a-t-elle collaboré?* Paris, Éditions de l'Idée libre, 1946.

COÜANNIER (André Henry), *Légitimité de la guerre aérienne*, Paris, Per Orbem, 1925.

COUBARD (Jacques), *La Guerre des Six Jours*, Paris, Éditions sociales, 1973.

COUBÉ (R. P. Stephen, S. J.), *Sainte Thérèse de l'Enfant Jésus et la crise du temps présent*, Paris, Flammarion, 1936. – *L'Ame du soldat*, Paris, Victor Retaux, 1899.

COUSIN (Victor), *Cours d'histoire de la philosophie*, Paris, Pichon et Didier, 1828.

CROZALS (Jacques-Marie de), *Histoire de la civilisation depuis les temps antiques jusqu'à Charlemagne*, Paris, C. Delagrave, 1885.

CRU (Jean Norton), *Témoins*, Paris, Les Étincelles, 1929.

DAGUET (Hippolyte), *Sonnets sur la guerre*, Imprimerie de Monnoyer, 1915.

DANIEL (Joseph), « Guerre et cinéma. Grandes illusions et petits soldats, 1895-1971 », Paris, *Cahiers de la Fondation nationale des Sciences politiques*, Armand Colin, 1972.

DARTEIL (abbé de) & DECOUT (Père Alexis, S. J.), *Manuel de l'aumônerie militaire de la Marine et du prêtre mobilisé*, Paris, Éditions Alsatia, 1939.

DARWIN (Charles Robert), *De l'origine des espèces, ou des lois du progrès chez les êtres organisés*, traduit en français par Mlle Clémence Auguste Royer, Paris, Guillaumin, 1862. – *La Descendance de l'homme et la sélection naturelle*, traduit de l'anglais par J.-J. Moulinié, Paris, C. Reinwald, 1872.

DELARUE (Jacques), *Histoire de la Gestapo*, Paris, Fayard, 1962.

DELAVEAU (Pierre), *Plantes agressives et poisons végétaux*, Paris, Bordas, 1974.

DELORME (Jean), *Chronologie des civilisations*, Paris, Presses Universitaires de France, 1949.

DELSOL (Ferdinand), *Chants de la Grande Guerre*, poèmes, Paris, Éditions et Publications contemporaines, Pierre Bossuet, 1928.

DEMARTIAL (Georges), *Le Mythe des guerres de légitime défense*, Paris, Marcel Rivière, 1931.

Der Deutsche Krieg in Feldpostbriefen, München, G. Müller, 1915.

DERRECAGAIX (général Victor Bernard), *La Guerre moderne*, Paris, L. Baudouin, 1885.

DESTRAINS (Jean), *La France victorieuse, poème national*, préface d'Émile Faguet, Paris, A. Lemerre, 1915.

DEVALDÈS (Manuel), *Croître et multiplier, c'est la guerre*, Paris, G. Mignolet & Storz, 1933. – *La Guerre dans l'acte sexuel*, Châtillon-sous-Bagneux, Publication du pacifisme scientifique, 1936.

DIEDISHEIM (Jean), *Les Patries – vers une mutation du mode de penser*, Neufchâtel, Éditions de La Baconnière, 1967.

DRAGOMIROF (général), *La Guerre est un mal inévitable*, Paris, Lavauzelle, 1897.

DUBARLE (capitaine Robert), *Lettres de guerre*, Paris, Perrin, 1918.

Dubois (Dr Raphaël), *Les Origines naturelles de la guerre, influences cosmiques et théorie anticinétique; la paix par la science*, Lyon, H. Georg, 1916.

Duclos (Paul), *Le Vatican et la Deuxième Guerre mondiale*, Paris, A. Pedone, 1955.

Ducrocq (Albert), *Les Armes de demain*, Paris, Berger-Levrault, 1948.

Duhelly (Jacques), *Philosophie de la guerre*, Paris, Félix Alcan, 1921.

Dumont (Gérard-François), avec la collaboration de Chaunu (Pierre), Legrand (Jean), Sauvy (Alfred), *La France ridée*, « Le Livre de Poche », Paris, Librairie générale française, 1979.

Dumont (René), *L'Utopie ou la mort!* Paris, Le Seuil, 1973.

Dupuy (Pierre), *Traité touchant les droits du Roy très chrétien sur plusieurs estats et seigneureries possédées par divers princes voisins*, Paris, 1655.

Dvorjecki (Dr Marc), *La Stérilisation criminelle nazie dans les camps de concentration*, Paris, Imprimerie Abécé, 1957.

Ehrlich (Paul), *La Bombe P.*, Paris, Éditions « J'ai lu », 1973.

Ellero (Pietro), *La Tirannide borghese*, Bologne, Tip. Fava e Garagnani, 1879.

Engelbrecht (H.C.) & Hanighen (F.C.), *Marchands de mort (The Merchants of Death)*, Paris, Flammarion, 1934.

Ermenonville, pseudonyme de Gustave Dupin, *Le Collier de Bellone*, Paris, Société mutuelle d'édition, 1924.

Estoc (Martial d'), pseudonyme d'Auguste Dumont, *Le Génie de la guerre. Le développement, les erreurs et la logique de la guerre*, Paris, A. Dumont, 1892.

Fawzia al-Rubaci, *Terrorism and Concentration Camps in Israël*, Bagdad, Taqquadum Press, 1970.

Feytaud (Jean de), *Le Peuple des termites*, Paris, Presses Universitaires de France, 1966.

Filloux (Jean-Claude), *Psychologie des animaux*, Paris, Presses Universitaires de France, 1965.

Foch (général, plus tard maréchal), *Les Principes de la guerre*, Paris, Berger-Levrault, 1903.

Folliet (Joseph), *Pour comprendre les prisonniers. (De la captivité comme expérience humaine)*, Paris, Le Seuil, 1943.

FONTETTE (François de), *Le Racisme*, collection « Que sais-je ? », Paris, Presses Universitaires de France, 1975.

FOREL (Dr Auguste), *Les Fourmis de la Suisse*, La Chaux-de-Fonds, 1920. – *Homme et Fourmi*, Lausanne, 1923.

FOUILLÉE (Alfred), *Esquisse psychologique des peuples européens*, Paris, Félix Alcan, 1903.

FRÉDÉRIC II le Grand, roi de Prusse, *Anti-Machiavel ou Essai de critique sur « Le Prince » de Machiavel*, La Haye, P. Paupie, 1740.

FREUD (Sigmund), *Trois Essais sur la théorie de la sexualité*, traduit de l'allemand par le docteur B. Reverchon, Paris, Gallimard, 1949.

GALBRAITH (J.K.), voir *Paix indésirable (La).*

GALIPAUX, *Petits Vers sur de grands mots*, Paris, s.d.

GARAUDE (abbé François), *La guerre, considérée au point de vue philosophique, social et religieux*, Paris, A. Bray, 1864.

GAULLE (Charles de), *Le Fil de l'épée*, Paris, Berger-Levrault, 1932.

GENEVOIX (Maurice), de l'Académie française, *Au seuil des guitounes*, Paris, Flammarion, 1918. – *Les Éparges*, Paris, Flammarion, 1923.

GÉRIN (René), *Les Causes psychologiques des guerres*, Paris, Ligue internationale des Combattants de la Paix, 1935.

GHILINI (Hector), *La Troisième Guerre mondiale durera six heures*, Paris, R. Seban, 1950.

GILLESPIE (Robert Dick), *Psychological Effects of War on Citizen and Soldier*, Londres, Chapman & Hall, 1942.

GIORDANI (Iginio), *La Révolution de la Croix*, Paris, Alsatia, 1938.

GIOVANNITI (Len) & FRED (Freed), *Histoire secrète de Hiroshima (The Decision to Drop the Bomb)*, traduit de l'anglais par Pierre Francart, Paris, Plon, 1966.

GIRAN (abbé Étienne), *L'Évangile et la guerre*, Carrières-sous-Poissy, « La Cause », 1939.

GIRAUDOUX (Jean), *La Folle de Chaillot*, Paris, Grasset, 1948.

GLUCKSMAN (André), *Le Discours de la guerre*, collection « 10/18 », Paris, éditions de L'Herne, 1974.

GOBINEAU (comte Joseph Arthur de), *Essai sur l'inégalité des races humaines*, 2e éd., Paris, Firmin-Didot, 1884.

GOHIER (DEGOULET Urbain, dit), *L'Armée contre la nation*, Paris, Éditions de la Revue Blanche, 1898.

GOODHEART (A.L.), *What Acts of War are Justifiable*, Oxford, Clarendon Press, 1941.

GRASSÉ (P.), *Précis de zoologie*, Paris, Masson, 1961.

GROSCLAUDE (Pierre), *Alfred Rosenberg et le «Mythe du XXe siècle»*, Paris, F. Sorlot, 1938.

GROTIUS (Hugo de GROOT, dit), *Le Droit de la guerre et de la paix*, traduit du latin par M. de Courtin, Paris, A. Seneuze, 1687.

GUERBER (André), *Himmler et ses crimes,* Paris, «Les Documents Nuit et Jour», Fournier, 1946.

Guerre du Kippour (La), Sunday Times, Paris, 1974.

GUILLAUME II, *Les discours de Guillaume II pendant la guerre*, Paris, Bossard, 1918.

GUILLAUMIN (Colette), *L'Idéologie raciste – genèse et langage actuel*, Paris-La Haye, Mouton, 1972.

GUITTON (Jean), *Journal de captivité 1942-1943. Extraits*, Paris, Aubier, 1943.

GUMPLOVICZ (Ludwick), *La Lutte des races, recherches sociologiques*, traduction de Charles Baye, Paris, Guillaumin, 1893.

GUYAU (Jean-Marie), *Esquisse d'une morale sans obligation ni sanction*, Paris, Félix Alcan, 1885.

HACKETT (général Sir John), *The Third World War, August 1985*, London, Sidgwick & Jackson, 1978; traduit en français sous le titre *La Troisième Guerre mondiale*, Paris, Belfond, 1979.

HART (capitaine Basil Henry Liddell), *Thoughts on War*, London, Faber & Faber, 1944.

HASKINS (Caryl Parker), *Of Ants and Men*, London, Allen & Unwin, 1945.

HEERING (G. J.), *Dieu et César : la carence des Églises devant le problème de la guerre*, traduit du hollandais par H. Rochot, Paris, Société commerciale d'édition et de librairie, 1933.

HENCHES (Jules-Émile), *Lettres de guerre*, Cahors, 1917. *A l'école de la guerre, lettres d'un artilleur, août 1914-octobre 1916*, Paris, Hachette, 1918.

HENRY (colonel R.), *L'Esprit de la guerre moderne, d'après les grands capitaines et les philosophes*, Paris, Berger-Levrault, 1894.

HERSCH (professeur L.), *Effets démographiques de la guerre moderne*, Paris, 1934.

HERSH (Seymour M.), *Le Massacre de Song My : la guerre du Vietnam et la conscience américaine*, traduction française de Georges Magnane, Paris, Gallimard, 1970.

HERSEY (John), *Hiroshima*, Londres, Penguin Books, 1946.

HEYSMAN (colonel Piaton Aleksandrovitch de), *La Guerre, son importance dans la vie du peuple et de l'État*, traduit du russe par le capitaine Niessel, Paris, H. Charles Lavauzelle, 1898.

Hiérarchie catholique et la guerre (La), Paris, Bonne Presse, 1940.

Histoires de fin du monde, présentées par Jacques Goimard, Demetre Iokimidis et Gérard Klein, « Le Livre de Poche », Paris, Librairie générale française, 1974.

HITLER (Adolf), *Mein Kampf (Mon Combat)*, traduit de l'allemand par J. Gaudefroy-Demombynes et A. Calmettes, Paris, Nouvelles Éditions Latines, s.d.

HOESS (Rudolf Franz Ferdinand), *Le Commandant d'Auschwitz parle*, traduit de l'allemand par Constantin de Grunwald, Paris, Julliard, 1959.

HOFER (Walther), *Le National-Socialisme par les textes*, traduit de l'allemand par G. et L. Marcou, Paris, Plon, 1962.

HORNADAY (William Temple), *The Minds and Manners of Wild Animals*, New York and London, C. Scribner's Sons, 1922.

HORVATH (Odon de), *Soldat du Reich*, traduction d'Armand Pierhal, Paris, Plon, 1940.

HUBERT (René), *Les Interprétations de la guerre*, Paris, Flammarion, 1919.

HUEBER (Édouard), *Du rôle de l'armée dans l'État et des principes de l'institution militaire*, Paris, Berger-Levrault, 1872.

HUXLEY (Aldous Leonard), *Ends & Means : An enquiry into the Nature* of *Ideals and into the Methods Employed for their Realization*, London, Chatto & Windus, 1937.

IBARROLA (Jésus), *Les Incidences des deux conflits mondiaux sur l'évolution démographique française*, Paris, Dalloz, 1964.

IMMS (Augustus Daniel), *Social Behaviour in Insects*, London, Methuen & C°, 1931.

IUNG (général Théodore), *La Guerre et la société*, Paris, Berger-Levrault, 1889.

JAHNS (Max), *Ueber Krieg, Frieden und Kultur, eine Umschau*, Berlin, Allgemeiner Verein für Deutsche Literatur, 1893.

JHERING ou IHERING (Rudolf von), *Le Combat pour le droit*. Traduit de l'allemand par Alexandre-François Meydieu, Vienne, G. J. Manz, 1875. – *L'Esprit du droit romain dans les diverses phases de son développement*, traduit par O. de Meulenacre, Paris, A. Maresq aîné, 1880.

JOMINI (général Antoine-Henry de), *Précis de l'art de la guerre*, Paris, Anselin, 1838.

Journées Universitaires (34e), « Le patriotisme », Paris, 1957.

JUGANARU, *L'Apologie de la guerre dans la philosophie contemporaine*, Paris, Félix Alcan, 1933.

JÜNGER (Ernst), *La Guerre, notre mère*, Paris, Albin Michel, 1934.

KAHN (Herman), *On Thermonuclear War*, Princeton University Press, 1961.

KANT (Emmanuel), *Critique du jugement*, suivie des *Observations sur le sentiment du beau et du sublime*, traduit de l'allemand par J. Barni, Paris, Lagrange, 1846.

KAPELIOUK (Amnou), *Israël, la fin des mythes*, Paris, Albin Michel, 1975.

KELLOG (Vernon Lyman), *Military Selection & Race Deterioration*, Oxford, Clarendon Press, 1916.

KERAMANE (Hafid), *La Pacification*, Lausanne, La Cité, 1960.

KESSEL (P.) & PIRELLI (G.), *Le Peuple algérien et la guerre* (Lettres et témoignages d'Algériens), Paris, Maspero, 1963.

KISSINGER (Henry A.), *Le Chemin de la paix*, traduit de l'américain par Henri Drevet, Paris, Club français du Livre, 1973.

KNOX (Ronald), *God and the Atom*, Londres, Sheed & Ward, 1945.

LA BARRE DUPARCQ (colonel Édouard), *Commentaires sur le traité « De la guerre » de Clausewitz*, Paris, J. Corréard, 1853.

LA BRIÈRE (Père Yves de, S. J.), *Les Droits et devoirs des belligérants d'après la morale chrétienne*, Paris, Alsatia, 1940. – *Le Droit de juste guerre : Tradition théologique. Adaptations contemporaines*, Paris, Pedone, 1938.

LACAZE-DUTHIERS (Gérard de), *La Torture à travers les âges*, Herblay, Éditions de l'Idée libre, 1956.

LACOMBE (Jean-Marie), *Amours et trophées*, Paris, Éditions de la Librairie montmartoise, 1916.

LACOMBE (Paul), *La Guerre et l'Homme*, Paris, G. Bellais, 1900.

LACORDAIRE (R.P. Henri-Dominique), *Éloge funèbre du général Drouot (25 mai 1847)*, Paris, Sagnier & Bray, 1847.

LA FAYETTE (général Marie-Joseph-Paul-Yves-Roch-Gilbert du Mottier, marquis de), *Adresse à l'armée française (1er mai 1792)*, Rouen, Le Héribel, s.d.

LAGNEAU (Dr Gustave), *Conséquences démographiques qu'ont eues pour la France les guerres depuis un siècle*, Orléans, Imprimerie P. Giraudot, 1892.

LAGORGETTE (Jean), *Le Rôle de la guerre, étude de sociologie générale*, Paris, V. Giard et E. Brière, Libraires-Éditeurs, 1906.

LAMMASCH, *Voelkermord oder Voelkerbund*, La Haye, 1920.

LANE (Mark), *Les Soldats américains accusent*, « Les Cahiers libres », Paris, Maspero, 1972.

LARROQUE (Patrice), *De la guerre et des armées permanentes*, Paris, Guillaumin, 1856.

LARTÉGUY (Jean), *Ces voix qui nous viennent de la mer*, Lettres recueillies, adaptées et présentées par Jean Lartéguy, traduit du japonais en collaboration avec Suzanne Audray et Ko Iwasé, Paris, Gallimard, 1954.

LASSON (Adolf), *Princip und Zukunft des Völkerrechts*, Berlin, G. Hertz, 1871.

LATZKO (Andreas), *Le Général Lafayette*, traduit de l'allemand par Alexandre Vialatte, Paris, Grasset, 1935.

LAURENT (François), *Études sur l'histoire de l'humanité*, Gand (H. Hoste), Paris (A. Durand), 1855-1870 (18 volumes).

LAURET (Jean-Claude) et LASIERRA (Raymond), *La Torture et les pouvoirs*, Paris, Balland, 1973.

LE BON (Dr Gustave), *Les Lois psychologiques de l'évolution des peuples*, Paris, Félix Alcan, 1894. – *Premières conséquences de la guerre 14-18 : Transformation mentale des peuples*, Paris, Flammarion, 1917.

LEBRETON (Jules), *Pensées chrétiennes sur la guerre*, Paris, Gabriel Beauchesne, 1916.

LE DANTEC (Félix), *L'Égoïsme, seule base de toute société, étude des déformations résultant de la vie en commun*, Paris, Flammarion, 1911. – *La Lutte universelle*, Paris, Flammarion, 1906.

LEGRAND (Louis-Désiré), *L'Idée de patrie*, Paris, Hachette, 1897.

LEMERLE (abbé), *Tombés au champ d'honneur*, Paris, P. Lethielleux, 1925.

LÉPINE (Jean), *Hommes 40, chevaux (en long) 8*, Paris, Éditions René Hilsum & C° (Au sans Pareil), 1933.

LESTOQUOY (Mgr Jean), *Histoire du patriotisme en France, des origines à nos jours*, Paris, Albin Michel, 1968.

LETOURNEAU (Charles), *La Guerre dans les diverses races humaines*, Paris, L. Bataille, 1895.

Letters from the Front, sélectionnées et publiées par John Laffin, London, J. M. Dent & Sons Ltd, 1973.

Lettres de Stalingrad, traduites de l'allemand par Charles Billy, Paris, Buchet-Chastel, 1974.

Lettres d'étudiants allemands tués à la guerre (1914-1918), choisies dans le recueil du professeur Ph. Witkop et traduites par E. Herrmann, préface et post-scriptum de Paul Desjardins, « Les documents bleus », *Notre temps*, n° 26, Paris, Gallimard, 1932.

LEVASSEUR (G.), *L'Église et la guerre*, Paris, Bureau d'édition, 1933.

LÉVI-STRAUSS (Claude), *Race. Histoire*, Paris, Gonthier, 1967.

LEWAL (général), *La Chimère du désarmement*, Paris, L. Baudouin, 1897.

LEWINSOHN (Richard), *Les Profits de guerre à travers les siècles*, Paris, Payot, 1935.

LE WITA (Henri), *Autour de la guerre chimique ; comment éviter ce fléau*, Paris, J. Tallandier, 1928.

Lois de la guerre continentale (Kriegsbrauch im Landkriege), publié en 1902 par la Section historique du Grand état-major allemand, traduites en français par Paul Carpentier, Paris, 1904.

LOMBROSO (Cesare), *L'Homme, criminel-né, fou moral, épileptique, étude anthropologique et médico-légale*, Paris, Félix Alcan, 1887. – *Le Crime, causes et remèdes*, Paris, Schleicher frères, 1899.

LONG (Edward), *The History of Jamaïca, or General Survey of the Ancient and Modern State of that Island*, London, T. Lowndes, 1774.

LORENZ (Konrad), *L'Agression, une histoire naturelle du mal*, traduit de l'allemand par Vilma Fritsh, Paris, Flammarion, 1968.

LORSON (Pierre, S. J.), *Un chrétien peut-il être objecteur de conscience?* Paris, Le Seuil, 1950.

LORULOT (André), *Barbarie allemande et barbarie universelle : le livre rouge des atrocités mondiales,* Conflans-Sainte-Honorine, éditions de « l'Idée libre », 1921. – *L'Église et la guerre,* Paris, éditions de « l'Idée libre », 1932.

LOUVEAUX (Jean), *Plantes carnivores et végétaux hostiles,* Paris, Hachette, 1965.

LUDENDORFF (général Erich), *La Guerre totale,* Paris, Flammarion, 1936.

MABILLE (Paul), *La Guerre, ses lois, son influence civilisatrice, sa perpétuité,* Paris, A. Fourneau, 1884.

MAILLES (chanoine Auguste), *Pour Dieu, pour la France. Avant, pendant la guerre,* Paris, Jouve, 1916.

MAISTRE (comte Joseph de), *Considérations sur la France,* Lyon, E. Vitte, 1924 (1re édition, Londres, 1797). – *Les Soirées de Saint-Pétersbourg, ou entretiens sur le gouvernement de la Providence, suivis d'un traité sur les sacrifices,* Paris, Librairie grecque, latine et française, 1821.

MANGENOT (chanoine Eugène), *Dictionnaire de théologie catholique, contenant l'exposé des doctrines de la théologie catholique, leurs preuves et leur histoire,* Paris, 1903-1927.

MANHATTAN (Avro), *The Catholic Church against the 20th Century,* London, Watts & Co, 1947.

MAO TSÉ-TOUNG, *Écrits choisis* (trois vol.), traduction et notes de l'édition officielle de Pékin, Paris, Maspero, 1967.

MARCAUX (Jean), *Honneur et patrie! Des mots à la réalité,* Paris, Éditions de la Pensée nouvelle, 1950.

MARTHOLD (Jules de), *Chant de haine, réponse à Berlin,* Paris, Librairie anglo-française, 1915.

MARTIN DE CONDÉ (Henry Hector), *Chants de guerre,* Billancourt, Imprimerie A. Mercier, 1907. – *Poésies guerrières,* Paris, Librairie littéraire, 1915.

MASSON (Pierre Maurice), *Lettres de guerre, août 1914-avril 1916,* Paris, Hachette, 1917.

MASSU (général Jacques), *La Vraie Bataille d'Alger,* Paris, Plon, 1971.

MATTER (Florent), *Diplomatie et duplicité prussiennes : Les vrais criminels.* Nancy, Paris, Strasbourg, Berger-Levrault, 1926.

McInnis, *The War*, London, Oxford University Press, 1940.

Méjasson (Joseph), *Ce que tout soldat français doit savoir d'allemand*, Lyon, E. Vitte, 1915.

Mellor (Alec), *La Torture, son histoire, son abolition, sa réapparition au XXe siècle*, Paris, Les Horizons littéraires, 1949.

Menkès (Dr G.), Hermann (Dr R.) & Miège (Dr A.), *Cobayes humains*, Paris, Éditions des Trois Collines, 1946.

Merlaud (André), *Le Christ dans la tranchée, mai-juin 1940*, Paris, La Bonne Presse, 1944.

Meuley (abbé Achille), *Les Boches, odes guerrières 1914-1915*, Sceaux, Imprimerie de Charaire, 1915.

Meynier (A.), *Une erreur historique, les morts de la Grande Armée et des armées ennemies*, Paris, Presses Universitaires de France, 1930.

Mezières (Louis), *De la polémomanie ou folie de la guerre dans l'Europe actuelle*, Paris, H. Bellaire, 1872.

Michelson (A.), *Le Financement de la guerre et les problèmes de la reconstruction*, Paris, R. Pichon et R. Durand-Auzias, 1945.

Mitchell (Peter Chalmers), *Le Darwinisme et la guerre*, Paris, Alcan, 1916.

Mitton (Fernand), *Tortures et supplices à travers les âges*, Paris, H. Daragon, 1908.

Moloy (P.J. de), *François-Joseph Ier et Guillaume II : Le front!* Saïgon, Imprimerie saïgonnaise, 1915.

Montaigne (lieutenant-colonel Jean-Baptiste), *Vaincre : Esquisse d'une doctrine de la guerre basée sur la connaissance de l'homme et sur la morale*, Paris, Berger-Levrault, 1913.

Moreau-Vauthier, *Vivent les poilus!* Paris, Jouve, s.d.

Mumford (Lewis), *Technique et civilisation*, traduction française de Denise Moutonnier, Paris, Le Seuil, 1976.

Naquet (Alfred), *L'Humanité et la Patrie*, Paris, P.V. Stock, 1901.

Naudeau (Ludovic), *La Guerre et la Paix (avec l'opinion des plus illustres penseurs et hommes d'État français)*, Paris, Flammarion, 1926.

Netter (rabbin Nathan), *La Souffrance, quelle divine méconnue!* Metz, Imprimerie P. Event, 1924.

NEWMAN (Keith Odo), *Mind, Sex and War : Blackouts, Fear of Air Raids, Propaganda*, Oxford, Pelagos Press, 1941.

NIETZSCHE (Friedrich), *Ainsi parlait Zarathoustra*, Paris, Mercure de France, 1898.

NOVALIS (Friedrich von Hardenberg, dit), *Henri d'Ofterdingen*. Traduit et annoté par Georges Polti et Paul Morisse, Paris, Société du « Mercure de France », 1908.

NOVICOW (J.), *La Guerre et ses prétendus bienfaits*, Paris, A. Colin, 1894. – *Les Luttes entre les sociétés humaines et leurs phases successives*, Paris, Félix Alcan, 1893.

OLLIVIER (R. P. François-Marie-Joseph), *La Guerre*, Sermon prononcé en l'église de la Madeleine à Paris, le 17 avril 1896, au service des Français morts à Madagascar, Paris, P. Lethielleux, s.d.

ORWELL (George), *Nineteen Eighty Four*, Londres, Penguin Books, 1954.

Paix indésirable (La), rapport sur l'utilité des guerres, traduit du « *Report from Iron Mountain on the Possibility and Desirability of Peace* » par Jean Bloch-Michel, préface de J. K. Galbraith, Paris, Calmann-Lévy, 1968.

PANICI (Père, S. J.), *La France en guerre, nos devoirs de chrétiens*, Paris, La Bonne Presse, 1939.

PARIS (Edmond), *Le Vatican contre la France*, Paris, éditions Fischbacher, 1957. – *Le Vatican contre l'Europe*, Paris, éditions Fischbacher, 1959.

PARROT (Louis), *L'Intelligence en guerre*, Paris, La Jeune Parque, 1945.

PATERNI (Joseph), *Accents d'épopée 1914-1917*, Nice, Imprimerie J. Gasparini, 1917.

PAYEN (chanoine Joseph Eugène), *L'Ame du poilu : Journal de route d'un aumônier militaire du 7e Corps pendant la Grande Guerre, 1914-1918*, Besançon, Imprimerie Jacques & Demontrond, 1924.

PERGAUD (Louis), *Mélanges*, Paris, Mercure de France, 1938.

PEYRONNARD (J.), *Des causes de la guerre*, thèse pour le doctorat ès sciences politiques et économiques, Montpellier, Imprimerie Delord-Boehm & Martial, 1901.

PHILONENKO (Alexis), *Essai sur la philosophie de la guerre*, Paris, Vrin, 1976.

PICHON (Charles), *Histoire du Vatican*, Paris, Société d'éditions françaises et internationales, 1946.

PINGAUD (Albert), *La Guerre vue par les combattants allemands*, Paris, Perrin, 1918.

POLIAKOF (Léon), *Bréviaire de la haine : le IIIe Reich et les Juifs*, Paris, « Le Livre de Poche », 1974. – *Le Mythe aryen, essai sur les sources du racisme et des nationalismes*, Paris, Calmann-Lévy, 1971.

« Politique germanophile du Vatican pendant la guerre de 1914 », *La Brochure républicaine*, n° 2, Paris, 1924.

PONCET (Alice), *Fleur d'héroïsme, le poème national de la Grande Guerre, chanté par le coq gaulois et l'alouette française*, Lamalou-les-Bains (Hérault), Éditions de la Revue du Languedoc et des Jeux floraux, 1916.

PONSONBY (Arthur), *Falsehood in War-Time, an Amazing Collection of Carefully Documented Lies Circulated in Great Britain, France, Germany, Italy, America during the Great War*, London, Allen & Unwin, 1928.

PRÉVOST-PARADOL (Lucien Anatole), *Essais de politique et de littérature*, Paris, Michel-Lévy frères, 1859.

Pro-Patria (août-septembre 1914), Chants guerriers du druide, « Guerz », ex-officier d'état-major de la garde nationale en 1870. Paris, Imprimerie de C. Piton, 1914.

PROUDHON (Pierre Joseph), *La Guerre et la Paix, recherches sur le principe et la constitution du droit des gens*, Paris, Michel-Lévy frères, 1861.

PUJO (Maurice), *La Guerre et l'Homme*, Paris, Flammarion, 1932.

PULSFORD (Edward J.), *Should Christians Fight? An Answer Based on the Christian Sacred Scripture, in the Light of the Teaching of Emmanuel Swedenborg*, London, New Church Missionary and Tract Society, 1940.

QUEVAL (Jean), *Première page, cinquième colonne*, Paris, Fayard, 1945.

QUINTON (René), *Maximes sur la guerre*, Paris, Grasset, 1930.

Racisme et la Science (Le), Paris, UNESCO, 1960 (nouvelle édition, 1973).

RASTEIL (Maxime RASTOIL, dit), *L'Épopée théâtrale 1914-1918*, Paris, Société mutuelle d'édition, 1924.

RAUSCHNING (Hermann), *Hitler m'a dit : Confidences du Führer sur son plan de conquête du monde*, traduit de l'allemand par Albert Lehman, Paris, Coopération, 1939.

REBOUX (Paul), *Les Drapeaux*, roman, Paris, Flammarion, 1921.

Redelsperger (Jacques), *Au frisson des drapeaux*, poèmes de guerre, Paris, Ligue « Souvenez-nous », s.d.

Redier (Antoine) & Henocque (abbé G.), *Les Aumôniers militaires français*, Paris, Flammarion, 1940.

Régnier (Henri de), *Poésies*, Paris, Mercure de France, 1918.

Reichenau (général von), *Einfluss der Kultur auf Krieg und Kriegsrüstung*, Berlin, E.S. Mittler und sohn, 1897.

Reiner (Silvain), *Et la terre sera pure...*, Paris, Fayard, 1969.

Remarque (Erich Maria), *A l'Ouest, rien de nouveau*, Paris, Stock, 1929.

Remy, *Catéchisme de la patrie*, Paris, éditions France-Empire, s.d.

Renan (Ernest), *La Réforme intellectuelle et morale*, Paris, Michel-Lévy frères, 1871.

Report from Iron Mountain on the Possibility and Desirability of Peace, voir Galbraith, *La Paix indésirable.*

Reppelin (Léon), *Sous les ailes de la mort : Poèmes du front 14-17*, Montauban, Imprimerie de Barrier, 1918.

Réveillaud (Eugène), *La Lyre d'airain du vieux barde*, poèmes patriotiques et stances sur les peuples engagés dans la guerre mondiale, Paris, Berger-Levrault. 1918,

Reves (Emery), *Anatomie de la paix*, Paris, Éditions Tallandier, 1946.

Rey (Abel), *Le Retour éternel et la philosophie de la physique*, Paris, Flammarion, 1927.

Rey (Benoît), *Les Égorgeurs*, Paris, Éditions de Minuit, 1961.

Richet (Charles), *La Paix et la Guerre*, Paris, 8, rue de la Sorbonne, 1905.

Rivet (Gustave), *L'Épopée, poème*, Paris, E. Figuière, 1918.

Robson (Walter), *Letters from a Soldier*, London, Faber & Faber, 1960.

Roessler (Constantin), *System der Staatslehre*, Leipzig, Falcke und Roessler, 1857.

Romocki (S. J. von), *Geschichte des Explosivstoffe (Histoire des matières explosives)*, Berlin, R. Oppenheim (Gustav Schmidt), 1895-1896.

Roulx (Didier de), *Les Sonnets de la victoire*, précédés d'un sonnet dédicace de Henri de Régnier, Paris, Éditions de la Jeune École, 1916.

ROUX (René), *Le Vatican et la Deuxième Guerre mondiale*, Paris, A. Pedone, 1956.

ROVAN (Joseph), *Le Catholicisme politique en Allemagne*, Paris, Le Seuil, 1956.

RUBACI, (Fawzia al-) : voir FAWZIA AL-RUBACI.

RUSSELL (lord Bertrand), *Justice in War-Time*, London, Allen & Unwin, 1924.

RUSTOW (Friedrich Wilhelm), *Kriegspolitik und Kriegsgebrauch, Studien und Betrachtungen*, Zurich, F. Schulthess, 1876.

RUYSSEN (Théodore), *De la guerre au droit, étude de philosophie sociale*, Paris, Félix Alcan, 1920.

SAGERET (Jules), *Philosophie de la guerre et de la paix*, Paris, Félix Alcan, 1919.

SALVIOLI (Giuseppe), *Le Concept de la guerre juste d'après les écrivains antérieurs à Grotius*, traduit de l'italien, Paris, Bossard, 1918.

SARRAZIN (Louis), *Les Vengeresses*, Toulouse, 1915.

SAUVY (Alfred), *La Population, sa mesure, ses mouvements, ses lois*, 13e édition mise à jour, Paris, collection « Que sais-je ? », Presses Universitaires de France, 1979. – *Éléments de démographie*, Paris, Presses Universitaires de France, 1976.

SAVORY (T. H.), *British Spiders : their Haunts and Habits*, Oxford, Clarendon Press, 1926.

SCHNEIDER (Anna), *Fleurs de sang, 61 poèmes à dire*, Lille, Imprimerie Desclée De Brouwer et C°, 1923.

SEABURY (Paul), *The Rise and Decline of the Cold War*, New York, Basic Books, 1967.

SEGOND (Joseph), *La Guerre mondiale et la vie spirituelle*, Paris, Félix Alcan, 1918.

SEIGNOLLE (Claude), *Le Folklore de la Provence*, Paris, G.P. Maisonneuve & Larose, 1967.

SENESCAU (L. D. de), *Surmufles et bourreaux : le Kaiser, la kultur, les Boches et leurs amis*, Bordeaux, Imprimerie Gounouilhou, 1916.

SÉROUYA (Henri), *Le Problème philosophique de la guerre et de la paix*, Paris, Marcel Rivière, 1932.

SERRE (Joseph), *Deuils et gloires*, Chants patriotiques, Lyon, E. Vitte, 1916.

SERTILLANGES (père A. D.), *Bréviaire du combattant*, Paris, Flammarion, 1940.

SERVAN (amiral Victor), *Aux combattants et aux morts pour la patrie*, Montpellier, Imprimerie de la Manufacture de la Charité, 1914.

SIPRI (Stockholm International Peace Research Institute) *Outer Space – Battlefield of the Future?* London, Taylor & Francis, 1978. – *Weapons of Mass Destruction and the Environment*, London, Taylor & Francis, 1977. – *World Armaments and Disarmament* (SIPRI year book, 1979), London, Taylor & Francis, 1979.

SOREL (Georges-Eugène), *Réflexions sur la violence*, Paris, Librairie de « Pages Libres », 1908.

SORRELL (Vernon G.), *War and Society, Proceedings of the Institute of World Affairs. 18th session*, University of Southern California, 1940.

SPADE (Henri), *Et pourquoi pas la patrie?* Paris, Julliard, 1974.

SPENCER (Herbert), *De l'éducation*, Paris, G. Baillière, 1880. – *Principes de sociologie*, traduit de l'anglais par M.E. Cazelles, Paris, G. Baillière (4 vol.), 1878-1883.

SPONT (Henry), *Psychologie de la guerre*, Paris, Perrin, 1920.

STEINMETZ (Sebald Rudolf), *Der Krieg als sociologisches Problem*, Amsterdam, Wersluys, 1899. Voir CONSTANTIN, *Le Rôle sociologique de la guerre et le sentiment national*. – *Die Philosophie des Krieges*, Leipzig, J.A. Barth, 1907.

STIRNER (Max), pseudonyme de SCHMIDT (Johann Caspar), *L'Unique et sa propriété*, traduction et préface d'Henri Lasvignes, Paris, Éditions de la Revue Blanche, 1900.

STRAUTZ (von), *Irh wollt Elsass und Lothringen une mehr...*, paru en 1887, réédité à Berlin, Librairie politique, 1912.

TAVERNIER (Jean-Baptiste), *Les Six Voyages de Jean-Baptiste Tavernier, etc.*, tome V, Relations du Japon et du Tonkin, Paris, G. Clouzier, 1679-1682.

« Techniques nées de la guerre », revue *Réalités*, n° 1, février 1946.

TEMPLE (William), *A conditional Justification of War*, London, Hodder & Stoughton 1940. – *Why Does God Allow War?* London, SPCK, 1941.

TEPPE (Julien), *L'Idole Patrie*, Paris, Éditions du Centre, 1967.

THELLIER DE PONCHEVILLE (chanoine Charles), *Dieu et la guerre*, Paris, La Bonne Presse, 1939. – *Notre petite sœur Thérèse et nous en guerre*, Paris, Alsatia, 1940.

THÉRY (Edmond-Amédée), *Conséquences économiques de la guerre (de 14) pour la France*, Paris, Belin frères, 1922.

THIÉRY (Henri), *Glanes de guerre*, Paris, H. Baragon, 1916.

THURIET (Charles Émilien), *Traditions populaires de la Haute-Saône et du Jura*, Paris, E. Lechevalier, 1892.

TOLSTOÏ (Alexis), *Écrits sur la guerre* (traduit du russe), Paris, Nagel, 1945.

TOULAT (Jean), *La Bombe ou la vie*, Paris, Fayard, 1969.

TOULAT (Pierre), *Des évêques face au problème des armes*, Paris, Le Centurion, 1973.

Traité chronologique et descriptif des peines, châtiments, tortures, supplices, question ordinaire et extraordinaire, ordonnés par les lois depuis l'antiquité jusqu'à nos jours, Paris, Librairie franco-anglaise, 1912.

TRIAC (Jean de), *Guerre et Christianisme*, Paris, Firmin-Didot, 1896.

TROLARD (Eugène), *Pèlerinage aux champs de bataille français d'Italie, I. De Montenotte au Pont d'Arcole; II. De Rivoli à Marengo et à Solferino*, Paris, A. Savine, 1893.

TZSCHIRNER (Heinrich Gottlieb), *Ueber den Krieg; ein philosophischer Versuch*, Leipzig, Barth, 1815.

ULLRICH (J.), *La Guerre à travers les âges*, traduit de l'allemand par H. J. Ferget, Paris, Gallimard, 1942.

VACCARO (Michele Angelo), *La lotta per l'esistanza e suoi effeti sull'umanita*, Roma, 1886.

VACHER DE LAPOUGE (Georges), *Les Sélections sociales*, cours libre de sciences politiques professé à l'université de Montpellier (1888-1889), Paris, A. Fontemoing, 1896.

Valeurs fondamentales du patriotisme français (Les), notice rédigée par une commission interarmées, Paris, Addim, 1962.

VAN DER VERREN (Auguste), *France! Hommage au peuple souverain, etc.*, Paris, 2 rue Titon, 1915.

VANEL (A.H.), *Fleurs sanglantes, poésies*, Delle, Imprimerie V. Petitjean, 1916.

VASSIVIÈRE (Pierre-Joseph de Vassivière, dit Joseph), *L'Ame française, ode à la France*, Paris, A. Lemerre, 1918.

VERDIER (cardinal Jean), *Le Cardinal parle à la France*, Paris, Alsatia, 1940. – *Consignes du temps de guerre*, Paris, Flammarion, 1940.

VERMEIL (Édouard), *Doctrinaires de la révolution allemande* (1918-1938), Paris, F. Sorlot, 1938. – *Le Racisme allemand, essai de mise au point*, Paris, F. Sorlot, 1939.

VERNIER-BADUEL (Marie) *Bouquet de France, 1914-1917, tableaux et scènes de guerre*, Montpellier, Imprimerie Firmin & Montane, 1918.

VEUILLOT (Louis), *La Guerre et l'Homme de guerre*, Paris, L. Vivès, 1855.

VÉZÈRE (Jean), pseudonyme de VERGNIAUD (Suzanne), *Chants des enfants de France : cantiques, rondes et chansons*, Paris, Maison de la Bonne Presse, 1915.

VIGNES ROUGES (Jean des), pseudonyme de TABOUREAU (colonel Jean), *L'Ame des chefs, récits de guerre et méditations*, Paris, Perrin, 1917.

VIGNOL (capitaine René), *Définition de l'agresseur dans la guerre*, Paris, Librairie du Recueil Sirey, 1933.

VILLENEUVE (Roland), *Le Musée des supplices*, Paris, Éditions Azur, 1968.

War and Society, Proceedings of the Institute of World Affairs, Los Angeles, 1941.

War Letters of Fallen Englishmen, publiées par Laurence Housman, London, Victor Gollancz, 1930.

WERNER (général major), *La Grande Peur, la Troisième Guerre mondiale?* Bruxelles, Rossel, 1976.

WET (général Rudolf de), *Trois ans de guerre* (Sur la guerre des Boers), Paris, F. Juven, 1902.

WHEELER (W. M.), *The Social Insects*, London, Kegan Paul, 1928. – *Social Life Among the Insects*, London, Constable and C°, 1923.

WILLAERT (Père Léopold, S. J.). *Religion et patriotisme*, Paris, Casterman, 1947.

WOLKER (Dr Gertrud), *Der Kommende Giftgaskrieg*, Leipzig, 1925.

World Military and Social Expenditures, édité par Ruth Leger Sivard, Leesburg (Virginia, USA), WMSE Publications, 1978 et 1980.

Wormser-Migot (Olga), *Le Système concentrationnaire nazi, 1933-1945*, Paris, Presses Universitaires de France, 1968.

Wright (Quincy), *A Study of War*, University of Chicago Press, 1942.

Wulf (Maurice de), *Guerre et philosophie*, Paris, Bloud & Gay, 1915.

Ysiad, *L'Allemagne et son enfant terrible, Maximilien Harden*, Paris, Berger-Levrault, 1918.

Zuckerman (S.), *The Social Life of Monkeys and Apes*, London, Kegan Paul, 1931.

TABLE

Cet ouvrage
réalisé pour le compte des Éditions Phébus
a été mis en pages par In Folio,
reproduit et achevé d'imprimer
en février 2003
dans les ateliers de Normandie Roto Impressions S.A.S.
61250 Lonrai
N° d'imprimeur : 03-0288
Imprimé en France

Dépôt légal : janvier 2003
I.S.B.N. : 2-85940-851-7
I.S.S.N. : 1633-8871